JN436729

종교개혁의 새벽별

존 위클리프와 존 후스의 생애와 사상

김 명 수

The Morning Star of the Reformation

by Kim Myung-Soo

종교개혁의 새벽별

2019년 2월 5일 초판 1쇄 인쇄
2019년 2월 10일 초판 1쇄 발행

저 자 • 김 명 수
발행인 • 조 경 혜
발행처 • 도서출판 그리심
07030 서울시 동작구 사당로2길 72 인정 B동 b-01
등록번호 • 제 7-258호(1998. 4. 23)
출 판 사 • 전화 523-7589 팩스 523-7590
홈페이지 • http://grisim.biz
전자우편 • grisimcho@hanmail.net

값 : 책 뒷면에

ISBN 978-89-5799-420-7 (93230)

존 위클리프와 존 후스는
종교개혁의 큰 별
마틴 루터와 존 칼빈에 앞서서
그들이 빛나는 개혁자의 길을 가도록
종교개혁의 길을 예비하는
거룩한 사명을 감당했다.

차 례

Ⅰ. 저자 서문

르네상스 시대에 영국을 대표하는 문학가 지오프리 초서(Geoffrey Chaucer, 1342-1400)는 존 위클리프를 추억하면서 이런 시(詩)를 남겼다.

"가난한 동네에 신앙심이 돈독한 사람이 살았는데,
경건한 사상과 행실에서 부자였다네.
그는 많이 배운 성직자였고,
그리스도의 복음을 진실하게 전하고자 힘썼다네.
그는 자신의 고결한 삶을 그 양들에게 보여주었네.
그는 먼저 자신이 실천한 후에 가르쳤다네.
그 어디에도 이보다 더 훌륭한 성직자는 찾아보지 못했네.
그는 세상의 화려함과 칭송을 구하지 않았고,
그 양심은 병들지 않았으며,
그리스도의 가르침과 사도들의 교훈을 가르쳤는데,
먼저 자신이 그 가르침을 따랐다네."[1)]

초서는 존 위클리프와 거의 동시대를 살았던 인물이다. 그는 자신의 눈으로 위클리프를 지켜보았고, 그의 귀로 위클리프의 설교를 들었던 사람이다. 초서는 문학적 감수성을 살려 영국의 위대한 종교 개혁자를 흠모하며 이런 의미심장한 시(詩)를 썼다.

---

1) Philip Schaff, *History of the Christian Church*, vol. 6. (Peabody: Hendrickson Publishers, 2011), 314.

영국의 존 위클리프와 보헤미아의 존 후스는 종교개혁 이전의 개혁자요, 종교개혁의 새벽별로 알려지고 있다. 역사는 한 순간에 만들어지지 않는다. 역사는 시간의 영속적 흐름이며, 그 시간 속에서 축적된 기록이다. 역사는 태초부터 시작되었지만, 역사의 기록은 문자가 존재할 때부터 시작되었다. 학자들마다 역사에 대한 정의나 평가가 다르다. 누가 뭐래도 역사의 출발점은 창조주 하나님이시다. 역사의 주관자는 여호와 하나님이시다. 여호와 하나님은 역사의 '알파와 오메가' 시다.

필자는 종교개혁사를 강단에서 오랫동안 강의했다. 종교개혁사에 있어 누구도 부인할 수 없는 종교개혁의 거성이 바로 마틴 루터와 존 칼빈이다. 우리는 루터와 칼빈에게 많은 빚을 지고 있다. 이 분들의 헌신과 거룩한 희생의 터 위에 오늘날 개신교가 존재하게 되었다고 해도 과언이 아니다. 그러나 루터와 칼빈은 하루아침에 하늘에서 뚝 떨어진 사람들이 아니다. 그들에게도 해산의 수고를 감당하며 낳아주고 길러준 부모님이 있다. 그리고 그들에게 필요한 가르침을 준 스승들이 존재한다. 그들도 인생의 선배요, 신앙의 선배인 스승들에게 많은 빚을 지고 있음을 부인할 수 없다. 그들에게 영향을 미친 많은 신앙의 위인들이 존재한다. 그 중에 영국의 종교개혁자 존 위클리프와 보헤미아의 존 후스가 있다. 영국의 위클리프는 16세기 주류 종교 개혁자들의 신앙의 선임자로서 위대한 공헌을 했다. 위클리프의 신앙과 신학 사상은 보헤미아의 존 후스에게 전달된다. 후스의 신학 사상을 마틴 루터가 접하게 된다. 그리고 마틴 루터의 믿음과 신학은 존 칼빈에게 지대한 영향을 끼치게 된다.

필자는 존 위클리프와 존 후스를 종교개혁의 세례요한이라고 부르고 싶다. 세례 요한이 예수님이 오시기 전에 회개의 세례를 전파하며 메시야의 길을 예비했다. 세례 요한의 사역을 예수님의 사역에 비교할 수 없겠지만, 그도 하나님의 선한 주권 아래, 일정 부분 자기 역할과 사명을 충실히 감당했다. 예수님은 요단강에서 세례 요한에게 물세례를 받으신 후에 메시야로서 공식적인 삶을 시작하셨다. 그리하여 세례 요한의 시대는 막을 내리고, 예수 그리스도의 새 시대가 활짝 열렸다.

이와 마찬가지로 존 위클리프와 존 후스는 종교개혁의 큰 별 마틴 루터와 존 칼빈에 앞서서 그들이 빛나는 개혁자의 길을 가도록 종교개혁의 길을 예비하는 거룩한 사명을 감당했다. 종교개혁의 거대한 걸림돌은 교황제였다. 교황제는 성경 그 어디에도 없는 비성경적이며 인위적인 조직이었다. 그리고 화체설을 비롯한 왜곡된 성례전이었다. 존 위클리프와 존 후스는 아무도 도전하지 못했던 교황의 권위에 도전하며, 교황제를 비판했다. 그리고 화체설을 부인하며, 이것은 비성경적이며 우상숭배와 같다고 공격했다. 이로 인해서 많은 핍박과 시련을 당했다. 섬나라 영국에서 살았던 위클리프는 하나님이 준비해놓은 영국 왕실의 후원자들의 도움을 받으며 자기 수명을 다했다. 그러나 로마 교황청에서 멀리 떨어지지 않은 곳에 살았던 후스는 억울한 누명을 쓰고 마침내 거룩한 순교자의 대열에 동참하게 된다. 하지만, 그의 의로운 죽음은 헛되지 않았다. 그의 거룩한 순교의 터 위에서 마틴 루터와 존 칼빈과 같은 종교개혁자들이 출현하게 되며, 그들에 의해서 개혁의 나팔 소리가 온 유럽에 울려 퍼지게 되었다.

이 책은 종교개혁의 새벽별로 귀하게 쓰임 받은 위클리프와 후스의 생애와 사상을 추적하는 의미 있고 감동적인 작업이 될 것이다. 그리고 이 책 후반부에 두 편의 논문을 게재했다. "영어 성경 번역과 롤라드 운동에 관한 연구"와 "마틴 부처의 그리스도 왕국론에 나타난 사상 연구"이다. 첫 논문은 존 위클리프가 영어 성경을 번역하여 영국민들을 어떻게 섬겼는가를 보여주며, 그의 제자들인 롤라드들의 활동과 최후를 보여준다. 두 번째 논문은 존 위클리프 사후, 165년 뒤에 영국에서 철저하게 성경적 진리와 사상에 기초하여 야심차게 영국을 그리스도의 왕국으로 건설하고자 했던 스트라스부르크 출신 마틴 부처의 활약과 그의 대표작인 『그리스도 왕국론』에 대한 사상을 연구한 논문이다. 이 논문들이 영국의 종교개혁 역사를 이해하는 데 도움이 될 것 같아 이 책에 첨가하였다.

이 책을 집필하게 도우신 하나님 아버지께 찬양과 영광과 감사를 올려 드립니다. 저의 영적 은사님이신 홍덕순 목사님과 독일 스튜트가르트 이재철 선교사님께 감사를 드리고, 교수 사역을 감당할 수 있는 은혜를 주신 국제신학대학원대학교 나원 이사장님께 감사를 드린다. 그리고 인천대학마을 교회 우남식 목사님과 CMI(국제대학선교협의회) 성담환 이사장님과 모든 사역자님들께도 감사를 드린다. 충주문화교회 이춘용 장로님과 정레베카 권사님, 그리고 신실하고 충성된 문화교회 성도님들께 감사를 드린다. 마지막으로 사랑하는 아내와 두 딸들과 사위들에게 감사를 표한다.

2019년 1월

저자 김명수

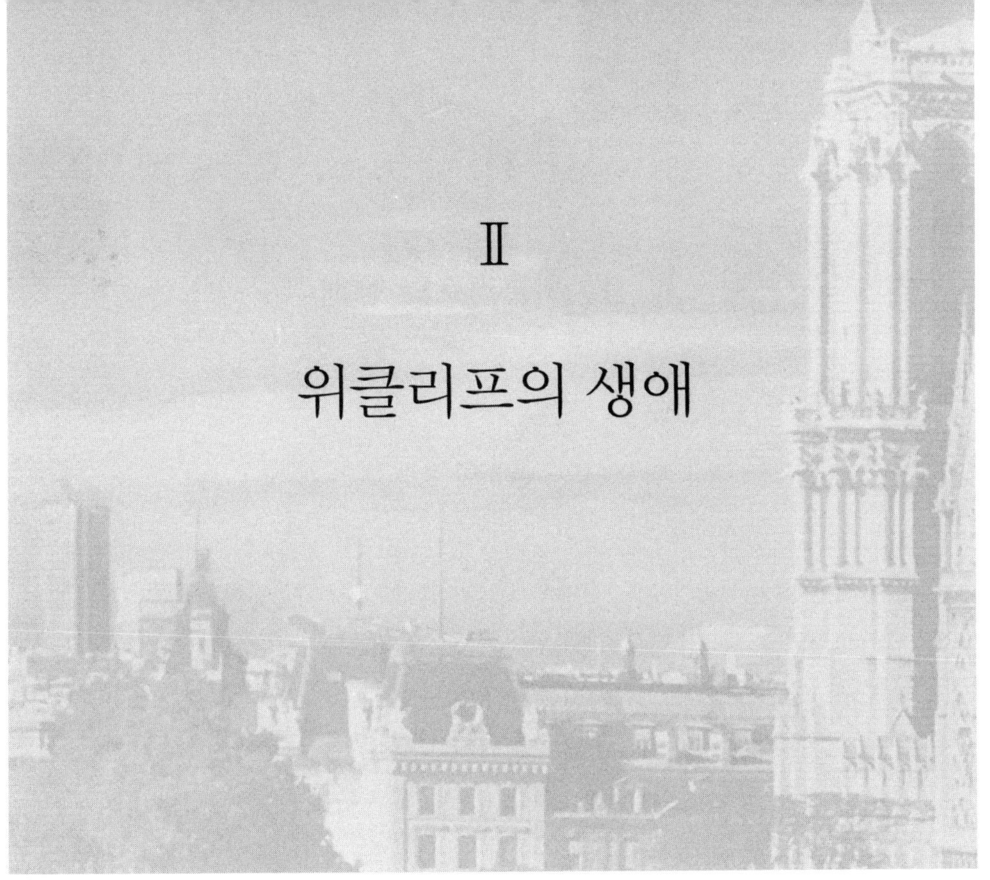

Ⅱ 위클리프의 생애

1. 탄생기의 시대 환경과 초기 생애
2. 영향을 준 사람들
3. 정치 활동과 학설
4. 존 위클리프와 그레고리 11세의 대결
5. 교리 개혁가 존 위클리프
6. 위클리프의 학설
7. 탁발 수도사 비판
8. 위클리프의 노년

II. 위클리프의 생애

1. 탄생기의 시대 환경과 초기 생애

존 위클리프는 1324년경에[2] 영국의 요크셔(Yorkshire) 지방에서 태어났다. 이 시기는 큰 영적 어두움이 유럽을 뒤덮고 있었다. 1305년에 교황에 취임한 프랑스 출신 클레멘스 5세(Clemens V, 1305-1314)[3]는 프랑스 왕 필립 4세(Phillip IV, 1275-1314)와 합력해서 로마에 있던 교황청을 프랑스 아비뇽으로 옮겼다. 교황청이 프랑스 아비뇽으로 옮김으로써 교황청의 '바빌론 유수' 가 시작되었다.[4] 그리고 1377년 1월 17일 교황 그레고리 11세(Gregory XI, 1370-1378)가 로마로 돌아감으로써 교황청의 아비뇽 시대는 끝났다. 그레고리 11세가 로마로 돌아오는데 결정적인 역할을 한 사람이 시에나의 성 캐드린(St. Catherine of Siena, 1347-1380)이다. 그녀는 프랑

---

2) 그의 자서전에는 그의 출생 연대를 1324년이라고 명시하고 있으나 위클리프에 대하여 두 권의 책을 썼던 허버트 웍맨(Herbert Workman)은 이 연대가 부정확하며 대신 그 연대를 1328년이라고 제안했다. 그러나 필립 샤프(Philif Schaff)를 위시하여, 마가렛 샌드(Margaret Shand)와 데이빗 클라우드(David W. Cloud) 같은 학자들은 1324년에 출생했다고 단정하고 있다. Philip Schaff, *History of the Christian Church*, 6 vol. (Peabody: Hendrickson Publishers, 2011), 315.

3) 아비뇽에 거주했던 7명의 교황들 가운데 최초의 인물이다. 프랑스 필립 왕의 압력에 많이 시달렸다. 독일 및 잉글랜드의 통치자들과도 바람직한 관계를 유지하지 못했다. 클레멘스 5세 이후에는 존 22세(John XXII, 1316-1334)가 두 번째 아비뇽 교황으로 등극하게 되었다.

4) Alister E. McGrath, 『종교개혁사상입문』 박종숙 역, (서울: 성광문화사, 1992), 30-33.; 『교회사 대사전』, vol. Ⅱ (서울: 기독지혜사, 1994), 416.

스 아비뇽까지 직접 찾아가서 그레고리 11세를 면담했고, 교황청을 로마로 귀환시킬 것을 하나님의 이름으로 간곡히 역설했다. 그녀의 간곡한 탄원은 교황의 마음을 움직였고, 그레고리 11세는 교황청을 다시금 로마로 옮겨왔다. 그런데 1377년 로마로 돌아온 지 얼마 되지 않아 안타깝게도 1378년 3월에 죽었다. 그레고리 11세의 갑작스런 죽음으로 로마에 모인 대다수의 프랑스인 추기경들은 다시 아비뇽으로 돌아가려고 했다. 로마 시민들은 강력하게 반대를 했고, 교황청을 로마에 머물러 있게 하고자 온갖 노력을 다했다. 로마인들은 이탈리아 출신 교황을 새로 모시기로 결심했다. 혼란한 상태에서 추기경들은 바리(Bari)의 대주교 바돌로매 프리냐노(Bartolomeo Prignano)를 교황으로 선출했다. 그가 로마 교황 우르반 6세(Urban VI, 1378-1389)이다. 그는 교황청에 대한 프랑스의 영향력을 제거하고 교황청을 개혁하고자 했으나 경험과 지혜가 부족하여 추기경들의 적개심을 불러일으켰다. 그가 선출된 지 4개월 후에 12명의 추기경들이 아나그니(Anagni)에 모여서 이전의 교황 선출은 성난 폭도에 의해서 강요된 것이기 때문에 무효라고 선언했다. 그리고 제네바 출신의 추기경 로베르트(Robert)를 새 교황 클레멘트 7세(Clement VII, 1378-1394)로 선출했다. 몇 달 후에 클레멘트 7세와 그를 추종하는 추기경들은 아비뇽으로 다시 돌아갔다. 교회 역사의 대분열이 시작된 것이다. 여기의 두 교황은 그들 각자가 동일한 추기경들의 모임에서 다수에 의해 정당하게 선출되었다. 유럽의 기독교계는 이제 두 교황이 상대를 비난하고 서로를 파문시키는 볼썽사나운 광경을 목격했다. 로마와 아비뇽 사이에 분열을 통합할 세력은 없었다. 자신들의 정치적 이해관계를 좇아 이 교황, 저 교황을 따를 수밖에 없었다. 로마 교황을 인정하는 그룹은 이탈리아 북부와 중부 독일의 대부분 지역과 스칸디나비아 반도와 잉글랜드였다. 아비뇽 교황을 추종하는 자들은 프랑스, 스페인, 스코틀랜드, 나폴리, 시칠리아였고, 독일의 일부가 지지하였다. 유럽 내에 두 개의 교황청과 두 사람의 교황이 자신들의 정통성을 주장하며 존재했기 때문에 유럽은 고통스러웠다. 두 교황청은 과도한 세금으로 백성들을 괴롭게 했다. 이런 과정에서 성직 매매는 한층 더 성행하였다. 교황권 분열 자체가 성직 매매를 더욱 조장한 셈이었다. 왜냐하면 교황들은 그의 상대 교황을 대항하기 위해 막대한 자금이 필요하였으며, 성직 매매야말로 이러한 자금을 마련하기에 가장 편리한 수단이었기 때문이었다. 교황청에 대한 이미지와 영향력은 땅에 추락했다.[5)]

로마에서는 우르반 6세의 뒤를 이어 보니파세 9세(Boniface IX, 1389-1404), 이노센트 7세(Innocent VII, 1404-1406), 그리고 그레고리 12세(Gregory XII, 1406-1415)가 차례로 교황이 되었다. 아비뇽에서는 클레멘트 7세의 뒤를 스페인 출신의 페드로 데 루나(Pedro de Luna)가 베네딕트 13세(Benedict XIII, 1394-1417)라는 이름으로 계승했다. 교황청의 대분열은 거의 40년간 지속되었다. 1417년 콘스탄스 공의회에서 마틴 5세(Maritn V, 1417-1431)를 선출하고 난 후에 이 분열이 치유되었다.[6)]

중세 후기의 교회는 세속 권력과의 야합과 재물에 대한 탐욕으로 크게 세속화되어 있었고 성직자들의 영적, 도덕적 부패는 가공할만한 것이었다. 당시 교회는 슬프게도 '머리에서 발끝까지' 개혁이 필요할 정도였다.[7)] 존 22세 (John XXII, 1316-1334)는 각종 징세 제도를 창안하여 돈을 끌어 모았

---

5) Williston Walker, *A History of The Christian Church*, (New York: Charles Scribner's Sons, 1918), 297; Philip Schaff, *History of the Christian Church*, vol. 6. (Peabody: Hendrickson Publishers, 2011), 318; 『교회사 대사전』, vol. III (서울: 기독지혜사, 1994), 292-293; Alister E. McGrath, 『종교개혁사상입문』, 33.

6) Williston Walker, *A History of The Christian Church*, 송인설 역, 『기독교회사』 (고양: 크리스챤 다이제스트, 2002), 427-428.

7) Ibid., 428.

고 성직을 매매하고 면죄부를 발행했다. 그가 창안한 징세 제도는 교회 질서를 극도로 문란 시켰고 교황청의 사치를 가중시켰다. 교황청의 탐욕과 사치와 낭비는 하늘을 찔렀다. 교황은 세속 군주를 본떠서 임직세(annates)를 거두어들였는데, 새로 임명된 교회 임직자의 1년 수입 전부를 교황에게 바치는 제도였다. 교황의 배타적인 공직 임명권으로 인해서 교황은 엄청난 수입을 끌어 모을 수 있었다. 체납자에게는 가차 없는 파문을 내려 공포 정치를 일삼았다.[8] 왜곡된 신학과 교리적 탈선, 불의한 제도와 이교(異教) 의식 등, 교회의 타락과 종교 생활의 폐해는 심각했으므로 개혁은 불가피하였다. 무엇보다 이들이 가르치는 구원관은 성경의 가르침으로부터 크게 이탈하였다.[9]

또한 당시 교회가 시행하는 미사나 예배 의식은 이교적 관습과 혼합되어 있었다.[10] 당시 교황은 초자연적인 존재처럼 보이도록 되어 있었다. '더 이상 사람은 아니지만 전적으로 하나님도 아닌' 존재였고, 천사적 통

8) Williston Walker, *A History of The Christian Church*, (New York: Charles Scribner's Sons, 1918), 296.

9) 당시 교황권이 매우 강력한 시기이긴 했으나, 하나님의 말씀에 대한 참된 설교는 어디에도 없었다. 대부분의 사람들은 성경을 한 번도 본적이 없었고, 영어로 쓰인 성경은 한 권도 없었다. 위클리프 이전에 고대 앵글로 색슨어로 단편적으로 번역된 성경이 있었다는 기록은 있다. 특히 Bede of Jarrow(673-735)라는 학자가 요한복음을 앵글로 색슨어로 번역하였다는 기록이 있다. 그러나 그 어디에도 위클리프 전에는 신약 성경이나 구약 성경이 전체적으로 영어로 번역되었다는 기록은 없다.htp://www.wayoflife.org/articles/johnwycliffe.htm accessed on 31 August, 2003. 그들이 성경을 보았더라도 성경은 읽을 수 없었다. 왜냐하면 성경이 어려운 라틴어로 쓰여 있었기 때문이다. 대부분의 사람들은 그들이 교회와 성례전에 예속되어 있다고 믿고 있었으며, 면죄부를 사야만이 죄 사함을 받을 수 있다고 생각했다. 인생의 모든 분야에 있어서 교회는 막대한 영향력을 행사했다. 그 예로, 한 사람이 그의 의사(意思)에 따라 교회에 어떤 것을 남기지 않고 죽었다면, 교회는 그의 모든 것을 접수해버렸다. Shand, "John Wycliffe".

10) 이상규, 『교회개혁사』 (서울: 성광문화사, 1997), 27-29.

치자요, 신적 능력을 가진 우주적 통치자로 군림했다.[11)]

존 위클리프가 태어난 때는 영국 역사에 있어 아주 중요한 시기였다. 1066년 노르만 정복(Norman Conquest) 시기에 정복자 윌리엄(William the Conqueror)과 함께 영국에 온 프랑스인들은 땅을 부여받았고 많은 수의 종들과 함께 그곳에 정착했다. 결과적으로 한 나라에서 두 종류의 언어가 사용되었다. 점차적으로 영국 고대어와 프랑스어가 섞이게 되었다. 결국에 위클리프의 시대에 두 인종은 한 언어를 말하는 한 나라로 연합되었다.[12)] 1066년 노르만인들의 영국 정복은 고대 영어의 몰락과 앵글로-노르만어(Anglo-Norman)로의 대체되었다. 고대 영어는 궁정에서 추방되었고, 저술에서도 사라졌고, 학교에서 사용할 수 없었다. 그럼에도 불구하고 고대 영어가 지닌 특유의 운치는 사라지지 않았다. 정복자들이 대륙에서 가지고 들어와서 칙령에 의해 권위가 부여된 새로운 언어, 즉 앵글로-노르만어는 서서히 정복지인 영국 전역에 퍼지기 시작하였다.[13)] 위클리프 당시의 언어는 법정에서는 노르만 프랑스어(Norman-French)가 쓰였으며, 교회에서는 라틴어가 사용되었고, 일반 백성들은 앵글로 색슨의 영어를 사용하는 등 13세기와 14세기 초의 영국은 삼중 언어를 사용하는 나라였다.[14)]

---

11) Friedrich Heer, *The Medieval World*, 김기찬 역, 『중세의 세계』 (고양: 크리스챤 다이제스트, 2002), 46.

12) Margaret Shand, "John Wycliffe". available from http://wholesomewords.org/biography/biorpwycliffe.html; Internet; accessed on 19 September, 2003.

13) 박영배, "성서 번역의 역사와 위클리프 성서", 『어문학』 18 (서울: 국민대 어문학 연구소, 1999년), 137.

14) 더욱이 세 언어가 혼합되어 외래어 단어들이 많이 유입되었다. 그 당시만 해도 영어로 가르치는 사람은 아무도 없었고 모든 학문이 라틴어로 수행되었다. 특별히 옥스퍼드에서 모든 강의는 라틴어로 진행되었다. Leginald Lane Poole, *Wycliffe and Movements for Reform* (New York: Anson D. F. Randolph & Company, 1978), 102.

위클리프는 1340년 9월에 옥스퍼드 대학교에 입학했다. 그가 이 대학에 입학할 당시 이 대학이 광범위한 인지도를 얻게 되었고, 많은 사람들에 의해서 유럽을 선도하는 대학으로 인식되었다.[15)]

또한 위클리프가 살던 시대는 엄청난 격변과 고난의 시대였다. 교황들은 영국에 무거운 세금을 부과해 왔다. 일반 평민에서 왕까지 모든 백성들은 교황의 횡령에 너무나 시달렸다.[16)] 방대한 양의 돈이 직접 과세를 통해서 로마 교황청 바티칸 궁으로 직행했다. 더욱이 영국의 교회 수입도 로마 교황의 바티칸 금고에 들어갔다. 영국 사람들에게 있어 더욱 나쁜 것은 영국에서 보내진 그 많은 돈들이 영국이 싸우고 있는 적들을 돕는 데 사용되어졌다. 1339년에 에드워드 3세(Edward III, 1312, 1327-1377)는 프랑스 군대에 교황청 기금이 부분적으로 지불되고 있다는 사실을 발견하고는 노골적으로 불평을 쏟아냈다.[17)]

위클리프는 앵글로 색슨 족의 혈통을 물려받았다. 이 혼란한 시기에 위클리프는 당시 여섯 개의 단과대학을 보유하고 있던 옥스퍼드 대학교에 입학했다.[18)] 그는 1340년 옥스퍼드의 머턴 대학(Merton College)의 학생이 되었을 때 16살이었다. 위클리프가 공부할 당시는 사람들이 성경을 공부하기보다, 스콜라 신학자 토머스 아퀴나스(Thomas Aquinas, 1225-1274)나

---

15) William R. Estep, *Renaissance and Reformation* (Grand Rapids, Mich.: Edrdmans, 1992), 59; Margaret Shand, "John Wycliffe".

16) David W. Cloud, "John Wycliffe and The First English Bible" available from http://www.wayoflife.org/articles/johnwycliffe.html;Internet; accessed on 31 August, 2003

17) Philip Schaff, *History of the Christian Church*, vol. 6. (Peabody: Hendrickson Publishers, 2011), 309.

18) Philip Schaff, *History of the Christian Church*, vol. 6. (Peabody: Hendrickson Publishers, 2011), 315.

둔스 스코투스(John Duns Scotus, 1266-1308) 같은 학자들을 공부하는 데 시간을 많이 허비했다. 당시에 머턴 대학에 교수로 재직하고 있었던 한 경건한 분이 있었는데, 그 분은 브래드워딘(Thomas Bradwardine, 1290-1349)[19] 이었다. 젊은 위클리프가 대학 생활을 출발하려고 할 때, 브래드워딘은 은퇴시기를 맞이하고 있었는데, 그는 하나님만이 주권적인 은혜로 죄인들을 죄 가운데서 구원할 수 있다는 복음의 진리를 명쾌하게 가르쳤다. 복음의 밝은 빛이 이 위대한 하나님의 사람으로 인해 유럽을 가로질러 동터오기 시작했다.[20]

위클리프는 옥스퍼드 대학에서 1356년에 학사학위를 받았고, 1361년에 석사학위를 취득했다. 그 이후에 그는 잠시 동안 발리올 칼리지(Balliol College)의 학장으로 봉사했다. 그는 옥스퍼드 대학에서 계속 강의하는 동안, 1361년에 필링햄(Fillingham) 교구 목사로 임명되었고 오래지 않아 러저샬(Ludgershall)교구에서 활동했다. 그리고 캔터베리 칼리지(Canterbury College) 학장으로 선출되었다. 그러나 교황은 이것을 못마땅하게 여겼고, 일방적으로 이 선출을 면직시켰다. 1360년대 위클리프는 옥스퍼드 대학에서 논리학과 형이상학을 가르치면서 훌륭한 강사요, 탁월한 저술가요, 유능한 교수로 큰 명성을 날렸다. 1369년 그는 아주 특이한 저술, 『존재에 대하여』(*Summa de ente*)를 완성했다.[21]

철학적으로 그는 극단적 실재론자(ultra realist)로, 그 당시 유행하던 유명

---

19) 그는 1349년에 캔터베리 대주교에 오름. 옥스퍼드의 머턴 대학에서 공부하였는데, 수학과 신학에서 크게 두각을 드러냄, '심오한 박사' (Profound Doctor)라는 별명을 얻었다. 후에 옥스퍼드의 총장과 신학 교수로 선출되었다. 『교회사 대사전』, vol. II, 1107.

20) Margaret Shand, "John Wycliffe".

21) Williston Walker, *A History of the Christian Church*, 송인설 역, 『기독교회사』 (고양: 크리스챤 다이제스트, 2002), 429.

론(nominalism)에 반대하는 옛길(via antiqua)의 옹호자였다. 그는 신학 연구에 매진한 결과 1372년에 신학박사학위를 취득했다. 그는 어거스틴에게 깊은 감화를 받았고, 그를 통하여 플라톤의 철학적 개념과 사고 방법에 영향을 받았다. 위클리프는 교황 그레고리 11세의 탐욕과 불성실함에 크게 실망한 나머지 영국 왕을 위한 신학적 조언자요 고문이 되었다. 1374년 그는 에드워드 3세(Edward III, 1312-1377)로부터 루터워스(Lutterworth) 교구를 선물 받았다. 그는 러저샬 교구의 목사직을 사임하고 난후, 루터워스에서 죽을 때까지 그 교구의 양 무리를 섬겼다.[22)]

1374년에 위클리프는 국왕 에드워드 3세의 사절단의 한 사람으로 교황의 대표들과 만나기 위해 브루쥬(Bruges)로 파송 받았다. 오래 전에 영국에서 존 왕(1199-1216)이 캔터베리 대주교 임명문제로 교황 이노센트 3세(1198-1216)와 갈등을 빚었다. 영국의 존 왕은 자기 마음에 드는 영국 사람을 대주교로 임명하고자 했다. 이 소식을 전해들은 이노센트 3세는 불같이 화를 내면서 자기의 친구인 스테판 랑톤(Stephen Langton)을 대주교로 낙점했다. 존 왕이 반대를 하자 교황은 전 영국에 수찬정지를 선포했다. 교황의 처사에 불복하여 그는 스테판 랑톤을 영국에서 추방했다. 그러자 교황은 왕을 파문하고 그의 왕위를 몰수하고 십자군을 선포하여 영국을 정복하고자 하는 강수를 두었다. 교황의 맹공에 존 왕은 무릎을 꿇지 않을 수 없었다. 왕은 자기 목숨을 살려 달라며 영국을 교황에게 봉토로 바치겠다고 서약을 했다. 이렇게 하여 매년 1천 마르크의 봉토세를 교황에게 받쳐 왔다.[23)] 영국 왕과 영국민은 오랫동안 매년 교황에게 이 봉토세를 바치기

---

22) Ibid., 429.

23) Williston Walker, *A History of The Christian Church*, (New York: Charles Scribner's Sons, 1918), 287-289.

위해서 죽을 고생을 했다.

1348년 위클리프가 옥스퍼드에서 공부할 당시[24] 역사상 흑사병(Black Plague)으로 불리는 무시무시한 페스트가 시작되었다. 이 무서운 역병은 원래 아시아에서 시작되었으나 급속도로 유럽을 가로질러 서쪽으로 전파되었다. 그해 8월에 이 무서운 역병이 영국에까지 도달했다. 영국 런던에서도 수많은 인명이 죽어갔다. 이 역병으로 인해 영국 인구의 절반이 죽게 되었다.[25] 위클리프는 이 재난으로 인해 깊은 문제의식을 갖게 되었다. 제네바의 종교 개혁 역사학자인 '잔 마흘레 드바이네' (Jean Henri Merle d' Aubigne, 1794-1872)[26]의 기록에 의하면 위클리프의 가슴에 이 흑사병 재

---

24) 위클리프는 옥스퍼드에서 공적인 교육을 받았는데 당시 옥스퍼드는 3개의 대학으로 연합되어 있었다. 퀸즈(Queen's) 대학, 머턴(Merton) 대학, 발리올(Balliol) 대학으로 되어 있었다. 그는 1361년에 발리올 대학의 문과대(arts)에서 석사학위를 취득하게 된다. *Encyclopedia Britannica Dictionary* Vol.12 (1988), 786. 위클리프는 옥스퍼드에서 뛰어난 학자였으며 그의 적들조차도 그를 옥스퍼드의 꽃이라는데 이의를 달지 않았다. 그는 관심 있는 다양한 분야를 공부했다. 광학 법칙뿐만 아니라 화학 분석, 심리학, 기하학, 계산 법칙, 국가 경제학 등 다양한 분야를 연구했다. 또한 그는 옥스퍼드에서 논리학과 형이상학의 훌륭한 강사요, 저술가로 명성을 얻었다. Walker, 429. 또 뿐만 아니라 그는 유창한 화술과 엄격한 논리로 큰 명성을 얻게 되었다. Thomas M. Lindsay, *A History of the reformation*, 이형기 · 차종순 역, 『종교 개혁사』I (서울: 한국장로교출판사, 1993), 204. 1360년에 위클리프는 발리올 대학의 학장으로 선출되었다. 그는 학장보다 더 높은 공식적인 직함을 가진 적이 없었다. 그 시간이 그렇게 유익한 시간은 아니었고, 얼마 있지 않아 1361년 5월 16일에 학장직을 사임했다. 이는 링컨셔(Lincolnshire)에 있는 필링함(Fillingham)의 대학에서 성직자로 부름 받았기 때문이었다. 1362년에 옥스퍼드 대학에서 우르반 5세(Urban V)에게 위클리프가 필링함에서 교회를 섬기고 있음에도 불구하고 요크(York)의 고위 성직자로 임명해 주도록 탄원한 적이 있었다. 이것은 위클리프의 생애에 있었던 역사의 아이러니였다. 그는 1369년에 신학사가 된다. 그리고 1372년에 신학 박사가 되었다. Herbert B. Workman, *The Dawn of the Reformation* (London: AMS Press, 1978), vol. I, 109-110.

25) Margaret Shand, "John Wycliffe".

26) 마흘레 드바이네는 19세기의 가장 인기 있는 교회 역사가들 중 한 분이다. 필립 샤프(Philip Schaff)는 드바이네가 쓴 역사책을 가리켜 "교회사에 대하여 쓰인 어

앙은 전능하신 하나님의 심판 날의 트럼펫 소리와 같이 들려왔다. 그는 이 흑사병 재앙을 하나님의 심판 경고로 받아들였다. 이 절망적인 필요에 의해 위클리프는 하나님의 말씀을 온 마음을 다해서 공부했고, 말씀 속에서 다가올 하나님의 심판으로부터 도피성을 찾고자 했다.[27)]

위클리프가 성경 속에서 진리를 발견하자마자 그는 그 진리를 선포했고 그 진리를 좇아서 행동했다. 이것은 불가피하게 로마 가톨릭 권세자들과 충돌을 일으켰다. 그는 복음의 확장과 진보를 위해 하나님께 크게 쓰임 받았지만 그의 인생의 후반은 수고와 고난의 생애로 마감하게 되었다. 현명하고 학식 있는 학자들은 위클리프가 영국사를 변화시키는 데 있어 그 어떤 인물보다 더 귀하게 쓰임 받았다고 평가하고 있다. 존 폭스(John Foxe, 1516-1587)를 위시하여 몇몇 학자들은 위클리프가 영국의 종교개혁 역사에 있어 루터(Martin Luther, 1483-1546)보다 훨씬 더 큰 영향을 미쳤다고 했다. 학자들은 "위클리프에 의해서 이루어진 업적과 그의 추종자들이었던 롤라드(Lollards)에 의해서 계속 되었던 업적들을 이해하지 않고서는 영국의 종교개혁을 제대로 이해할 수 없다" 고 했다. 위클리프의 위대한 힘은 성경 말씀에 대한 그의 확신에서 비롯되었다.[28)]

위클리프는 하나님의 말씀이 가르치는 바가 무엇인가를 더 크게 깨달았을 때에 영적으로 더욱 성장해갔다. 그는 로마 교황청의 전체적인 조직이 성경과 불일치하고 있음을 보게 되었다.[29)] 그에게 있어서 성경은 무오

떤 책보다 널리 보급된 책" 이라고 평했다. 그의 첫 작품인 『16세기 종교 개혁사』(*History of Reformation of the Sixteenth Century*(5권, 1846-53). 이 5권은 종교개혁사에 관하여 처음으로 나온 장엄한 책이다. Michael Bauman & Martin I. Klauber, 『전통을 지켜온 기독교 역사가들』, 라은성 역 (서울: 이레서원, 2002), 203.

27) Margaret Shand, "John Wycliffe".

28) Ibid.

29) Ibid.

한 권위였고, 교회 및 교회의 전통보다 우월한 최고의 권위였다.[30] 존 폭스는 위클리프가 성경의 진리와 불일치하고 있는 로마 가톨릭 교회의 문제를 어떻게 지혜롭게 접근해야 할 것인가를 생각했다고 말하고 있다. 위클리프는 '조금씩 조금씩 접근하기' 작전을 구사하고자 했다. 그래서 그는 작은 이슈로 출발해서 더 큰 문제를 취급하는 방법을 스스로 개척했다.[31] 이리하여 "그는 성례전 문제와 교회의 권력 남용 문제를 점진적으로 다루게 되었다."[32]

2. 영향을 준 사람들

위클리프는 옥스퍼드 교수들에게 많은 빚을 졌다. 위클리프가 위대한 하나님의 종으로 성장하기까지 그에게 좋은 영향을 준 사람들이 있었다. 링컨(Lincoln) 주교인 로버트 그로스테스트(Robert Grosseteste, 1168-1253)는 옥스퍼드 대학교 인문대 교수를 지냈으며, 1235년 영국에서 가장 큰 교구인 링컨 교구의 주교가 되었다. 그는 교황청이 교회에 '만악의 온상 노릇'을 하고 있다며 비판을 했고, 또한 교황이 자기 친인척들을 영국 성직록에 임명하는 것에 대해서도 반대했다. 그는 성직자들이 관직을 맡아서는 안 된다고 믿었고, 주교가 자기 권위를 세속 권력에서 끌어와서는 결코 안 된다고 주장했다.[33]

30) Tudur Jones, 『기독교 개혁사』, 김재영 역 (서울: 나침판사, 1990), 22.
31) Margaret Shand, "John Wycliffe".
32) Anthony Kenny, Wyclif in his Times (Oxford: Clarendon Press, 1986), 5.
33) 『교회사 대사전』, vol. I, 223.

그는 위클리프에 의해 유명인사로 평가되는 인물이었다. 위클리프는 그로스테스트의 위대한 학식과 성경의 권위에 대한 전적인 신뢰를 배웠다. 또 다른 옥스퍼드 교수가 있었는데 토머스 브래드워딘(Thomas Bradwardine, 1290-1349)이었다. 브래드워딘은 위클리프의 신학적 발전에 보다 많은 영향을 끼쳤다. 브래드워딘은 학사 학위(bachelor's degree)만 소유하고 있었지만 옥스퍼드 머톤(Merton) 대학에서 은혜 교리에 대해 강의를 했다. 하나님의 주권과 은혜의 절대적 필요성에 대한 그의 견해는 펠라기안들(Pelagians) 및 마니교들(Manichaens)과 비교되는데, 위클리프가 후에 발전시켰던 엄격한 예정론 견해(rigid predestinarian views)에 직접적인 영향을 끼쳤다.

옥스퍼드 발리올(Balliol) 대학을 졸업하고 그 대학의 학장이 되었던 리처드 피쯔랄프(Richard FitzRalph, 1290-1360) 역시 위클리프에게 상당한 영향을 끼쳤다. 그는 1333년에 옥스퍼드의 총장이 되었다. 후에는 아마(Armagh)의 대주교가 되어 1347-1360년까지 봉직하게 된다. 위클리프와 신학적으로, 철학적으로 같은 노선을 견지했다. 1349년에 그는 탁발수도회들과 갈등을 겪게 되는데, 인위적 가난은 사도적 준수도 아니고 현재 지켜야할 의무도 아니라고 주장했다. 그리고 탁발(구걸)은 성경이나 초대 교회의 초기 전승에 아무런 근거가 없는 행위라고 비판했다. 이 일로 인해 영국 탁발수도사들로부터 격렬한 비난을 받았다.[34)]

그는 아비뇽 교황청을 지지하였으며, 1346년 7월 클리멘트 6세(Clement VI, 1342-1352)에 의해 아마(Armagh)의 대주교로 임명받았다. 피쯔랄프가 위클리프에게 존경을 받았던 이유는 탁발 수도사들에 대한 계속적인 공격

34) 『교회사 대사전』, vol. III, 670.

을 시도했기 때문이다. 피쯔랄프는 탁발 수도사들이 백성들의 고해 성사를 듣는 행위나 또 그들이 죽은 자들을 땅에 묻는 권한에 대해서 날카롭게 비판했다. 즉, 그들에게 그럴 권한이 전혀 없다는 것이었다. 위클리프는 자신의 책 『신적 주권에 대하여』(*Of Divine Dominion*)와 『국가의 주권에 대하여』(*Of Civil Dominion*)라는 책에서 피쯔랄프의 사상을 많이 인용하고 있다.[35] 특히 위클리프는 피쯔랄프의 *De Pauperie Salvatoris*라는 책에서 주권론에 대한 자신의 사상을 보강하였다.

피쯔랄프는 그의 책에서 "모든 주권은 하나님께 속해 있으며 인간은 일시적으로 그 주권을 위임받게 되는 것이다. 주권을 가진 자라 할지라도 죄 가운데 빠지게 되면 주권을 상실하게 된다."고 주장했다. 피쯔랄프의 사상의 영향으로 위클리프는 "주권은 은혜 안에서 행하여져야 한다. 사람이 치명적인 죄를 범하게 되면 주권을 상실하게 된다."고 표현했다. 그러나 위클리프는 피쯔랄프의 사상을 맹목적으로 따르지는 않았다. 피쯔랄프는 구걸하는 탁발 수도사들의 가난을 정죄한 반면에, 위클리프는 프란시스칸(Franciscans)들의 가난한 삶을 동정하였으며 프란시스칸이 위클리프의 "가난한 사제들"(poor priests)로 재현되었다고 볼 수 있다.[36]

위에서 언급한 사람들이 하나님의 뜻 가운데 위클리프의 신앙과 지식을 보강하는 데 귀하게 쓰임 받았지만, 성경을 이해하는 위클리프의 통찰력은 그들보다 훨씬 뛰어났다.[37]

---

35) William R. Estep, *Renaissance and Reformation*, 61-62.

36) *The Cambridge History of English and American Literature*, vol. 2, available from http://www. bartleby.com/212/0207.html; Internet; accessed on 12 November, 2003.

37) Margaret Shand, "John Wycliffe".

3. 정치 활동과 학설

1372년 박사 학위를 받기 전에 영국 왕 에드워드 3세(Edward Ⅲ, 1312-1377)[38]를 섬겼던 위클리프가 영국에 대한 교황의 속셈을 반대하고 왕권을 위해 충실한 후원을 아끼지 않았던 때에, 에드워드 3세는 너무나도 어려운 시기를 맞이했다. 심각한 재정적 곤경에 처해있었다. 프랑스와 기나긴 전쟁 속에서 에드워드 3세의 셋째 아들이요, 랭커스터 공작이었던 존(John of Gaunt, 1340-1399)의 지도력은 형편없었다. 더욱이 영국 왕은 많은 빚에 시달렸다. 이런 곤경에서 벗어나기 위해 왕은 부유한 교회로 탐욕스러운 눈을 돌렸고, 전쟁을 후원하기 위해 성직자들의 수입에서 십일조를 거두기로 결정했다. 영국의 존 왕(John, 1199-1216)이[39] 통치하던 이후부터 영국은 로마 교황청으로부터 자유를 얻기 위해서 노력했다.[40]

영국의 존 왕이 1213년 교황 이노센트 3세(Innocent III, 1198-1216)에게 굴욕을 당한 이후, 교황에게 가신(家臣) 국가로서 매년 1천 마르크씩 조공을 바쳐왔다. 이것도 너무나 버거운데, 그레고리 11세(Gregory XI, 1370-1378)는 영국 성직자들에게 100,000 플로린(florins)을 추가로 바치라고 명

38) 에드워드 3세는 1312년에 탄생했고, 1327년에 왕위에 올랐다. 그는 1328년에 필립파(Philippa)라는 여성과 결혼하여 1330년에 첫째 아들 검은 군주 에드워드(Edward the Black Prince, 1330-1376)를 얻게 된다. 검은 군주 에드워드는 리처드 2세(Richard Ⅱ, 1367-1400)의 아버지가 된다. 리처드 2세는 1377-1399년까지 에드워드 3세의 뒤를 이어 영국의 왕이 된다.

39) 그는 교황 이노센트 3세가 캔터베리 대주교를 추천하자 거절했다. 이에 이노센트는 영국을 수찬금지령 아래 두었다. 왕은 그를 반대하는 성직자들을 쫓아냈다. 교황은 그를 파문했고 그의 왕위가 몰수되었다고 선언했고, 그에 대한 십자군을 공포했다. 패배한 왕은 모욕적인 복종을 교황에게 했을 뿐만 아니라, 자신의 왕국을 교황의 봉토로 인정하여 해마다 봉건 세금을 지불하는데 동의했다. Williston Walker, 송인설 역,『기독 교회사』(고양: 크리스챤 다이제스트, 2002), 419.

40) Margaret Shand, "John Wycliffe".

령했다. 왕이든 성직자든 교황의 이토록 무리한 요구에 즐거운 마음으로 임할 수 없었다.[41] 이것은 영국민들에게 한없는 굴욕감은 안겨주었다. 이에 반발해서 귀족들이 들고 일어나 존 왕으로 하여금 1215년에 대헌장(Magna Carta)에 서명케 하는 결정적 이유가 되었다.[42]

1365년에 교황 우르반 5세(Urban V, 1362-1370)[43]는 영국 정부 위에 교회의 권위를 다시 주장하기 시작했다. 그리고 우르반 5세는 매년 상납금 지불을 다시 요구해왔다. 이 무렵 영국은 국가적으로 강력해지고 있었다. 영국 왕 에드워드 3세의 지도하에 영국 군대는 1346년 크레시(Crecy) 전투에서 프랑스 군대에 막대한 타격을 입히며 승리하게 되었는데 이것은 영국민들에게 대단한 우월감을 안겨주었다. 교황은 어리석게도 상납금을 요구하는 시기를 잘못 택했다. 더욱 영국민들을 분개케 한 것은 영국민들이 바친 세금이 영국의 적들의 군대에게 바쳐지고 있었던 것이다.

영국 왕 에드워드 3세는 국회를 소집했고 교황의 무리한 요구를 국회의원들에게 제출했으며 그들의 응답을 요구했다. 다수의 국회의원들이 왕에게 제출한 답변은 위클리프에 의해서 기록되었다. 위클리프는 이미 세금 문제를 광범위하게 의논을 했고 그의 주장은 국회의원들에게 매우 설득력이 있었다. 국회는 전적으로 교황의 요구를 거절했다. 위클리프는 이러한 주제로 글을 썼다. "한 나라에 세속 군주가 둘일 수는 없다. 에드워드가 왕이냐 아니면 우르반이 왕이냐? 우리는 우리의 선택을 한다. 우리는 로마의 우르반 교황을 거절하고 영국의 에드워드를 우리의 왕으로 수락한다."[44]

---

41) William R. Estep, *Renaissance and Reformation*, 62-64.

42) Margaret Shand, "John Wycliffe".

43) 우르반 5세는 1310년에 탄생했고 1362년에 이노센트 6세(Innocent Ⅵ, 1352-1362)의 뒤를 이어 아비뇽 교황이 된다.

44) Margaret Shand, "John Wycliffe".

이러한 투쟁은 위클리프에게 교황 정치에 대한 그의 견해를 폭넓게 표현하는 기회를 제공했다. 이 사건은 영국 사회에 위클리프의 존재감을 나타냈다. 그러나 영국과 로마 교황청 당국자들 사이의 전투는 계속되었다. 이 문제를 해결하기 위해 에드워드는 아비뇽으로 사절단 보냈지만 아무런 성과도 없이 빈손으로 돌아왔다. 결과적으로 에드워드 3세는 칼레(Calais)나 브루쥬(Bruges)에서 두 편의 대표자들이 모여 의견을 타협하는 길을 제안하였다. 교황은 3명의 교황 사절단(nuncios)을 1374년 6월 24일에 보낼 것이라고 통보해 왔다. 에드워드 3세가 보기에 이 일의 이상적인 적임자는 위클리프였다.

그리하여 위클리프는 교황 사절단을 만나기 위해 대표단의 한 사람으로 가게 된다. 그가 그곳에 간 목적은 프랑스와 평화 협정을 체결하고, 또 영국 교회에 부과된 할당금을 채우는 문제를 협상하고, 교황의 대리인들과 궐석이 된 영국의 성직들을 채우는 문제를 협의하는 일이었다. 왕의 사절단 명단에서 그의 이름은 뱅거(Bangor)의 주교 다음에 두 번째로 등재되어 있었다. 당시 교황에게 상납해야 하는 세금과 영국 교회에 할당된 금액이 영국과 로마 교황청 사이에 너무나 큰 차이를 빚고 있었다. 이일에서 위클리프는 애국자로서 그리고 왕의 신하로서 진가를 보여주었다. 위클리프는 영국 대표단 중 유일한 신학자였다. 그는 단호하게 교황 사절단의 요구를 거절했다. 첫 모임은 무효로 끝났다. 9월 중순 쯤에 그는 옥스퍼드로 돌아와 머물렀다. 하지만 이 사건은 그에게 지울 수 없는 인상을 남겨주었다.[45] 브루쥬에서 위클리프는 에드워드 3세의 아들 곤트 존과 처음으로 친밀한 교제를 이루었다.[46] 한동안 곤트의 존의 후광으로 교황청 정치꾼들의 위

45) William R. Estep, *Renaissance and Reformation*, 62-64.

46) Philip Schaff, *History of the Christian Church*, vol. 6, 316.

협적 공격으로부터 보호를 받았다.[47]

브루쥬에서 돌아온 이후에 위클리프는 종교개혁가로서 목소리를 내기 시작했다. 옥스퍼드와 런던에서 교황이 세속 군주와 같이 정치적 주권을 행사함을 비판하는 설교를 했고, 교회의 타락상을 거침없이 지적하며 교회의 개혁을 주장했다. 그런 활동을 시작한 직후에, 소책자를 한권 출판했는데, 그는 로마 의 주교를 "적그리스도요, 교만한 자요, 세속적인 로마의 주교요, 저주받은 도둑놈이요, 날강도"라고 불렀다. 그리고 그는 교황이 "어떤 사제보다 매고 푸는 권세를 더 많이 가지고 있지 않으며, 세속 군주들이 필요한 경우에는 성직자들의 재산을 몰수할 수 있다."고 주장했다.

위클리프의 설교를 열렬하게 환영했던 사람이 에드워드 3세의 아들 곤트의 존이었다. 그는 평소에 타락한 성직자들을 원수처럼 여겨왔었는데, 위클리프의 설교를 듣고 교회 재산 몰수하고 압류하는 데 앞장섰다. 피어스 플라우먼(Piers Ploughman)이 "군주들이여, 교회의 토지를 차지하고 교회는 십일조만 가지고 살게 하라."고 외칠 수 있었던 것은 백성들의 폭넓은 여론의 지지를 받고 있었기에 가능했다.[48] 옥스퍼드에서 한 강의에 기초해서 쓴 두 논문인 『하나님의 통치권에 대하여』(*On Divine Lordship*)와 『시민 통치권에 대하여』(*On Civil Lordship*)에서 충분히 자신의 입장을 발전시켰다. 위클리프의 주장을 윌리스턴 워커는 다음과 같이 요약한다.

> 하나님은 최고의 지배자이시며, 그의 통치권에 모든 인간적 통치권이 의존한다. 하나님은 은혜로 모든 소유와 권력을 청지기로서 사명을 다

47) Philip Schaff, *History of the Christian Church*, vol. 6. (Peabody: Hendrickson Publishers, 2011), 316.

48) Philip Schaff, *History of the Christian Church*, vol. 6, 316-317.

하도록 시민과 교회에 주신다. 그것들은 영구적 '재산'이 아니라 신실한 봉사의 조건에서만 유지되는 일시적인 대여이다. 옳은 자들만이 통치권을 정당하게 사용할 수 있기 때문에, 죽을 죄를 지으며 살아가는 성직자들은 세속적 재산에 대한 모든 권리 주장을 상실해야 마땅하다. 하나님께서 시민 지배자들에게는 세속적인 것들에 대한 통치권을 주셨고, 반면에 교회에는 영적인 것들에 대한 통치권만 주셨다.[49)]

성실함과 순진함에서 나온 이 가르침은 확실히 에드워드 3세의 무절제한 아들인 랭커스터(Lancaster)의 공작 존과 그의 탐욕스러운 귀족 패거리들을 기쁘게 했다. 그들은 '태만한' 교회의 '재산 몰수'를 통해 치부하기를 원했다. 그것은 또한 오랫동안 탐욕스런 교권주의에 대해 거침없이 비판해온 많은 평민들의 흥미를 끌었다.[50)]

교회의 재산 몰수가 영국 왕에 의해서 실행되었다. 위클리프는 런던(London)에서 교회 재산을 적절하게 몰수할 수 있다고 설교를 했다. 국회와 왕은 로마에 보낼 왕국의 보물을 보내지 않고 간직해 두는 것이 합당한지 아닌지 위클리프에게 조언을 구했다. 위클리프는 보내지 않는 것이 좋다고 답변했다.[51)] 브루쥬 회의를 통해서 위클리프가 얻게 된 성과라면 교황과 밀접하게 연계된 사람들과의 만남을 통해서 교황의 측근들을 지배하고 있는 원리와 그들의 탐욕에 찌든 계략에 대해 더욱 분명하게 이해하게 된 것이다.[52)]

하지만, 약삭빠른 교황 사절단은 영국 대표단보다 앞질러 나갔다. 영국

49) Walker, 429-430.

50) Ibid., 430.

51) *Encyclopedia Britannica Dictionary*, 786.

52) Shand, "John Wycliffe".

인들은 자신들의 입장을 성공적으로 옹호하기에는 너무나 취약한 점이 많았다. 2차 회의는 1375년 9월 1일에 있었는데 이때 위클리프는 제외되었다. 위클리프가 빠진 이유를 후대 역사가들은 위클리프의 영향력을 과대평가했기 때문이고 또 그가 지나치게 고집이 있어 에드워드 3세의 목적에 맞지 않았다고 평가하기도 했다. 이 회의의 결과로서 교황 그레고리 11세와 영국 왕 에드워드 3세 사이에 하나의 협약이 맺어졌는데 대부분의 규정들은 교황청의 승리를 반영해 주었다.[53)]

마침내 1377년 2월 15일에 '로마 교황과 정부 간의 협약' 은 에드워드 3세의 이름으로 공포되었다. 교회적 음모와 교황의 정치 책략으로 이루어진 협약에 대하여 위클리프는 환멸감을 느꼈다. 개혁 지망자인 그는 이미 작품을 통해 옥스퍼드에서 개혁을 부르짖기로 결심했다. 바티칸과의 협약이 승인되자 위클리프는 주권(lordship)과 청지기직(stewardship)에 대한 3권의 책을 출판했다. 이 책들의 독자들은 날마다 늘어가고 그의 인기도 날로 더해갔다.[54)] 위클리프는 그때부터 교황이 적그리스도임을 말하기 시작했다.[55)] 영국에서의 위클리프의 영향은 상승세였다. 그는 옥스퍼드에서 광범위하게 존경을 받아왔으며 수많은 국회의원들에게도 영향력을 행사하고 있었다. 반면에 교황과 교황 지지자들은 위클리프에 대해서 격노했고, 교황칙서를 비롯한 몇몇 수단으로 위클리프를 감방에 집어넣도록 요구해왔고 이단으로 정죄했다.

그는 1377년 2월 19일에 런던의 주교 코트니(William Courtenay, 1324-

53) 김익원, 『사상 속의 사상』 (서울: 성광문화사, 1987), 90.

54) William R. Estep, *Renaissance and Reformation* (Grand Rapids, Mich.: Edrdmans, 1992), 63.

55) Margaret Shand, "John Wycliffe".

1396)[56]로부터 성 바울 성당의 성직자 총회에 출두하라는 통보를 받게 되었다.[57] 매우 힘 있는 두 친구 리처드 2세(1367-1400)와 그의 후견인 랭커스터의 공작 곤트의 존(1340-1399)이 함께 했다. 재판은 주교와 공작 사이의 격렬한 언쟁으로 시작되었다. 쟁점은 위클리프가 재판을 받을 때 앉아 있어야 하는가 아니면 계속 서 있어야 하는가 하는 것이었다. 런던의 의전관이었던 퍼시(Lord Percy)가 위클리프에게 앉으라고 명령하자, 배석했던 주교는 어떻게 죄수를 자리에 앉게 할 수 있느냐며 이것은 일찍이 들어보지 못한 법정 모독행위라고 주장했다. 재판에 참석하여 그 상황을 지켜보고 있던 랭커스터 공작 곤트의 존은 런던 주교 윌리엄 코트니와 영국의 모든 고위성직자들의 교만을 꺾어버리고 말겠다며 다짐했다. 그러나 그 주교도 만만치 않았다. 랭커스터 공작을 향하여 "각하, 할 테면 해보시지요." 하면서 응수했다. 그 주교는 데번셔(Devonshire) 공작의 아들이었다. 두 사람의 언쟁이 민중을 자극하여 소요사태가 일어났다. 큰 소란 때문에 소송이 기각이 되었다. 위클리프는 랭커스터 공작 존의 보호를 받았다.[58]

상황이 심각해지자 교황 그레고리 11세가 직접 나서서 위클리프 문제를 해결하고자 시도했다. 교황은 위클리프의 저서들 중에서 교회와 국가에 위해(危害)하다고 생각되는 19가지의 죄목을 추려서 단죄하는 대칙서를 발표했다. 실제로 교황은 캔터베리 대주교와 런던 주교, 옥스퍼드 대학교와 영국 왕 에드워드 3세에게까지 위클리프를 단죄하는 대칙서를 보내왔다. 캔터베리의 대주교 서드베리에게 보낸 문서는 영국의 영광스러운 경건의 역

---

56) 그는 휴(Hugh)의 넷째 아들이요, 모계 쪽으로는 에드워드 1세의 증손이다. 그는 좋은 배경으로 교회와 국가적 위치에서 최고의 관직을 얻게 되었다. 1381년에 캔터베리의 감독이 되었고 존 위클리프의 강력한 반대자의 한 명이었다.

57) 김익원, 91.

58) Philip Schaff, *History of the Christian Church*, vol. 6, 317.

사와 정통신앙을 견지해 온 영국 교회 지도자들의 명성을 예찬하는 내용으로 시작했다. 그런데 루터워스의 주임 사제 존 위클리프가 진저리나는 미친 마음을 품고 전체 교회의 안정을 위협하는 거짓 명제들을 공개적으로 선포하기를 주저하지 않는다는 소식이 자기 귀에 들려 왔다고 했다. 그러므로 자신은 대주교에게 존 위클리프를 감옥에 투옥하고 법정에서 최종 판결이 날 때가지 구금해 두라고 지시를 했다고 했다. 교황의 이러한 단호한 조치에 옥스퍼드 대학의 부총장은 적어도 겉으로는 교황의 명령에 순응하여 이단 교수로 낙인찍힌 위클리프를 감옥에 집어 넣고, 일정기간 구금한 듯 했으나 그것은 눈가림에 지나지 않았다. 교황은 결박과 투옥까지는 지시할 수 있었으나, 위클리프 입을 통해서 쏟아져 나오는 진리의 말씀을 결박하고, 사상의 진보를 막을 수는 없었다.[59]

오래지 않아, 위클리프는 램버드(Lambeth)에 설치된 대주교의 법정에 다시 소환되었다. 그때 에드워드 3세의 첫째 아들이었던 흑태자의 미망인 조안(Joan, 1328-1385)에게서 편지가 전달되었는데, 그 재판의 소송을 멈추라는 명령이 담겨 있었다. 조안은 영국 왕 리처드 2세의 친 어머니였기에 그녀의 입지는 견고했다. 그리고 위클리프를 지지하는 시민들이 들고 일어나서 법정을 점거하는 사람에 재판이 중단되었다. 옥스퍼드 대학의 교수들 중에는 위클리프를 지지하는 자들도 많이 있었다. 옥스퍼드 대학 교수들은 교황에 의해서 단죄된 열아홉 가지 명제가 귀에 거슬리는 것은 사실이지만, 위클리프의 주장은 틀리지 않았다는 성명서를 발표했다.

이것은 주교들과 그들의 지지자들을 더욱 두렵게 하였으므로 그들은 감히 위클리프를 해할 수 없었다. 그런 위기가 있었지만 굴하지 않고 위클리

59) Philip Schaff, *History of the Christian Church*, vol. 6, 317-318.

프는 교황 제도의 수많은 잘못을 고발하는 장문의 문서를 씀으로 그의 위치를 더욱 분명히 했다. 그는 또한 교회가 그리스도와 그의 계명에 진실되이 속해 있다면 개혁은 마땅히 일어나야 한다고 주장했다. 위클리프를 그렇게 미워하고 죽이고자 했던 교황 그레고리 11세는 1378년 3월에 병들어 죽게 되었다.[60)]

그레고리 11세 교황이 죽고 난 후에 로마 교황청은 분열되었다. 로마에서는 우르반 6세(Urban VI, 1378-1389)가 교황권을 주장했고, 아비뇽에서 클레멘트 7세(Clement VII, 1378-1394)가 자기가 교황이라고 주장했다. 양쪽 다 자신들이 무오한 교황이라고 주장하며 상대를 비난하며 파문하기에 이르렀다. 유럽에 두 명의 교황이 존재함으로 인해 교황권은 한없이 실추되었고, 유럽은 혼란에 빠지게 되었다. 그 후로 그레고리 11세가 위클리프를 파문했던 대칙서들은 더 이상 거론되지 않았다. 그레고리 11세가 주장했던 열아홉 가지 명제의 요지는 위클리프가 그리스도를 추종하는 자들이 교회의 강압적인 수단을 동원하여 세속 재산을 거둘 권한이 없다는 것과 교황과 사제의 파문이 그리스도의 법에 부합하지 않는다면, 아무 효력이 없다는 것과 적절한 이유가 있을 경우에는 국왕이 교회의 세속 재산을 몰수할 수 있다는 것과 심지어 교황이라도 법률적으로 평신도들에 의해 탄핵을 받을 수 있다고 주장을 했다는 것이다.[61)]

참으로 당시 위클리프의 주장은 교황과 기존 교회의 기득권자들에게는 너무나 도전적이고 불쾌하기 짝이 없는 내용이었다. 그러나 영국 왕과 평신도들에게는 여름 추수 때에 시원한 냉수와 같이 속 시원한 내용들이었다. 이로 인해 위클리프는 전국적인 인사로 영향력을 확보했다.

---

60) Philip Schaff, *History of the Christian Church*, vol. 6, 318.

61) Philip Schaff, *History of the Christian Church*, vol. 6, 318.

에드워드 3세의 첫째 아들은 검은 군주(the Black Prince)[62]로 불렸는데, 그는 1376년 아버지보다 먼저 병으로 죽었다. 에드워드 3세는 왕태자를 먼저 여의고 1377년에 죽었다. 검은 군주의 미망인, 조안은 열한 살의 새 왕인 리처드 2세(Richard Ⅱ, 1367-1400)의 어머니였다. 그녀는 위클리프의 좋은 후원자였다. 위클리프의 인기는 한동안 계속되었다. 그러나 1378년 이후부터 정치적인 문제에 연루되어 그의 정치적 영향력은 쇠퇴하기 시작했다. 하지만 위클리프의 영적 영향력은 계속 증가했고 하나님의 선한 주권 가운데 그의 나머지 생애를 무척 효과적으로 선용할 수 있었다.[63]

교황 그레고리 11세(Gregory XI, 1370-1378)[64]는 1377년 5월에 위클리프의 『정치 교회학 이론』(*The Politico-Ecclesiastical Theories*)의 잘못을 비난하며 또 그의 체포를 명령하면서 위클리프에게 5개의 교황의 교서를 보냈다.[65] 교황은 칙서를 내려 위클리프를 로마 가톨릭 교회 사제단 앞으로 출두하도록 영국에 요구했다. 이때 그레고리 11세가 위클리프를 얼마나 혐오하고 저주하고 있었는가를 다음 글에서 볼 수 있다.

> "위클리프는 가장 악하고 지옥에 갈 이단의 사악한 마음에서 더러운 이단 사상을 쏟아내고 있다. 그가 쏟아낸 이단사상으로 인해서 그는

---

62) 그는 에드워드 3세의 첫째 아들로 1330년에 태어났다. 그는 프랑스와 백년 전쟁(1337-1453)을 치룰 때 검은 갑옷을 입고 용감하게 싸워서 혁혁한 전과를 올렸다. 그때 프랑스 사람들은 검은 갑옷을 입고 용감히 싸우는 그를 검은 군주(the Black Prince)라고 불렀던 것이다. 그는 왕위 계승을 하지 못하고 1376년에 병으로 죽게 되었다. The Columbia Encyclopedia, 2001. available from http://www.bartleby.com/65/ed/EdwardBl.html; Internet; accessed on 12 November, 2003.

63) Margaret Shand, "John Wycliffe".

64) 그레고리 11세(Gregory XI, 1329-78)-아비뇽에서 재위한 마지막 교황. 1370년에 교황에 즉위했다. 1377년 1월 17일에 아비뇽에서 로마로 돌아감으로 아비뇽 시대의 막을 내리게 되었다. 교회사 대사전 』, vol. I (서울: 기독지혜사, 1994), 214.

65) *Encyclopedia Britannica Dictionary,* 786.

신실한 사람들을 오염시키고 있으며, 그들을 지옥의 벼랑 끝으로 끌고 가고 있다. 그는 교회를 전복시키려고 하고 있다."66)

이 글을 미루어 볼 때 당시 위클리프의 사상과 주장이 썩고 부패한 중세 교황과 교황청 당국자들에게 얼마나 도전적이며 큰 충격으로 다가왔는지 능히 짐작할 수 있다.

로마 교황과 교황청 인사들이 위클리프를 죽이고자 발악을 했지만, 하나님께서 그의 방패가 되셔서 원수들의 위협 가운데서도 그를 안전하게 지켜주셨다. 데이빗 파운틴(David Fountain)은 그의 책 『개혁의 새벽별, 존 위클리프』(*John Wycliffe, The Dawn of the Reformation*)에서 흥미 있는 지적을 하였다. "교황은 영국에서 교황의 종교 재판소를 설립하고자 했다. 그런데 위클리프가 그 당시 정부에 지혜로운 조언을 해줌으로 인해 교황은 자기 뜻을 펼칠 수 없었다. 이로 인해 영국은 '이교도'(heretics)로 불리며 200년 이상 핍박을 받았을지라도, 그러한 일들은 교황이 그의 욕망을 충족시켰을 경우보다 훨씬 좋은 결과를 나았다."67)

한편 비양심적인 곤트의 존은 교회의 재산을 몰수하려는 계획을 세웠고 고매한 인격의 소유자요, 옥스퍼드의 신학자인 위클리프의 도움을 받고자 했다. 위클리프가 왜 그러한 계획에 동참했는지는 알 수 없다. 아마도 가난한 자들을 착취하여 사치하고 무절제한 탐욕에 사로잡혀 있는 고위성직자들에 대한 증오심 때문에 영국 통치자의 편을 들지 않았을까 추정된다.

---

66) Philip Schaff, *History of the Christian Church,* vol. 6, 318.

67) David G. Fountain, John Wycliffe, *The dawn of the Reformation* (Southampton: Mayflower Christian, 1984), Shand, "John Wycliffe", available from http://wholesomewords. org/biography/biorpwycliffe.html; Internet; accessed on 19 September, 2003에서 재인용.

4. 존 위클리프와 그레고리 11세의 대결

1377년 5월이 끝나갈 무렵 그레고리 11세는 존 위클리프에게 교황 교서를 내렸다. 그레고리 11세는 프랑스 아비뇽에서 로마로 교황청을 옮기고 나서 교황권을 새롭게 강화하고자 했다. 교황권을 강화하고자 하는 데 가장 걸림돌이 되는 인물이 바로 영국의 존 위클리프였다. 위클리프는 오랫동안 쌓여온 로마 교황청의 적폐와 교회의 잘못된 조직과 권력 남용에 대해서 연일 비난의 포문을 열고 있었다. 교황은 수단과 방법을 가리지 않고, 교황청을 향한 주 공격자인 위클리프를 제거하고자 했다. 그래서 교황은 캔터베리 대주교와 런던의 주교와 옥스퍼드 대학교에 각각 교황의 교서를 내렸을 뿐만 아니라, 영국 왕에게까지 교서를 보내왔다. 위클리프 저작물에서 19가지의 죄목을 발취하여 단죄하였고, 그가 자기 사상과 주장을 계속한다면 체포하여 감옥에 감금시키고 교황의 선고를 기다리라고 엄하게 명령했다.[68] 로마 교황 그레고리 11세는 3번에 걸친 위클리프를 이단자로 죄목을 씌워 종교 재판을 시도하였으나 그때마다 후원자인 에드워드 3세의 아들 랭커스터 공작인 곤트의 존과 그를 지지하는 백성들에 의해 거절되었다. 이로 인해 위클리프는 위기를 벗어날 수 있었다.[69]

위클리프는 곤트의 존을 섬김으로 민족적 인물로 부상하게 되었고, 아비뇽의 마지막 교황인 그레고리 11세(Gregory XI, 1329-1378)가 제정한 19가지 죄목[70]으로 인하여 국제적인 인물이 되었다.

68) Reginald Lane Poole, *Wycliffe and Movements for Reform* (New York: Anson D. Randolph & Company, 1978), 78-79.

69) Estep, 64.

70) Available from http://www.fordham.edu/halsall/source/1382wycliffe.html; Internet; accessed on 14 August, 2018.

그러면 그레고리 11세가 위클리프가 그의 책과 논문에서 펼친 주장들 중에서 로마 가톨릭 고수해왔던 주장과 배치되는 내용을 선별해서 이단이라고 정죄한 19가지 죄목을 한번 살펴보자.

1. 성찬 시 축성 후에도 빵과 포도주의 물질적 본체가 그대로 남아 있다.
2. 동일한 성찬에서 축성 후에 비본질적인 것이 실체 없이 남아 있지 않는다.
3. 그리스도는 본래의 육체의 현존으로 진정과 실제로 동일하게 성찬대의 성례에 있지 않다.
4. 만일 주교나 사제가 치명적인 죄를 범하며 살고 있다면, 그는 성직자로 임명하지 말 것이며, 축성하지 말 것이며, 세례도 주지 말아야 한다고 주장했다.
5. 사람이 진정으로 회개하지 않으면, 모든 외적인 고백은 그에게 불필요하며 아무 소용이 없다.
6. 그리스도가 미사(mass)를 제정했다는 사실이 복음서에 발견되지 않는다.
7. 하나님이 마귀에게 순종해야 한다. (위클리프의 주장을 이렇게 억지로 왜곡해서 고발했던 것이다.)
8. 교황은 멸망 받도록 규정되어 있으며 악독한 사람이며 마귀의 종이며, 황제에 의해서 수락되지 않으면 어떤 권력도 그리스도의 신실한 사람들 위에 군림하도록 교황에게 주어지지 않았다.
9. 우르반 6세 이후 어떤 사람도 교황으로 인정받지 못했다. 모든 사람은 그들 자신의 법아래서 그리스 사람들의 방식을 좇아 살고 있다.
10. 교회의 사람들이 세속적 소유를 가지는 것은 거룩한 성경에 배치되는 것이라고 주장했다.
11. 어떤 고위 성직자도 그 사람이 먼저 하나님께로부터 파문당하지

않는다면 어떤 사람도 파문해서는 안 된다.

12. 파문하는 고위 성직자는 그것으로 이단자이거나 파문당한 자이다.
13. 왕이나 왕의 법정에 항소하는 성직자를 파문하는 고위 성직자는 하나님께 반역자요, 왕과 왕국의 반역자이다. (위클리프는 국왕의 권위를 존중했다.)
14. 설교하기를 소홀히 하거나 하나님의 말씀과 전파된 복음의 말씀 듣기를 소홀히 하는 자들은 사람들에게 파문을 당하기 때문에 파문된 자들이다. 그리고 심판 날에 하나님의 반역자로 간주될 것이다.
15. 가톨릭의 주교의 권위 없이도 말씀의 지식으로 충분히 준비된 사람들은 집사나 성직자나 구분 없이 하나님의 말씀을 전파하도록 허락되어졌다. (위클리프는 만인제사장주의를 역설하고 있다.)
16. 치명적인 죄 가운데 있는 자는 시민의 지도자도 될 수 없고, 주교나 대주교도 될 수 없다고 주장했다.
17. 세속적 군주는 그들 자신의 판단에 따라 직무 태만한 교회 사람들의 일상적인 수입을 탈취할 수 있으며, 또한 일반 백성들도 직무 태만한 세상 군주들을 교정할 수 있다.
18. 십일조는 순전히 자선 행위에 기초한 것이다. 교구민들은 그들의 성직자가 죄 가운데 있으면 십일조를 그들에게 주지 않고 그들의 의지대로 다른 사람들에게 줄 수 있다.
19. 고위성직자나 종교적인 사람들에 의해서 어떤 사람이 특별 기도를 받았다고 해서 다른 사람들을 위한 일반적인 기도보다 특별한 효과가 있는 것이 아니다.

위 내용은 그레고리 11세 교황이 위클리프의 모든 책과 논문들을 수집 추적해서 당시 교황과 교황청이 주장하는 내용과 배치되는 것들을 선별하여 악의적으로 고발한 것이다. 7번째 항목인 “하나님이 마귀에게 순종해야 한다."는 주장은 위클리프의 발언의 앞뒤 문맥을 제거하고 교묘하게 곡해 조작해서 위클리프를 이단으로 몰고 가기 위한 사악한 발상임에 틀림없다. 그 외에는 그레고리 11세가 위클리프를 이단으로 단죄하기 위해서 곡해해서 편집한 것이지만, 위클리프의 주장이 얼마나 정당하며, 성경적이며, 설득력이 있는가가 분명하게 드러난다. 위클리프의 주장이 마치 마틴 루터가 1517년 10월 31일 비텐베르크 성문 교회의 정문에 부착한 95개 논제와 비슷한 느낌을 갖게 된다. 루터는 성경의 진리와 자신의 양심에 기초해서 중세 가톨릭의 신학적 문제점과 교황의 면죄부 남용의 부당성과 교황권 남용과 교황의 탐욕과 부정과 비리를 날카롭게 고발했다. 루터가 교회 입구에 대자보로 붙인 95개 논제가 종교개혁의 기폭제가 되었고, 이것을 계기로 해서 종교개혁의 불길이 타올라 온 유럽을 뒤덮었다.

루터가 독일에서 종교개혁의 횃불을 들기 전에 약 140년 전에 영국에서 존 위클리프가 세상을 향하여 용기 있게 종교개혁의 나팔을 먼저 불고 있었다. 위클리프의 주장이 얼마나 성경적이며, 오늘날 개혁주의 관점에서 봐도 너무나 참신하고, 신학적으로 건강하며, 보편타당성을 가지고 있음을 확인하게 된다.

5. 교리 개혁가 존 위클리프

1378년과 더불어 위클리프는 교리 개혁가로 출발하게 된다. 그는 외국인들을 상대하며 영국인들의 권익을 보호하기 위해서 힘썼다. 이제는 스콜라 학자들과 중세의 교황들이 공들여 쌓아온 신학 체계와 교회에 잠입해 들어온 부정과 불법과 비리들을 고발하며 비판했다. 유럽에 교황청이 둘로

쪼개짐으로 인해서 기독교가 세상의 웃음거리가 되었다. 로마 교황청과 아비뇽 교황청은 자신들의 정통성을 주장했고, 상대 진영을 향해 저주와 악담을 퍼붓는 웃지 못 할 광경을 목격하면서 교황제가 신적 기원이라고 주장하는 그들의 주장이 얼마나 무력하며 거짓되며 허무한가가 백일하에 드러났다. 위클리프는 그의 수많은 설교와 소책자들과 장문의 저서들을 통해서 성경의 중요성을 부각시켰고, 상식의 중요성을 내세웠다.

중세 가톨릭은 너무나 성경에서 빗나갔고, 인간의 상식에도 어긋나는 거짓된 가르침에 노예가 되어 있었다. 위클리프의 펜은 다메섹의 면도칼(Damascus blade)처럼 예리했다. 그는 위대한 기독교 인문학자 에라스무스 못지않은 풍자(諷刺)와 해학(諧謔)의 달인이었다. 에라스무스는 점잖게 품위 있게 재치 있게 당시 교회의 종교지도자들과 스콜라신학자들을 풍자하며 비판했다. 그와는 다르게 위클리프는 풍자의 단계를 넘어서서 독설의 달인이기도 했다. 그의 비판은 날카로웠고, 듣는 이들의 가슴을 비수로 찌르는 고통을 안겨주었다. 위클리프는 그의 문학적 역량을 아낌없이 사용했다. 그의 직설적이고 적절한 표현은 백성들이 쉽게 이해할 수 있었다. 그는 라틴어뿐만 아니라 영어도 효과적으로 사용했다. 위클리프의 성경의 진리에 대한 확신과 믿음의 열정은 마틴 루터 못지않았고, 그 신학 사상은 깊고도 뜨거웠다. 마틴 루터가 독일이 배출한 가장 열정적인 소책자의 저자였듯이 위클리프는 영국에서 일어나 가장 대표적인 신앙 소책자의 저자였다. 그의 명쾌하고 예리한 어조와 필치는 당대에 어느 누구에게도 뒤지지 않았다.[71)]

존 위클리프는 학자와 저술가를 넘어서는 인물이었다. 존 웨슬리처럼 그는 실제적인 성향을 지니고 있었으며, 웨슬리처럼 영국에 순수한 복음을

71) Philip Schaff, *History of the Christian Church*, vol. 6, 318-319.

새롭게 선포하려고 최선을 다했다. 1374년 브루쥬(Bruges)에서 귀국하면서 탁발수도사들의 폐해를 막기로 결심하고 난 후, 그는 순회 전도자 집단을 발족시켜 파송할 계획을 했었다. 옥스퍼드 대학 출신들이 주류를 이루었고, 평신도들도 포함되었는데, 그들이 바로 그 유명한 가난한 사제들 즉, 롤라드들(The Lollards)이었다. 그 롤라드들은 위클리프의 사상과 가르침에 영향을 받은 위클리프의 제자들이요, 복음의 동역자들이었다. 이 롤라드들을 통한 전도 계획은 적지 않은 성과를 거두었으며, 상당한 화제를 불러일으켰다. 그들은 황갈색 긴 겉옷을 입은 채 도보로 민중을 찾아다니면서 설교했다. 그리고 후에 위클리프가 편찬한 영어 성경을 영국 전역에 보급하는 귀중한 사명을 감당했다.[72)]

그 롤라드들의 활동을 탐탁찮게 여기는 자들이 여기저기서 출현했다. 런던 주교 코트니(Courtenay)는 이들의 활동에 분개했다. "이 자들은 권위를 위임받지 못한 순회 설교가들로서, 오류가 있으며 이단적인 주장들을 교회당 안에서 뿐만 아니라, 광장들과 그 밖의 속된 장소들에서 공개적으로 퍼뜨리고 다녔다. 그자들은 거룩한체하며 거룩을 가장(假裝)하지만, 주교나 교황에게 권위를 위임받지 않은 채 이런 일을 하고 다녔다."며 불만을 토로했다. 주교 코트니의 주장을 살펴보면, 그 당시 로마 가톨릭 성직자들의 얼마나 경직되고 권위적이고 모순적이고 무지했는가를 엿볼 수 있다. 또 기존 성직자들이 얼마나 평신도들을 무시했고, 왜곡된 편견에 사로잡혀 있는가를 확인하게 된다.[73)]

위클리프와 롤라드들의 활기찬 활동에 거세게 반발하며 일어선 자들이 있었는데, 바로 탁발 수도사들이었다. 옥스퍼드 당국자들이 대주교와 주교

---

72) Philip Schaff, *History of the Christian Church*, vol. 6, 319-320.

73) Philip Schaff, History of the Christian Church, vol. 6, 320.

들의 요구를 받고 법정을 설치했으며, 옥스퍼드 대학 총장 버턴(Berton)과 12명의 박사들이 재판부를 구성했다. 재판부는 위클리프를 거명하지 않은 채, 떡과 포도주가 축성된 뒤에도 그대로 남는다는 주장과, 성찬 때 그리스도의 몸이 상징적으로 혹은 비유적으로 임할 뿐이라는 주장을 유해한 것으로 단죄했다. 이 주장은 1381년부터 위클리프가 줄기차게 1215년 제4차 라테란 공의회 이후 로마 가톨릭이 맹신해온 화체설을 공격해 온 내용이었다. 그 재판부에서 위클리프의 주장이 유해하며 이단적인 주장이라고 결론을 내린 것이다. 그러나 위클리프는 이들의 단죄에 개의치 않았다. 위클리프는 옥스퍼드 대학교에서 계속해서 자기 소신대로 설교와 강의 활동을 해나갔다. 그러나 그가 항소한 국왕의 심의회에서 랭커스터 공작 곤트의 존이 이번에는 위클리프를 반대하는 진영에 서서 그에게 옥스퍼드에서 그 주제로 더 이상 발언하지 말도록 금했다. 이 금지 명령에 맞서서 위클리프는 『고백록』(*Confession*)이라는 책에서 한층 더 강한 어조로 자신의 견해를 주장했다. 그 책은 "나는 종국에는 진리가 승리할 것을 믿는다." 는 말로 끝을 맺는다.[74)]

참으로 위클리프는 진리의 말씀에 사로잡힌 자였다. 자신의 일신상에 어떤 손해와 핍박이 오더라도 성경의 가르침으로 무장된 자신의 양심에 거슬리는 주장과 거짓 교리에는 추호도 타협하지 않았다. 그의 진리에 대한 확신과 하나님 앞에서의 불굴의 용기를 160년 뒤에 출현한 마틴 루터가 그대로 본받은 듯하다.

1381년 같은 해에 영국에서 농민 반란이 발생했다. 이 농민 반란은 마틴 루터가 1525년에 독일에서 일어나 농민 반란에 대해서 중재하려고 시

---

74) Philip Schaff, *History of the Christian Church*, vol. 6, 320.

도했던 사건과 일맥상통한 면이 있었다. 처음에 루터는 농민들의 주장을 어느 정도 인정하며 농민의 인권과 주장을 옹호하려고 했었다. 하지만, 농민 그룹이 토마스 뮌처(1488-1525)의 과격한 지도력으로 난폭한 무정부주의로 치닫게 되자, 방향을 급선회하여 귀족들에게 농민 폭도들을 철저히 진압할 것을 역설했다. 이렇게 하여 독일 농민 반란은 진압되었다. 루터의 방향 선회에 불만을 품고 많은 루터파 교인들이 루터를 등지고 재세례파로 몰려가는 참사가 빚어졌다.[75]

위클리프가 1381년 영국에서 발생한 농민 반란에 동정심을 가졌다는 증거는 보이지 않는다. 반란이 끝난 후에 위클리프는 교회 재산을 가난한 사람들이 아닌 상류 계층에 분배하자고 제안했다. 그의 제안은 역풍을 맞았다. 한때 위클리프는 교회에서든지, 국가에서든지 나쁜 통치자들에게는 세금이나 십일조를 바칠 의무가 없다고 주장했었다. 그의 주장을 따라 성직자들을 심판하거나 면직시키기도 했고 성직자들이 가난한 자들로부터 부당하게 갈취한 재산들은 회수하기도 했다. 위클리프가 왜 가난한 자들의 편을 들지 않고, 상류 계층의 편을 들어주었는지는 의문으로 남는다. 위클리프 사후 150년 뒤에 윌리엄 틴들(William Tyndale, 1496-1536)은 이렇게 말했다. "위클리프 시대에도 그랬듯이 오늘날도 위선자들은 하나님의 말씀이 폭동을 자극한다고 말한다."[76] 이 말은 위선적인 교권자들이 자신들의 기득권과 특권을 위해 일반 백성들이 성경에 접근하는 것을 차단하며 그들을 영적무지 속에 가두어 두고자 하는 악한 저의(底意)에서 비롯된 것이다.

윌리엄 코트니가 캔터베리 대주교로 승진한 것은 위클리프에게는 좋은

75) Williston Walker, *A History of The Christian Church*, (New York: Charles Scribner's Sons, 1918), 354.

76) Philip Schaff, *History of the Christian Church*, vol. 6, 321.

조짐은 아니었다. 그는 위클리프에 대해서 더 적대적이었고, 단호했기 때문이다. 1382년에 그는 영국사에서 회의 도중에 지진이 느껴졌다는 이유로 '지진 교회회의'로 알려진 교회회의를 소집했다. 그 대주교는 9명의 주교들의 지지를 받았다. 회의 도중에 지진이 일어나 주변이 흔들리기 시작했다. 이때 대주교는 이것은 아주 좋은 징조라고 해석을 했다. 이 지진이 소동과 해학(諧謔)을 쓸어버리기 위해서 성직자단에 공감을 표시하는 명백한 증거라고 주장했다. 이 말의 함의는 영국 사회에 소동을 일으키고 기존 가톨릭 교리를 날카롭게 풍자와 해학으로 비판하는 위클리프를 제거해야 하는 하늘의 뜻이라며 자가당착의 해석을 한 것이다. 그 지진회의에 참석하지 않았던 존 위클리프는 지진 사건을 전혀 다르게 해석했다. "주님께서 지진을 보낸 이유는 분명하다. 탁발 수도사들이 성례전에 사악한 이단적 요소를 도입했기 때문에 그리스도께서 본디오 빌라도에게 사형판결을 받으시고 육체의 죽임을 당하실 때, 그 부당함을 고발하기 위해서 땅이 진동하였듯이, 이번 지진회의 때에도 땅이 심하게 흔들린 것이다."[77]

교회회의는 존 위클리프가 주장한 24개 명제 가운데 10개는 이단적이라고 지목했고, 나머지는 교회의 결정을 거스른 것으로 단죄했다. 이단의 단죄를 당한 명제들 가운데 중요한 네 가지는 그리스도께서 성찬 때 육체로 임하시지 않는다는 것과, 한 영혼이 임종 시에 구두로 고백 성사를 반드시 할 필요가 없다는 것과 우르반 6세가 죽은 후에는 영국 교회가 어떠한 교황도 인정하지 말아야 하며, 그리스인들과 마찬가지로 영국 스스로 자치(自治)를 시행해야 한다는 것과 그리고 성직자들이 세속 재산을 소유하는 것은 성경의 가르침에 위배된다는 것이었다.

77) Philip Schaff, *History of the Christian Church*, vol. 6, 321.

캔터베리 주교가 된 윌리엄 코트니는 교회회의의 후속 조치로서 당시 옥스퍼드 대학교 총장이었던 리게(Rygge)를 소환해서 이단적인 가르침을 퍼뜨리고 있는 교사들을 징계하며 억압하도록 명령을 내렸다. 옥스퍼드 대학교 총장 리게는 대주교의 명령을 무시하고 위클리프의 추종자였던 레핑던(Repyngdon)을 설교자로 임명했다. 레핑던이 설교를 했을 때, 윌리엄 코트니의 충복이었던 피터 스토키스(Peter Stokys)가 그의 설교를 못하게 방해를 하자, 옥스퍼드 대학의 학생들과 교수들이 칼을 빼들고 그 카르멜 수사였던 스토키스를 위협했다.[78)]

그런데 윌리엄 코트니도 만만치 않았다. 그는 사소한 불순종도 용납하지 않겠다는 태도로 옥스퍼드 총장 리게(Rygge)와 대학의 학생감들을 램버드(Lambeth)로 소환한 뒤 무릎을 꿇린 채 자신이 지시한 바를 이행하겠다는 다짐을 받았다. 영국 의회가 윌리엄 코트니를 지지했다. 이로 인해 위클리프로부터 시작된 새로운 교훈과 가르침이 탄압을 받았으나, 그는 조금도 굴복하지 않았다. 위클리프는 4개 조항의 항의서를 작성해서 영국 왕과 의회 앞으로 보냈다. 교회 재산에 관해서 영국 법이 수위권을 갖는다고 주장했다. 그리고 탁발수도사들이 잘못된 수도회 규칙을 버리고 그리스도의 규율을 따라야 한다고 주장했다. 그리고 성찬 때 떡과 포도주의 우유성(accidents)뿐 아니라 본질도 그대로 남아 있다는 견해를 주장하며 화체설의 잘못을 반복해서 지적했다.[79)]

영국 왕실은 가톨릭교회의 성례전의 핵심이라고 할 수 있는 화체설을 공격하는 위클리프를 더 이상 지지하지 않고자 했다. 영국 왕 리처드 2세(Richard II, 1367-1400)는 옥스퍼드 대학 총장 리게(Rygge)에게 독단적인 명

78) Philip Schaff, *History of the Christian Church*, vol. 6, 322.

79) Philip Schaff, *History of the Christian Church*, vol. 6, 322.

령을 내려서 위클리프의 가르침들을 규제하도록 했다. 윌리엄 코트니가 직접 옥스퍼드 대학을 방문했다. 위클리프가 세인트 프리드와이즈(St. Frideswides) 교회에서 그 대주교를 다시 만났다. 그곳에서 위클리프를 정죄하는 종교재판이 열렸기 때문이다. 그 세인트 프리드와이즈 종교회의에서 위클리프의 모든 저서들과 위클리프의 추종자요, 영어 성경 번역에 큰 기여를 했던 헤리포드(Hereford)의 저서들이 정죄를 받았고 금서로 규정되었다. 위클리프는 설교 금지령을 받았으며, 옥스퍼드 교수직을 박탈당하고 루터워스(Lutterworth) 그의 교구로 물러갔다. 위클리프를 지지했던 많은 지지자들이 강력한 핍박 앞에 무릎을 꿇었고, 위클리프 지지를 철회했다. 위클리프 진영 전체가 강한 타격을 받고 휘청거렸다. 위클리프는 더 이상 옥스퍼드 대학에서 가르칠 수 없었다.[80)]

루터워스로 퇴각 후에 위클리프는 자신의 신학 사상과 신념을 담은 논문을 집필했다. 그가 남긴 신학 논문들 중에 『삼인 대화록』(*Trialogus*)이 가장 유명하다. 이 논문은 성경과 교회가 일치하지 않는 곳에서는 성경을 우선적으로 순종해야 한다고 했다. 그리고 양심과 인간의 권위가 상충되는 곳에서는 양심을 따라야 한다고 했다.[81)]

6. 위클리프 학설

위클리프의 학설은 그의 많은 저서들 가운데 분명하게 나타나있다. 그는 빼어난 학자로서, 정치 개혁가로, 탁월한 설교가로, 신학 사상의 혁신가

---

80) Philip Schaff, *History of the Christian Church*, vol. 6, 322.

81) Philip Schaff, *History of the Christian Church*, vol. 6, 323.

로, 무엇보다 성경 번역가로 이름을 날렸다. 그는 각분에 방대한 양의 글을 남겼다. 그의 신학적 견해는 중세 교회의 오류와 부패를 고발하는 방향으로 나아갔다. 적들로부터 숱한 공격을 당하는 과정에서 그는 중세 교황청의 오류들을 명쾌하게 깨닫게 되었다. 무엇보다 성경을 연구하면서 중세의 특징적인 신학 체계에 대립되는 새로운 신학 체계를 세우지 않을 수 없었다.

위클리프의 진술은 항상 명쾌하지만, 몇몇 저서들은 반복이 지나치게 많아서 지루한 경우도 있다. 하지만 독자를 실망시키지 않고 항상 본인이 전달하고자 하는 핵심 주제를 붙들게 도와준다.

① **학자로서 위클리프**: 위클리프는 그가 자주 인용하는 로버트 그로스테스트(Robert Grosseteste, 1168-1253) 이후 옥스퍼드 대학교에서 장기간 교편을 잡은 가장 탁월한 학자였음에는 논란의 여지가 없다. 위클리프는 안셀름(Anselm, 1033-1109)에서부터 둔스 스코투스(Duns Scotus, 1265-1308), 토마스 브래드워딘(Thomas Bradwardine, 1290-1349), 리처드 피쯔랄프(Richard Fitzralph, 1290-1360), 겐트의 헨리(Henry of Ghent)에 이르기까지 폭넓게 공부했으며, 중세 신학자들을 뛰어 넘어 크리소스톰(Chrysostom, 345-407)과 어거스틴(Augustine, 354-430)과 제롬(Jerome, 345-419) 그리고 라틴 교부들에도 정통했다. 그는 작품 속에 많은 저자들의 글을 인용했으나 연륜이 쌓일수록 성경의 진리를 최후의 종착역으로 삼았다. 그는 온건한 실재론자였으며, 유명론에 대해서는 비판적이었다. 브래드워딘의 결정론을 피하려고 노력했으나, 필연의 교리가 의지의 자유를 배제하지 않는다고 주장했다. 의지는 철저히 자유로워서 강요당할 수 없다고 보았다. 필연이 피조물에게 의지를 발휘하여 결심하게 하고 자유를 활용하게 하지만, 그 지점에서 인

간은 자유롭게 선택할 수 있는 상태로 남는다고 했다.[82)]

② 애국자로서 위클리프: 위클리프는 영국 교회를 매사에 교황의 의지에 예속케 했던 안셀름과 토마스 베켓(Thomas Becket, 1118-1170)과는 아주 달랐다. 안셀름은 그레고리 7세(Gregory VII, 1073-1085)에 충성하느라 추방을 감수했고, 토마스 베켓은 교황 알렉산더 3세(1159-1181)에게 충성하느라 죽음까지 불사했다. 위클리프는 정복왕 윌리엄 시절부터, 특히 영국의 존(John 1199-1216) 왕의 재위 이래로 외세에 대해서 쌓여진 나라의 불만을 해소해 갔다. 위클리프는 단호하고 비타협적인 자세로 외세를 배척하고 영국민의 자치를 강조하며 민족적 자존심을 높여갔다. 그는 국내에 들어와 있는 외국의 관할권 체제 전체에 대항하여 비판의 목소리를 높였다. 교회의 토지 보유권에 대해서도 강도 높게 비판했다. 성직자들의 세속 관직 보유에 대해서도 비판했다. 대주교 서드베리가 농민 폭동 때 살해당했을 때에는 그가 대법관 관직을 보유하고 대주교직을 겸업했기에 하나님의 심판을 받아 죽었다고 했다.[83)]

교회와 국가에 관한 위클리프의 견해는 『신적 주권에 관하여』(*De Dominio divino*), 『세속 주권에 관하여』(*De dominio civili*), 『대화록』(*Dialogus*)에 제시되어 있다. 『신적 주권에 관하여』는 사람들이 재산을 보유하고 통치를 시행하는 권리를 논하며, 통치권과 청지기의 책무를 구분한다. 주권(Lordship)은 본질상 인간의 소유할 수 있는 것이 아니다. 그것은 청지기의 책무이다. 그리스도께서는 절대 권세로써 다스리기를 원치 않으시고 다른 사람들과 소통하기를 원하셨다. 그리스도의 인성에 관해서 말하자면 그리스도는 인

---

82) Philip Schaff, *History of the Christian Church*, vol. 6, 325-326.

83) Philip Schaff, *History of the Christian Church*, vol. 6, 327.

생들에게 가장 완전한 모범을 보이셨다.

『세속 주권에 관하여』 이 책에서 그는 치명적인 죄를 지은 사람은 아무도 다스릴 권세를 갖지 못하며, 은혜의 상태에 있는 사람은 누구나 온 세상을 다스릴 권세를 갖는다고 주장했다. 모든 크리스천은 상호적으로 통치자가 될 수도 있고, 한편으로 종이 되기도 한다. 교황이든 성직자 집단이든 자신들에게 맡겨진 재산을 남용하면 국가가 그것을 박탈할 수 있다고 했다. 소유권은 정당하게 사용할 경우에만 보장된다. 십일조는 사제들이 자신들의 임무를 수행하기 위해 쓸 수 있는 방편이라고 했다.

그레고리 11세는 위클리프를 법정에 세우기 위한 죄목의 대부분을 『세속 주권에 관하여』 이 책의 첫 권 마지막 부분부터 이어지는 내용에서 끄집어냈다.[84]

③ **설교자로서 위클리프**: 위클리프의 줄기찬 강단 사역과 그의 설교가 끼친 영향을 어떻게 다 묘사할 수 있을까? 그는 종교개혁 이전의 영국 설교자들 가운데 독보적인 인물이었다. 그의 영어 설교 가운데 294편과 라틴어 설교 224편이 오늘까지 보존되고 있다. 설교 외에도 주기도문, 성경에 나오는 찬송가들, 일곱 가지 죽을 죄와 그 밖의 주제들에 관한 영어 강해들을 발견할 수 있다. 아주 예외적인 것 몇 편을 제외하고는 그의 설교들은 신약 성경의 본문을 기초하고 있다. 그의 영어 설교 양식은 아주 단순하며 직설적이다. 마틴 루터도 영국의 종교개혁자 존 위클리프보다 교회의 폐습들을 명쾌하게 비판하는 설교를 하지 못했다. 설교의 면면이 실제적 신앙 강해와 교황과 세속적 고위성직자들을 질책하는 내용이 결합되어 있다. 그들이 그리스도의 양들을 목양하는 참된 일에서 떠나 세상의 이익

84) Philip Schaff, *History of the Christian Church*, vol. 6, 327-328.

과 향락을 좇고 있으므로 적그리스도요, 악마의 종들이라고 비난했다.[85)]

또 위클리프는 성지순례와 면죄부와 같이 성경 어디에서도 가르치지 않는 거짓 교훈들을 단죄했다. 특히 그의 설교는 탁발 수도사들을 호되게 책망하는 설교를 했다. 탁발 수도사들이 양들에게 참된 복음을 전함으로 양들의 죄를 드러내고 회개하도록 돕지 않고 탐욕이 가득하여 돈만 밝혔기 때문이다. 당시 부요한 탁발 수도사들만큼 게으른 사람이 없었으며, 그들은 가난한 사람들을 무시했고, 경멸했다. 반복해서 위클리프는 다른 저서나 설교에서도 탁발 수도사들의 재산을 몰수하여 가난한 사람들에게 나눠주어야 한다고 역설했다. 위대한 설교자였던 위클리프는 항상 평신도의 권리를 담대하게 변호했다. 그는 마틴 루터 앞서서 만인제사상주의의 물길을 열고 있었다.

그의 저서 『목회자 직분』(*The Pastoral Office*)은 신실한 목회자의 의무들을 다루고 있으며, 그의 설교들은 목회자들에게 가장 중요한 임무가 설교에 있음을 강조하고 있다. 설교가 '가장 숭고한 봉사' 라고 했으며, 그리스도께서도 메시야 사역에서 설교에 가장 많은 힘을 쏟으셨다고 했다. 설교를 가장 성실하게 감당해야 할 주교들이 설교에 태만하고 자기 밑의 사제들을 시켜서 설교하게 한다면, 그런 자들은 예수님을 죽인 자들과 동류라고 비난했다. 위클리프는 사제들에게 제단의 성례전을 집례할 특권을 주신 주님께서 그들에게 동일하게 설교를 명하고 있다고 했다. 말씀을 선포함이 성례를 집례함보다 더 중요한 업무라고 했다.[86)]

위클리프는 주의 일꾼들의 참된 자세가 어떠해야 하는가를 이렇게 의미심장하게 묘사하고 있다. "사제는 기도와 영적인 소원과 거룩한 생각과 경

85) Philip Schaff, *History of the Christian Church*, vol. 6, 328-329..

86) Philip Schaff, *History of the Christian Church,* vol. 6, 328-329.

건한 대화와 정직한 가르침에서 하나님의 계명들과 복음의 말씀들을 늘 입술에 둔 채 거룩한 생활을 해야 한다. 그리고 그의 행실을 의롭게 함으로 아무도 흠을 찾을 수 없도록 해야 한다. 그리고 공개적으로 행동하며 모든 삶에 본이 됨으로 죄 많은 악한 인간들이 회개하고 돌이켜서 하나님을 섬길 수 있게 하는 참된 교과서가 되어야 한다. 목회자가 선한 삶의 본을 보일 때, 그저 말뿐인 설교보다 사람들에게 더욱 큰 감동을 준다."

위클리프는 사제의 가장 주된 과업이 자기 자신이 먼저 하나님의 법에 순종하고 또 그의 이웃이 하나님의 법에 순종하여 살도록 하는 것이라고 했다. 이것은 그리스도의 기적에 버금가는 일이라고 했다. 또 그는 마태복음 5-7장에 나오는 산상수훈 말씀들이 인간들의 어떠한 규율이나 전승 없이도 인간 생활을 지도하기에 충분하다고 단언했다. 위클리프는 예수님의 산상보훈의 가르침을 보배보다 더 소중하게 여겼고, 그 가르침대로 살고자 힘썼다.[87)]

이런 위클리프의 주장은 150년 뒤에 출현하게 될 종교개혁자들을 멀리서 조망하는 것 같다. 그러나 교황청과 가톨릭 당국자들에게 위클리프 주장 하나하나가 이단적으로 보였고, 눈에 가시처럼 보였을 것이다. 교황청과 기존 가톨릭 측의 연대기 저자 월싱함(Walsingham)이라는 자는 위클리프를 이렇게 악의적으로 비난하고 비판했다. "캔터베리의 성 토마스 수난축일에 마귀의 도구요, 교회의 원수요, 민중에게 혼란을 끼친 장본인이요, 위선자들의 표상이요, 이단들의 우상이요, 분열의 원흉이요, 증오의 씨앗을 뿌리는 자요, 거짓말쟁이 존 위클리프가 하나님의 심판을 받아 중풍에 걸려 죽었다."[88)] 그들은 하나님의 진리를 바르게 분별하고, 그 말씀대로 거

87) Philip Schaff, *History of the Christian Church*, vol. 6, 329.

88) Philip Schaff, *History of the Christian Church,* vol. 6, 324.

룩하고 경건하며 정의로운 삶을 살고자 힘썼던 의인 존 위클리프를 이단자로 단죄하는 큰 잘못을 범했다.

④ 교리 개혁가로서 위클리프: 위클리프의 후기 저서들을 보면 당대의 가톨릭 기존 교리들을 부정하고 교회의 폐습을 비판하는 내용이 많이 수록하고 있다. 그레고리 11세가 지적해 낸 19가지 오류 목록으로 시작해서, 갈수록 가톨릭 당국에서 고발하는 오류 목록이 늘어나게 되었다. 콘스탄스 종교회의 때는 45가지 오류 목록을 제시했었고, 왈든의 네터(Netter of Walden)는 80개를 찾아냈고, 옥스퍼드 대학 신학 교수였던 존 리게(John Lücke)는 266개를 찾아냈다. 코클루스(Cochlus)는 후스파를 비판한 글에서 위클리프에게서 304개의 이단 죄목을 찾아냈다.

콘스탄스 종교회의가 위클리프를 고소한 세 가지는 성찬에 관련된 것이었다. 위클리프는 사제가 축성 기도를 한 후에도 떡의 본질이 변하지 않고 그대로 남아 있으며, 그리스도께서 제단의 성사에 실제적으로 계시지 않으며, 사물의 우유성들(accidents)은 본질이 변한 뒤에는 남아 있을 수 없다고 주장했다는 것이다. 네 번째 조항은 주교나 사제가 세례를 줄 때와 성직을 임명할 때와 축성할 때 하는 행위가 만약 집례자가 치명적인 죄를 범한 상태에 있다면 아무 효과가 없다고 한 위클리프 주장을 고발한 것이다. 그리고 위클리프는 우르반 6세가 죽고 난 후에는 교황제가 완전히 폐지되어야 한다고 주장했다. 그리고 성직자들이 세속적 재산을 소유해서는 안 된다고 주장을 했고, 탁발 수도사들은 구걸하면서 민폐를 끼치지 말고, 노동으로 생계를 유지해야 한다고 주장했다. 그리고 교황 실베스터와 황제 콘스탄틴이 교회의 재산을 유증한 것이 큰 잘못이었다고 주장했으며, 추기경들에 의해서 교황을 선출하는 것은 아주 악마적인 발상이라고 비난했다. 그리고 로마 교회가 모든 교회들 가운데 으뜸이라고 믿는 것이 구원에 필수적이라고 주장하는 것을 너무나 터무니없는 억지 주장이라며 비난했다. 그리고 모든 수도회들이 마귀에게서 나왔다고 과격한 주장을 했다.[89)]

콘스탄스 종교회의에서 위클리프를 이단자로 고발하면서 제시한 45개 명제들이 대부분 그 당시 위클리프가 성경을 깊이 공부하며 확신한 그의 신념과 소신이 진실되게 반영되어 있었다. 이 명제들은 그의 후기 저작들에 명백하게 나타나 있지만, 그가 당대의 잘못된 관습에 대해서 품었던 반감이 그것으로 다 표출된 것은 아니다. 그가 당대에 날카롭게 비판했던 내용은 다음 다섯 가지 주제로 정리할 수 있다. 첫째, 교회의 본질, 둘째, 교황제, 셋째, 사제직, 넷째, 화체설, 다섯째, 성경의 용도.

위클리프는 『세속 주권』(*Civil Lordship*)에서 교회는 그리스도를 머리로 삼고 그리스도를 섬기는 선택받은 자들의 집단으로 정의했다. 교황은 하나의 지역 교회의 머리로 생각했다. 선택된 자들과 유기(遺棄)된 자들을 결정하는 것은 하나님의 작정에 달려 있다고 보았다.

당시 머리에 높은 관을 쓰고 있는 고위 성직자들과 사제들, 수사들과 참사회의원들 그리고 탁발수도사들과 체발을 한 사람들이 아무리 하나님의 법을 모욕적으로 어기고 있을지라도 그들이 모여 있으면 거룩한 교회라고 생각했다. 위클리프는 이것은 전혀 사실이 아니라고 주장했다. 하나님의 말씀대로 순종하며 살지 않는 자들은 아무리 높은 직위의 성직을 소유했다고 예정 받은 자라고 할 수 없다고 했다. 추기경들과 교황들이 직위에 선출되었다는 그 사실로 교회의 수위권이 저절로 확립된다고 생각하는 것은 신성모독적인 발상이라고 했다. 교황청의 구성원들이 그리스도를 인

---

89) Philip Schaff, *History of the Christian Church*, vol. 6, 329-330.

격적으로 따르지 않을 경우 교황청은 이단들의 소굴이요, 독이 솟구치는 샘이요, 성경에 언급된 멸망의 가증한 것이다. 위클리프는 연일 자신을 맹공하는 그레고리 11세를 소름끼치는 악마라고 불렀다. 하나님께서 교회에 큰 긍휼을 베푸셔서 그를 심판하여 죽게 하셨고, 그의 공모자들을 다 흩어 버리셨으며, 우르반 6세를 통해서 그의 죄악을 밝히 드러내셨다고 했다.[90]

교황제에 대해서 위클리프만큼 교황뿐만 아니라, 교황제 제도 자체를 신랄하게 비판한 사람은 없었다. 그는 말년에 논문들과 설교들에서 교황을 적그리스도라고 낙인찍었다. 죽음이 그를 덮치기까지 붙들고 있었던 그의 마지막 작품이 바로 『적그리스도』(*Anti-christ*)였다. 그 적그리스도는 바로 교황을 두고 한 말이었다. 그는 교황을 악마의 수석 대리자라고 했다. 교황이라는 직분이 대단히 유해하다고 보았다. 그는 교황을 높여서 "교황 성하(聖下)"라고 부르는 것에 조소를 퍼부었다. 교황은 교회에 꼭 필요한 직분이 아니라고 잘라 말했으며, 교황이 아무 잘못이 없다(infallible)고 주장하는 것은 터무니없는 주장이라고 했다. 교황들과 그들 휘하의 추기경들을 모조리 붙잡아 지옥 불에 던진다 하더라도 신자들은 그들 없이도 넉넉히 구원을 받을 수 있다고 했다. 그들의 직분은 그리스도께서 제정하신 것이 아니라 악한 마귀가 제정한 것이라고 했다. 교황은 성경의 가르침을 선포하거나 최고의 법을 공포할 독점권을 전혀 지니지 않는다. 그리스도께서 인간의 죄를 먼저 용서해주지 않으면 교황이나 주교들의 사죄가 아무 소용이 없다. 마귀들이 아무리 저주해 봐야 효력이 없듯이 교황들도 아무리 파문의 권리를 행사해 봐도 소용이 전혀 없다. 교황들 가운데 상당수가 저주받아 지옥에 떨어졌다. 이런 주장들이 대단히 강경한 것이었으나, 위클

---

90) Philip Schaff, *History of the Christian Church*, vol. 6, 331.

리프가 교황제 자체를 부정하려고 한 것 같지는 않다. 그러나 교황청이 그리스도의 법을 따르는 한에서만 그것에 복종해야 한다는 원리를 거듭해서 진술해 왔다.[91)]

마태복음 16:18절 "또 내가 네게 이르노니 너는 베드로라. 내가 이 반석 위에 내 교회를 세우리니 음부의 권세가 이기지 못하리라."에 대한 해석에서 위클리프는 '반석'이 베드로와 모든 성도들을 상징하는 말씀이라고 해석했다. 또 마태복음 16:19절 "내가 천국 열쇠를 네게 주리니 네가 땅에서 무엇이든지 매면 하늘에서도 매일 것이요, 네가 땅에서 무엇이든지 풀면 하늘에서도 풀리리라."에서 천국의 열쇠도 일반 백성들이 생각하는 것처럼 금속 열쇠가 아니라, 영적 권세를 상징하며, 그것이 베드로뿐만 아니라 모든 성도들에게 주어지는 권세라고 해석했다. 천국에 가는 사람들은 모두 하나님이 주신이 이 열쇠를 가지게 된다고 했다. 교황이 세속 정치에 개입하는 것에 대해서 위클리프는 더욱 강렬하게 비판했다. 그리스도께서 가이사에게 세금을 내셨으므로 교황도 마땅히 세금을 내야 한다고 주장했다. 교황이 세상의 왕들을 폐위시키는 것은 악마적 독재행위라고 비판했다. 하나님께서 맡기신 자들을 주장하는 자세로 하지 말고, 다만 양들의 본을 보이며, 양들을 먹이라고 한 베드로 사도의 훈계를 저버림으로써 교황과 그의 일당들은 완고한 이단자들임을 스스로 증명하고 있는 것이다.

콘스탄틴 기증서는 날조된 가짜 문서였다. 콘스탄틴 황제가 당시 로마 주교였던 실베스터에게 로마 땅을 통째로 넘겨주었다는 주장이 담긴 괴문서였다. 이 문서가 교황들이 교황권을 주장하는 근거 자료로 활용되어 왔다. 그런데 르네상스 시대에 이르러 이 문서가 날조된 가짜 문서임이 밝혀졌다. 르네상스 시대를 대표하는 역사학자였던 로렌조 발라(Lorenzo Valla,

---

91) Philip Schaff, *History of the Christian Church*, vol. 6, 332.

1407-1457)가 역사적 언어분석학을 사용하여 그 기증서가 가짜 문서임을 증명해 냈다.[92] 존 위클리프 당시에는 아직까지 그 가짜 문서에 대한 비평적 글이 나오지 않았다. 위클리프는 콘스탄틴 기증서가 가짜임을 인지하지 못하고 콘스탄틴 황제를 비판하고 있다. 황제가 그 일을 한 것은 마귀의 사주를 받은 결과라고 보았다. 황제가 교회에 재산을 상속해 준 것은 마귀의 새로운 전략이라고 주장했다. 위클리프는 교회에 관한 논문에서 교황과 고위성직자들, 사제들에게 본인들의 본연의 자리로 돌아가 영적인 사역에 집중하도록 반복해서 강조하고 있다. 과거의 교회가 가이사를 따르기 위해서 그리스도를 버렸으니, 이제는 교회가 그리스도를 따르기 위해서 가이사를 버려야 한다고 역설했다. 교황의 발가락에 키스를 하는 행위는 성경에 아무런 근거도 없고, 이성적으로도 맞지 않는 어리석은 행위라고 했다.

교황이 조공과 조세로 돈을 받는 관행에 대해서 위클리프는 무자비한 비판을 퍼부었다.

> "거만하고 세속적인 로마의 사제와 그의 모든 고문들은 가장 큰 저주를 받아 마땅하다. 이들은 주화 위조범들이요, 소매치기와 같은 자들이다. 그들은 영국의 가난한 사람들의 생활비와 국왕의 국고에서 엄청난 양의 돈을 갈취해 가면서 영적인 명분을 내걸고 있기 때문이다. 영국에 금으로 된 거대한 산이 있다고 해도, 이 거만하고 세속적인 사제 징수관들(worldly priest-collector) 때문에 금방 사라지고 말 것이다. 모든 사람들 중에서 그리스도가 가장 가난한 삶을 사셨다. 그리고 예수 그리스도는 세속 군주들의 리더십이 어떠해야 하는가 본을 보여주셨다. 교황은 자신의 권위를 세속 군주들에게 넘겨주어야 한다. 그리고 신속하게 자신의 성직자들에게도 그렇게 하도록 권해

---

92) William R. Estep, *Renaissance and Reformation* (Grand Rapids: Eerdmans, 1992), 31.

야 마땅하다. 모든 그리스도인들은 교황을 따라서는 아니 된다. 그리고 죽은 성인들을 따라서도 아니 된다. 오직 그리스만 따르면 된다."[93]

7. 탁발 수도사 비판

위클리프는 당시의 사제들과 탁발수도사들에게도 맹렬한 공격을 했다. 그리스도를 진정으로 따르는 성직자들만이 참된 사제들이다. 그들이 부여하는 면죄의 효력은 그들 자신이 먼저 그리스도를 통해서 진정으로 죄사함을 받았는가에 달려 있다. 사제의 기능은 하나님이 이미 선언하신 사죄를 보이는 것일 뿐, 사제들이 그것을 부여하는 것은 아니다. 그리스도께서는 비판하기보다 복을 빌어주라고 하셨는데, 고위 성직자들은 "너무나 빨리 저주를 하는 것"이 이상하고 기이한 일이라고 주장했다. 파문을 쉽게 선고하는 것은 살인자보다 더 나쁘다고 했다.[94]

비밀 고해성사에 대해서도 비판을 했다. 사제 앞에 찾아가서 비밀 고해성사를 하지 않고, 진실한 마음으로 통회하며 회개하는 것으로도 얼마든지 죄사함을 받을 수 있다고 했다. 그리스도께서 지상에 계실 때, 인간이 인간에게 죄를 자백하고 죄용서함을 받도록 전혀 요구하지 않았다. 하지만, 위클리프 본인이 살고 있는 시대에는 하나님께 나아가 아뢰는 참된 회개기도는 뒷전으로 밀려나고, 새로 고안된 사적 비밀 고해 성사가 영혼의 건강을 위해서 필요한 일로 규정되었다고 했다. 고해 성사를 하는 고해소에서 사제들이 불륜을 저지르는 일이 발생하기도 하는 등, 위험을 안고 있

93) Philip Schaff, *History of the Christian Church*, vol. 6, 333.

94) Philip Schaff, *History of the Christian Church*, vol. 6, 334.

다고 지적했다. 성지순례도 남녀가 함께 뒤섞여 갈 경우 큰 유혹과 폐단이 따르고 있다고 했다. 성직자 독신제에 대해서 위클리프는 아주 비판적이었다. 성직자들의 독신을 강요하는 것은 성경에 위배된다고 했다. 구약 시대에 제사장들이 결혼하여 살았듯이 신약시대에도 사제들의 결혼을 결코 금하지 말아야 하며, 허용해야 한다고 주장했다.[95]

여기서 볼 때, 위클리프가 16세기 종교개혁의 주역들보다 약 150-200년 앞서 살았지만, 그의 주장이 얼마나 선명하게 종교개혁의 방향성을 제시하는가를 확인하게 된다. 그의 주장은 오늘날 개혁주의 신앙노선과 너무나 일치함을 확인하게 된다.

진리를 직설적으로 말하는 점에서 위클리프는 단연 챔피언이다. 성직자들을 교훈하기 위해서 쓴 『성경의 진리』(*Truth of Scripture*)에서, 그는 거의 백 쪽 분량을 할애하여 이 원리를 진술한다. 자신을 위해서든 이웃을 위해서든 더 큰 악을 막기 위해 지극히 사소한 죄라도 허용해서는 아니 된다고 했다. 어떤 상황 하에서도 거짓말은 정당화 될 수 없다고 했다. 교황 자신도 선을 진척한다는 명분으로 허위진술을 관용하거나 시행할 권리가 없다. 사제는 선한 목적을 이루기 위해서 거짓으로 두려움을 조장하려 해서는 아니 된다. 모든 죄는 그 자체로 죄이기 때문이다.

위클리프는 탁발수도사들을 향하여 예리한 비판을 가해왔다. 그의 인생 후반으로 갈수록 그 비판의 강도는 더해갔다. 탁발수도사들의 악행을 지적한 대목을 다 인용하자면 두꺼운 책 한권을 채우고도 남을 것이다. 탁발수도사들의 이단적 언행을 비판한 논문은 거의 다 그의 펜에서 나왔다. 그들은 교황의 뜻에 맹목적으로 굴종하는 대리인들이었다. 그들은 성찬에 대

95) Philip Schaff, *History of the Christian Church*, vol. 6, 334.

96) Philip Schaff, *History of the Christian Church*, vol. 6, 334-335.

한 잘못된 견해를 퍼뜨렸다. 면죄부와 종교 단체의 서신들을 상품화하여 팔아먹었다. 그들의 입에는 거짓이 가득하고 손에는 피가 가득했다. 그들은 집집에 들어가서는 여자들을 미혹했다. 그리고 무위도식했으며, 영국을 집어 삼켰다.[96)]

존 위클리프는 당시 영국에서 관습적으로 행해져왔던 명상 생활의 잘못에 대해서도 강하게 비판했다. 사람들에게 자신들이 본 환상과 꿈이 하나님의 계시를 받은 명상이라고 착각에 빠지게 하고, 세상을 등지고 수도원이나 기도원에서 게으른 생활을 하면서도 회개하지 않고 변명만 일삼는 그들은 사탄의 계략에 빠진 자들이라고 비판했다. 세례 요한과 예수 그리스도는 광야에서 기도를 할 때도 있었지만, 세상 사람들 가운데 나아가 참된 복음과 진리를 전파하기 위해서 광야를 떠나셨다고 했다. 더 나아가 위클리프는 수도사들이 기존의 수도회 회칙 즉, 비생산적이고 비효율적이고 박제화 된 수도회 회칙을 다른 유용하고 실효성 있는 규율로 대체할 수 있는 권한을 부여해야 한다고까지 주장했다. 위클리프는 당시 수도원들을 가인의 성들(Cain's castles)이라고 불렀다. 그리고 민폐를 끼치고 있던 탁발수도사들을 노략하는 이리들이요, 사탄의 자식들이요, 적그리스도의 사자들이라고 비난했다.[97)] 위클리프가 막강한 세력을 형성하고 있었던 탁발수도사들을 비판하는 데도 상당한 용기가 필요했다.

1215년 라테란 공의회에서 이노센트 3세(Innocent III, 1198-1216)가 화체설을 공식화한 이후에 화체설은 중세가톨릭의 핵심이요, 근간이 되는 교리였다. 아무도 화체설 교리에 대해서 문제제기를 하거나 다른 의견을 낼 수 없었다. 화체설은 신성불가침 영역과 같았다. 그런데 존 위클리프가 화체설의 거짓됨과 오류를 공개적으로 비판하고 지적했다. 그는 성찬에 관한

---

97) Philip Schaff, *History of the Christian Church*, vol. 6, 335.

논문에서 자신이 이 잘못된 화체설의 오류를 깨닫고 그 거짓 교리에서 해방된 것에 대해서 하나님께 감사하고 하나님을 찬양했다. 떡과 포도주를 앞에 두고 성직자가 축성기도를 하면 그 떡과 포도주가 그 본질이 변하는 교리를 가리켜 그는 우상숭배요, 꾸며낸 거짓말이라고 단언했다. 존 위클리프는 그보다 185년 뒤에 출현하게 될 존 칼빈(1509-1564)의 주장과 같이 주님의 영적 임재(the spiritual presence)를 주장했다. 그리스도의 몸은 그 소재에 관한 한 하늘에 계신다고 했다. 그리스도는 성찬 때, 떼어진 떡에 성례적으로, 영적으로 임하신다. 화체설은 모든 이단들 중에서 가장 큰 이단이며, 논리와 문법에 어긋나며, 자연 과학에 위배된다고 했다.

위클리프는 이런 우스꽝스러운 문제제기를 했다. 화체설을 주장하는 자들에게 이런 질문을 했다. 쥐가 어떻게 하다가 성찬의 성물들을 먹게 되면, 그리스도의 몸에 참여하게 되는 것인가? 위클리프는 그리스도께서 육체의 방법으로 성찬의 성물에 거하지 않기 때문에 그런 유치한 가정은 잘못된 것이라고 답했다. 사제가 주의 몸을 날마다 만들어 축성한다는 것과 그리스도의 그 살을 먹고 그리스도의 그 피를 마셔야 한다는 것보다 더 충격적인 일이 어디에 있겠는가? 사제가 자기 손가락으로 육체의 모양으로 있는 하나님을 옮길 수 있다는 것보다 더 충격적인일이 어디에 있겠는가? 이에 위클리프는 이렇게 지혜롭게 자신의 주장을 정리한다. 성찬 제정의 말씀은 비유적인 의미로 이해해야 한다고 했다. 예수님은 자신을 씨 뿌리는 자로, 세상을 밭으로 비유하셨다. 그리고 예수님은 비유적으로 자신을 포도나무라고 하셨다. 이때 포도나무는 상징적인 의미인 것이다.

위클리프는 성물들의 본질이 변화하는 기적이 불가능하다는 주장의 근거로, 사물의 본질이 그것의 우유성들(accidents)과 분리될 수 없다는 철학적 원리에 기초해서 설명했다. 위클리프는 자신의 견해들이 원수들로부터 공격을 당하게 될 것을 예상하면서, 그는 이성의 진리가 반드시 승리할 것이라는 말로써 성찬에 관한 자신의 유명한 논문을 마무리 했다.[98]

위클리프는 중세로마 교회의 잘못된 체제를 부정했고, 잘못된 교리와 교황과 그의 추종자들의 온갖 비리와 부정을 고발했고, 성경적이고 진보적인 견해로 자신의 시대를 훨씬 앞서 나갔으며, 개신교 종교개혁의 물길을 열어가고 있었다.

8. 위클리프의 노년

1381년 위클리프는 더욱 담대하게 로마 가톨릭의 화체설(transubstantiation) 교리는 잘못이라고 선언했다. 그는 주장하기를 주의 만찬에서 사제나 성직자가 기도를 한다고 해도 빵과 포도주는 그 본체가 변하지 않고, 단지 예수 그리스도의 몸과 피를 상징한다고 했다. 위클리프의 보호자였던 왕의 아들 곤트의 존은 위클리프가 로마 교회의 핵심 교리에 급소를 강타하는 그의 주장을 받아들일 수 없었다. 그는 위클리프에게 이 화체설에 대해서 더 이상 언급하지 말고 잠잠히 있으라고 경고했다. 그 당시 위클리프는 자신이 곤트 존의 명령을 거절할 때 그의 실제적인 보호를 받지 못하며 홀로서기를 해야 된다는 사실을 알았을지라도 잠잠하지 않았다. 곤트 존은 이 일 때문에 위클리프와 갈라섰고, 더 이상 그의 후견인 노릇을 하지 않았다. 위클리프는 그 때 옥스퍼드에서 가르치는 자격을 박탈당했고 추방되었다. 그 후 그는 루터워스(Lutterworth) 교구로 퇴각하여 그곳에서 죽을 때까지 거주했다. 같은 해 1381년에 리처드 2세 영국 왕의 압력을 받은 옥

98) Philip Schaff, *History of the Christian Church*, vol. 6, 337.

스퍼드 대학 총장 리게(Rygge)는 위클리프에 의해서 가르쳐진 주의 만찬에 대한 논문은 명백한 이단 교설이므로 공식적으로 금지한다는 포고문을 발표했다. 다음 해 1382년에 대주교 윌리엄 코트니는 옥스퍼드 대학교에 위클리프가 설교하는 곳에 참석하면 안 된다고 금지 명령을 내렸다.[99)]

화체설 부인으로 인해 극도로 강퍅해져 있었던 교회 당국이 마침내 위클리프를 몰아붙일 결정적인 구실을 잡을 수 있는 농민반란 사건이 1381년에 발생하였다.[100)] 캔터베리의 대감독인 서드버리의 시몬(Simon of Sudbury)이 농민폭동 때에 살해되었다.[101)] 이 사태는 위클리프와 직접적인 관련은 없는 일이었지만 그의 반대 세력들은 이 사건을 그를 탄핵할 절호의 기회로 삼으려 했다. 이제 위클리프 자신은 물론 그의 추종자들이 벌이고 있던 롤라드 운동까지도 타격을 받게 되었다. 1382년에 이르러 농민반란을 주도했던 타일러(Tyler)가 체포되고 농민 폭동이 어느 정도 정돈되고 난 뒤, 캔터베리 대주교는 런던 회의를 열고 위클리프를 정죄하였다. 대감독 시몬(Simon)이 죽고 난 후 그의 계승자가 된 윌리엄 코트니(William Courtenay, 1381-1396)는 시몬보다 더욱 활달한 사람이었고, 위클리프에 대해서 더욱 적대적이었다. 위클리프의 많은 작품들이 1382년 5월 런던의 세인트 프리드와이즈(St. Frideswides) 교회에서 열렸던 종교 회의에서 정죄를 받았다. 그리고 옥스퍼드에서 그의 추종자들은 모두 항복했으며, 그의 모든 작품들이 금서로 규정되었다. 그해에 위클리프는 과중한 스트레스로 인해 1382년 11월에 루터워스(Lutterworth)에서 뇌출혈로 쓰러졌다.[102)]

---

99) David W. Cloud, "John Wycliffe and The First English Bible", available from http://www.wayoflife.org/articles/johnwycliffe.htm; Internet; accessed on 31 August, 2003.

100) 김익원, 95.

101) *Encyclopedia Britannica Dictionary*, 787.

위클리프가 비록 프리드와이즈 교회 회의에서 정죄되긴 하였으나 그의 대중적 인기와 궁정의 지지는 아직도 막강하여 그를 미워하는 자들이 함부로 그를 제거할 수 없었다. 그리하여 그는 1384년 운명할 때까지의 몇 년간을 그의 교구 루터워스로 물러나 목회를 하면서 별 위험 없이 지낼 수 있었다. 바로 이 기간이 위클리프와 그의 추종자들이 라틴어 성경 불가타 역으로부터 영어 성경을 번역해 낸 가장 의미 있는 시기였다.[103] 또한 영국 노리치의 주교였던 헨리 드 스펜서(Henry de Spenser)가 로마 교황 우르반 6세 편에 섰다. 헨리 드 스펜스는 아주 호전적인 인물이었고, 일찍이 봉민 반란 때, 군사적 재능을 발휘하기도 했었다. 우르반 6세는 십자군 전쟁에 동참하는 자들에게 일 년간 완전 면죄를 약속했었다. 십자군 명목으로 영국 전역의 교회들에서 미사가 거행되었고, 십자군을 지지하는 설교가 행해졌으며, 막대한 연보가 모였다. 면죄부가 살아 있는 자들에게 뿐만 아니라, 죽은 자들에게도 효력이 있다고 설교되었다. 위클리프는 그들의 거짓 가르침과 만행에 침묵하지 않았다. 그는 십자군 전쟁은 세속적 야심과 야망을 위한 원정이라고 단언했다. 면죄부에 대해서는 "성소에 선 멸망의 가증한 것"이라고 선포했다. 결국 스펜서 주교가 군대를 끌고 대륙으로 건너가긴 했으나 원정은 비참한 실패로 끝났다.[104]

우리는 여기서 영국에서 중세가톨릭의 거짓된 가르침과 불법적 행위를 고발하고 그들의 불법에 대해서 날카롭게 직언을 하며, 교회 개혁을 위해서 거대한 악의 세력들과 용감하게 싸운 위클리프를 보면서, 160년 뒤에

---

102) *Encyclopedia Britannica Dictionary*, 787.

103) 그에게 있어서 이 시기는 마치 루터에게 있어서의 바르트부르크 체재기에 맞먹는 시기였다. 위클리프는 독일의 개혁자 루터보다 140년 앞서 토착어 성경 번역에 먼저 착수했던 것이다.

104) Philip Schaff, *History of the Christian Church*, vol. 6, 322-323.

출현하게 될 마틴 루터의 얼굴을 떠올리게 된다. 마틴 루터 앞서서 루터의 열정과 용기로 영국에서 거룩한 믿음의 싸움을 싸웠던 한 영웅의 외침이 160년 뒤에 독일과 스위스에서 개신교 신앙의 복된 열매로 결실되었음을 확인하게 된다.

존 위클리프가 루터워스 교구에 퇴각 후에 실행하게 된 기념비적인 사건이 바로 영어 성경을 번역하여 출판한 것이다. 특히 그의 신약성경 번역은 읽기 쉬우면서도 생동감이 넘쳤다. 이 성경은 영국인들의 신앙 성장과 경건성 회복에 큰 기여를 했다. 특히 영어 발전에도 지대한 공헌을 하였다. 영어 성경은 위클리프 사후 1388년에 위클리프의 제자였던 존 퍼비(John Purvey, 1354-1421)에 의해 전반적으로 개역되었고, 또 롤라드 단원들에 의해 영어 성경이 영국 전역으로 광범위하게 유포되었다.[105)]

그가 성경을 번역하였을 때 가톨릭 당국자들의 적대감이 크게 고조되었다. 그의 영어 성경 번역을 보고 주교들은 경악과 분노로 가득차게 되었다. 노골적으로 주교들은 거룩한 성경을 영어로 읽고 말하는 것은 이단적이라고 했다. 그러나 위클리프는 영어 성경을 비난하는 자들을 향하여 비판의 목소리를 높였다. "그 자들은 하나님이 분정해주신 모든 언어로 말하도록 사도들에게 역사하신 성령님을 대적하는 신성 모독의 죄를 범하고 있다."고 대꾸했다. 이때 레이체스터(Leicester)의 대성당 참사회 의원 중에 한 사람인 킹톤(Kynghton)은 위클리프가 영어로 성경을 번역한 것을 보고 분개하면서 말했다. "세상에 평신도들과 여자들까지 성경을 읽도록 해놓다니! 위클리프는 복음의 진주를 돼지 발아래 내던지고 있다." 이것이 위클리프 당시 로마 당국자들이 하나님 말씀에 대해서 가졌던 일반적인 견해

---

105) 임영천, "개혁의 선구자 존 위클리프", 『월간 목회』(1984년 10월): 112-13.

였다.[106)]

이토록 다양한 어려움과 원수들의 위협 가운데서도 위클리프가 생존할 수 있었던 것은 그의 후원자로서 왕비 조안(Queen Joan, 1328-1385)이 있었기 때문이다. 그녀는 검은 군주(Black Prince, 1330-1376)의 아내였고, 리처드 2세(Richard Ⅱ)의 어머니였다. 또 한 여성 후원자가 더 있었는데 그녀는 리처드 2세(Richard Ⅱ, 1367-1400)의 아내 왕비 앤(Queen Ann, 1366-1394)이었다. 그녀는 신성 로마 황제 찰스 4세(Charles Ⅳ, 1316-1378)의 딸이었고, 보헤미아(Bohemia)의 왕 벤첼(Wenzel, 1378-1419)의 누이였다. 왕비 앤이 영국의 리처드 2세와 결혼하기 위해서 영국에 처음 왔을 때 열여섯 살의 십대 소녀였다. 그녀는 하나님의 말씀을 심히 사랑했었다. 교양 있는 앤은 이미 보헤미아어, 독일어, 라틴어를 익히 알고 있었다. 심지어 그녀는 라틴어와 체코어, 독일어로 된 성경 사본들을 소장하고 있었다.[107)]

그녀는 위클리프와 같은 하나님의 사람들을 적극적으로 보호해 주었다. 그녀는 오래지않아 영어를 습득했다. 그녀는 몇 년 동안 위클리프가 번역한 영어로 된 성경을 부지런하게 숙독했다. 하지만 안타깝게도 그녀는 젊은 나이로 세상을 떠나게 되었다. 요크의 대주교(Archbishop of York)는 장례식 설교에서 그녀를 회고하면서 이렇게 말했다. “비록 그녀는 이방인이었지만 영어로 된 사복음서를 계속적으로 공부했다. 사복음서 외에도 경건서적을 많이 읽었다. 그녀는 고위성직자들보다도 더 열심히 성경을 읽고 연구했다.” 또 래핀(Rapin)은 그녀에 대해서 이렇게 회고했다. “여왕은 위클리프 사상에 매우 심취해 있었다. 만약에 그녀가 좀 더 오래 살았었더라

106) Cloud, “John Wycliffe and The First English Bible”.

107) Philip Schaff, *History of the Christian Church*, vol. 6 (Peabody: Hendrickson Pulishers, 2011), 359.

면 위클리프 추종자들을 보호해 줄 수 있었을 것이다.” 그 왕비는 위클리프 책의 복사본을 영국 내 여러 지역으로 보냄으로써 복음을 전파하고 진리를 보급하는 일에 많은 도움을 주었다. 그 경건한 왕비는 1394년 유월에 27세의 꽃다운 나이에 하늘나라로 갔다.”[108] 하나님은 위클리프의 생명을 보호하기 위해서 이런 든든한 후원자를 예비하여 놓으셨다.[109]

위클리프는 그 동안 저술 활동으로 그의 힘을 다 소진했고, 그의 건강은 악화되었다. 위클리프가 중풍에 걸리기는 했지만 자신의 주장을 알리는 펜대는 그 어느 때보다도 활발하게 움직이고 있었다. 그는 불편한 몸으로도 자기의 교리를 요약한 13권의 대작을 이때에 발표한 것을 볼 때, 그가 얼마나 열정적이었는가를 보여주고도 남는다.[110]

그를 넘어뜨린 중풍 병은 그를 불구자로 만들긴 했으나 완전히 무능하게 하지는 않았다. 그는 교황 앞에 출두하라는 명령을 받았지만, 조금도 위축되지 않는 큰 확신으로 교황에게 다음과 같이 답변했다. “나는 어떤 인간의 권위보다 그리스도의 법에 복종할 의무가 있으며, 그리스도께서는 모든 인간들 가운데 가장 가난한 삶을 사셨고, 세속 권위에 복종하셨다. 만약 베드로, 바울 혹 그 어떤 성인들이라도 그들이 그리스도를 본받는 삶을 살지 않는다면 우리는 그들을 추종할 필요가 없다. 교황은 모든 세속 권위를 버리고 자신의 성직자들에게도 그렇게 하도록 해야 한다.” 위클리프는 이렇게 자신의 단호한 입장을 전달한 후에, 만약 자신의 이런 견해에서 어떤 잘못이 발견되어진다면, 자신은 기꺼이 교정을 받을 의향이 있으며, 사형도 달게 받겠다고 주장했다. 만약 자신이 로마 교황청에 출두하는

---

108) Cloud, “John Wycliffe and The First English Bible”.

109) Ibid.

110) 김익원, 97.

것이 이 견해를 발전시키는 데 도움이 된다면 기꺼이 로마로 달려가겠다고 했다. 그러나 하나님께서 그렇게 하지 말도록 자신에게 장래를 허락하셨고, 인간 교황보다 완전하신 하나님께 복종해야 한다고 가르치셨다고 말했다. 그리고 위클리프는 하나님께서 우르반 6세 교황을 감화 감동케 하사 그의 생애 가운데 진정으로 그리스도를 본받고자 하는 마음을 주시도록 기도했다. 그리고 로마 교황청의 교황을 떠받드는 성직자들도 똑 같이 그런 삶을 살게 해달라는 기도로 글을 마쳤다.[111)]

그리고 그는 1382년 11월에 처음 쓰러진 이후, 1384년 12월 29일 예배 참석 중에 두 번째로 뇌출혈로 쓰러졌고, "아무도 끌 수 없는 종교 개혁의 불을 붙여 놓은 채" 12월 31일에 세상을 떠났다.[112)] 그는 자기가 섬기던 교회 부속 묘지에 안장되었다. 토마스 풀러(Thomas Fuller, 1608-1661)는 그의 죽음에 대해서 이렇게 감동적으로 묘사하고 있다. "한 마리의 산토끼가 그렇게 많은 사냥개들에 포위되어 사냥을 당했지만 놀랍게도 그가 자기 자리에서 고요한 자태로 조용히 죽었다는 사실이 기이할 뿐이다."[113)] 하나님께서 당신의 선한 주권 가운데서 위클리프를 눈동자처럼 지켜주셨고, 자기 사명을 완수한 후에 평온한 죽음을 맞이하게 도와주셨다. 그는 루터워스의 교회 묘지에 묻혔다. 그가 아직 공식적으로 파문당하지 않았기 때문에 그것이 가능했다.

그러나 1428년에 링컨(Lincoln)의 주교는 1415년 콘스탄스 공의회의 명령에 순종하여, 위클리프의 유해를 파내어 불태우고 재를 스위프트(Swift) 강에 뿌렸다.[114)] 그랬을지라도 그의 가르침은 계속해서 살아있었고 로마

---

111) Philip Schaff, *History of the Christian Church*, vol. 6, 323.

112) Philip Schaff, *History of the Christian Church*, vol. 6, 323; Walker, 432.

113) Philip Schaff, *History of the Christian Church,* vol. 6, 324.

교회는 그를 침묵하게 할 수 없었다. 토마스 풀러(Thomas Fuller)는 콘스탄스의 판결 집행을 영국사에 이렇게 기록하고 있다. "그들은 위클리프의 뼈들을 불살라 재로 만들어서 스위프트 강에 뿌렸다. 이리하여 이 강물은 위클리프의 뼈를 태운 재를 싣고 애번(Avon)으로 들어갔고, 애번에서 세번(Severn)으로 가게 되었고, 세번에서 얕은 바다로 들어갔고, 마침내 위클리프의 재들은 넓은 대양으로 흘러들어가게 되었다. 이리하여 위클리프의 재들은 그의 신학 교리의 상징이 되었고, 그 신학 교리들은 마침내 전 세계에 알려지게 되었다."[115] 포악한 사냥개와 같은 로마 교황과 교황청의 녹을 먹고 있던 기득권자들이 위클리프의 사상을 박멸하고자 시도했지만, 그렇게 할 수 없었다. 위클리프는 죽었을지라도 그의 주님을 위한 헌신과 믿음, 성경에 대한 절대적인 신뢰와 복음에 대한 건실한 이해, 정직한 양심과 불굴의 용기, 성경의 가르침대로 살고자 솔선수범한 그의 경건한 삶과 높은 도덕성은 새벽별과 같이 찬연한 빛을 발하고 있다. 그는 영국이 배출한 가장 걸출한 신학적 사상가요, 종교개혁자요, 영국인의 고결성을 빛낸 인물임에 틀림없다.

114) Walker, 432.

115) Philip Schaff, *History of the Christian Church,* vol. 6, 325.

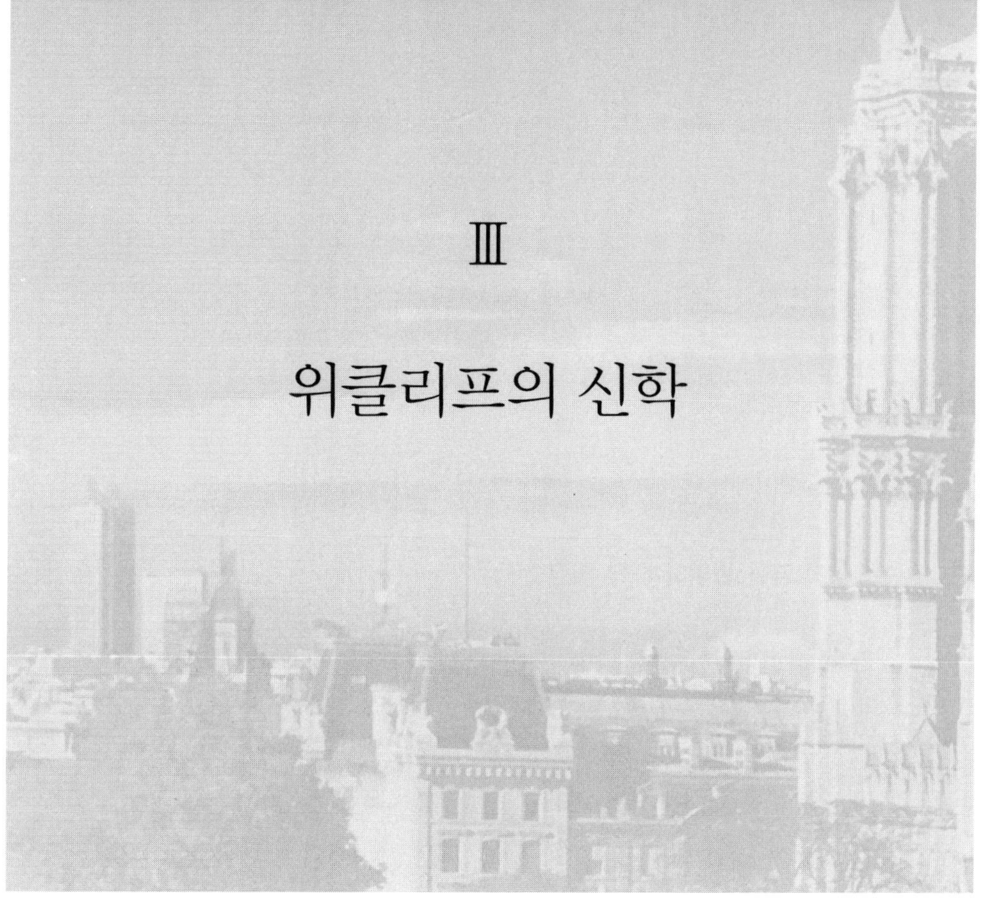

Ⅲ

위클리프의 신학

1. 성경관
   1) 영어 성경을 번역하게 된 배경
   2) 성경관
   3) 영어 성경 번역의 역사적 의의

2. 성경적 신학
   1) 성경적 교회론
   2) 성경적 주권론
   3) 성경적 성찬론
   4) 성경적 목회론

III. 위클리프의 신학

1. 성경관

1) 성경을 번역하게 된 배경

중세 시대에는 성경이 교회의 유일한 권위로 인정되고 있지 않았다. 교회의 권위로 상징되는 교황의 권위, 그리고 종교회의 권위로 인해서 성경의 궁극적인 권위가 인정되지 않고 있었다. 그보다 더 근본적인 문제는 성경이 일반 백성들에게 공개되지 않고 소수의 성직자들에게 독점되고 있었다.[116] 그래서 일반 백성들은 성경에 무엇이 쓰여 있는지, 무엇이 옳고 그런지를 판단할 근거조차 없었다. 그 결과 백성들은 영적으로 무지한 가운데 성인들의 소지품이나 유골을 섬기기도 하고, 이교적인 우상숭배를 할 수밖에 없었다.[117] 당시 하나님의 말씀에 대한 참된 설교는 어디에도

---

116) 1229년에 툴루즈 종교회의(Council of Toulouse)에서 평신도들이 성경 읽는 것을 공식적으로 금지하였다. Cf. Philip Schaff, *History of the Christian Church*, vol. 6, 341.

117) Estep, 6-8. 데이비드 클라우드(David W. Cloud)는 그의 소논문에서 중세 시대의 참혹함을 이렇게 묘사하고 있다. "로마 가톨릭 교회는 자국어로 된 성경을 번역하고 배포하는 일을 강력하게 방해함으로 또 성경을 번역하고자 시도하는 크리스찬들을 가차 없이 핍박함으로, 자신들의 전통으로 성경책에 수의를 덮어씌웠으며, 성경과 백성 사이에 사제들을 배치시킴으로서 유럽을 캄캄한 어둠 속에 붙들어 두었던 것이다." David W. Cloud, "John Wycliffe and The First English Bible," available from http://www.wayoflife.org/articles/johnwycliffe.htm; Internet; accessed on 31 August, 2003.

없었다. 대부분의 사람들은 성경을 한 번도 본적이 없었고, 영어로 쓰인 성경은 한 권도 없었다. 그들이 성경을 보았더라도 성경을 읽을 수 없었다. 왜냐하면 성경이 어려운 라틴어로 쓰여 있었기 때문이다. 대부분의 사람들은 그들이 교회와 성례전에 예속되어 있다고 믿고 있었다. 그들은 면죄부를 사야만이 죄 사함을 받을 수 있다고 생각했다.

당시 영국에는 탁발수도사들이 주기도문을 라틴어에서 영어로 번역하여 사용하고 있었는데, 위클리프는 왜 이들이 성경에 나오는 주기도문만 영어로 번역하고 다른 복음서의 내용들은 영어로 바꾸지 않았는가에 대한 강한 의문이 있었다. 이에 위클리프는 성경 번역에 대한 절실함과 절박한 책임감을 느꼈다. 그는 성경을 모국어로 번역함으로 중세 가톨릭교회의 잘못된 관습과 전통, 그리고 교황제의 폐단과 그 죄악상을 백일하에 드러내고자 했다. 그리고 영적으로 무지하며 갈급한 백성들에게 성경 말씀으로 영의 양식을 공급하고자 했다.

로마 가톨릭 당국자들은 평신도들은 성경을 읽을 수 없다고 강하게 주장했는데,[118] 평신도들이 성경을 이해할 수 없다는 주장에 반대해서 위클리프는 성령께서 평신도들에게도 이해할 수 있는 힘을 주실 수 있다고 답했다.

> 신약 성경은 권위로 가득 차 있다. 구원에 가장 필요한 점에 관해서는 단순한 사람들도 이해할 수 있도록 열려 있다. 마음이 온순하고 자비의 마음을 가진 사람은 모든 성경을 완전하고 정확하게 이해할 수 있다. 그리스도는 테이블 위에 그의 법을 쓰지 않았고, 동물의 가죽에

118) Cf. Philip Schaff, *History of the Christian Church*, vol. 6, 341. 교황 그레고리 11세가 위클리프를 정죄한 18가지 죄목 중, 15번째가 평신도인 집사들도 성경을 공부하고 복음을 전파해야 한다는 위클리프의 주장이 이단적인 주장이라고 정죄했다.

쓰신 것도 아니며 단지 인간의 마음에 쓰셨다. 성령은 우리들에게 그리스도께서 그의 사도들에게 성경을 이해할 수 있는 능력을 열어 주신 것과 같이 성경의 의미를 친히 우리에게 가르쳐 주신다.[119)]

대부분의 유럽인들처럼 영국인들이 라틴어를 읽을 수 없었기 때문에, 위클리프는 성경의 메시지가 영국인의 마음을 감동시키고 교회에 영향을 끼치려면 성경이 자국민의 언어로 바뀌어야만 한다는 사실을 절실히 깨달았다.120) 또한 그는 성경은 하나님의 감동으로 기록된 책이므로, 모든 백성들이 이해할 수 있는 언어로 하나님의 말씀을 읽게 해야 한다고 생각했다.[121)] 그는 1378년 『성경의 진실성에 대해서』(*De Veritate Sacrae Scripturae*)를 통해서 성경이 최종의 규범임을 주장했고, 성경은 구원에 필요한 모든 것을 포함하고 있기에 전통을 덧붙일 필요가 없다고 주장했다. 더구나 성직자뿐 아니라 모든 그리스도인들은 자신을 위하여 성경을 읽어야 한다고 주장하였다. 이러한 이유 때문에 그는 성경을 영어로 번역하였다. 이리하여 1380년에 그와 몇몇 절친한 동료들은[122)] 성경을 영어로 번역하는 작업을 곧바로 시작했다.[123)] 1380년 8월부터 1381년 여름까지 위클리프는 퀸스 칼리지(Queen's College)의 그의 연구실에 있었다. 그곳에서 그는 성경 번역 계획으로 바빴다. 가난한 전도자들인 롤라드들이 백성들에게 성경의 진리를 전해주고자 하는 요구를 해왔기 때문이다.

---

119) Herbert Workman, John Wycliffe: A Study of the English Medieval Church, vol. II (Oxford: Charendon Press, 1926), 151,

120) Estep, 65.

동료 학자들과 함께한 위클리프의 노력은 최초의 영어 성경을 역사 가운데 내놓은 쾌거를 이루게 되었다. 영어 성경 덕분에 위클리프의 추종자들은 성경과 성경의 가르침에 대해 당시 대부분의 사제들과 주교들보다 더 많은 지식을 소유하게 되었다.[124] 위대한 교회사가 필립 샤프(Philip Schaff, 1819-1893)는 "위클리프가 영국 백성들에게 물려준 최고의 공헌은 하나님의 말씀대로 살았던 그의 인격이었고, 그 다음은 성직자들과 평신도들에게 성경의 최고의 권위와 가치를 일깨워준 것이었고, 그 무엇보다 영국민들에게 영어로 된 성경을 소중한 선물로 남긴 것이다."라고 했다.[125]

2) 성경관

위클리프의 성경관을 논하기 전에 당시 로마 가톨릭의 성경관이 어떠했는지 살펴보도록 하겠다.

초대 교회 내부의 다양한 논쟁들, 특히 영지주의의 위협에 대한 반응으로, 성경의 어떤 구절들을 이해함에 있어서 '전통적' 해석 방식이 발달하

---

121) Shand, "John Wycliffe", available from http://wholesomewords.org/biography/biorpwycliffe.html; Internet; accessed on 19 September, 2003. 위클리프의 대표적 작품에는 『하나님의 통치권에 대하여』(*On Divine Lordship*), 『시민 통치권에 대하여』(*On Civil Lordship*), 『신적 주권에 대하여』(*Of Divine Dominion*), 『국가 주권에 대하여』(*Of Civil Dominion*), 『성경의 진실성에 대하여』(*De Veritate Sacrae Scripturae*) 등이 있다.

122) 성경 번역에서 위클리프를 도운 동료들은 니콜라스 헤리포드(Nicholas de Hereford)와 존 퍼비John Purvey)였다. Cf. Philip Schaff, 342.

123) Cf. William R. Estep, *Renaissance and Reformation* (Michigan: Eerdmans Pulishing Co., 1986), 65.

124) Ibid.

125) Philip Schaff, *History of the Christian Church*, vol. 6 (Peabody: Hendrickson Pulishers, 2011), 338.

기 시작했다. 리용의 이레니우스(Irenaeus of Lyons, 125-202)[126]와 같은 2세기 교부 신학자들은 성경의 어떤 구절들을 해석함에 있어서 공인된 방식의 이념을 발전시켰다. 맥그라스(McGrath)는 이러한 해석 방식은 사도들 자신의 시대로 거슬러 올라가는 것이라고 주장했다.

> 성경은 아무렇게나 해석되어 질 수는 없다. 성경은 기독교회의 역사적 연속성이라는 맥락 속에서 해석되어야만 한다. 또 성경은 신앙 공동체 안에서 해석되어야만 한다. 오버만(Heiko A. Overman)은 전통에 대한 이러한 이해를 '전통 1' 이라고 명명했다. 여기에 '전통' 은 단순히 '성경을 해석하는 전통적 방식' 을 의미할 뿐이다.[127]

14, 15세기에 이르러 '전통' 은 이제 성경에 더하여 성경으로부터 분리되고, 구별된 계시의 원천으로 이해되었다. 성경은 많은 점들에 있어서 침묵을 지키고 있다. 그러나 하나님께서는 이러한 결핍을 보충하기 위하여 섭리에 의하여 계시의 제2원천을 준비하셨다는 것이다. 그것은 사도들 자신에게로 거슬러 올라가는 기록되지 않은 전통의 흐름이다. 이러한 전통은 교회 내에서 한 세대에서 그 다음 세대로 전승되어 왔다. 오버만은 전통에 대한 이러한 이해를 '전통 2' 라고 부른다. '전통 1' 은 교리의 단일 근원(single-source) 이론이다. 교리는 성경에 근거한 것이며, '전통' 은 '성경을 해석하는 전통적 방식' 을 의미한다. '전통 2' 는 교리의 이중 근원(dual-source) 이론이다. 여기서 교리는 상당히 구별되는 두 원천, 즉 성경과 기

---

126) 소아시아에서 출생, 폴리갑의 제자. 후에 리용의 주교가 되었다.

127) McGrath, 159-60. 중세 말기에 접어들자, '전통' (tradition)이라는 개념이 성경해석과 권위와 관련하여 커다란 중요성을 획득하게 되었다. 오버만(Heiko A. Overman)은 중세 후기에는 자신이 "전통 1"과 "전통 2"라고 명명한 전통에 대한 상당히 다른 두 개념들이 유포되고 있었다고 지적하고 있다.

록되지 않은 전통에 근거한다고 주장해 왔다. 그리하여 성경에서 발견되지 않는 신념은, 이중 근원이론에 근거하여, 기록되지 않은 전통에 호소함으로써 정당화될 수 있었다.128) 뿐만 아니라 트렌트 종교 회의는 성경만으로는 믿음과 도덕을 충족시키지 못한다고 강하게 선포하고 있다. 하나님은 교회를 신실하게 이끄시기 위해 성경에 덧붙여 전통을 규정하였다고 주장하고 있다.129)

이런 사상이 중세 교회 가운데 깊이 뿌리내려져 있었으므로, 교황의 칙서나 종교회의 결정들이 성경의 권위와 동일한 효력을 발휘한다고 믿게 되었던 것이다. 중세 후기에는 신학적 권위의 성격과 소속에 관하여 심각한 교리상의 혼란과 불일치가 존재했기 때문에, 누가 성경을 해석할 궁극적 권위를 갖고 있는가 하는 문제가 대두되었다. 교황인가? 공의회인가? 아니면 성경을 잘 알고 있는 경건한 개인인가? 그러나 실제로는 성경을 해석할 권위를 가진 사람은 당대의 교황이라고 여겨졌다.130)

로마 가톨릭에서는 성경 외에 사도적인 전통도 성경과 동등한 권위가 있다고 주장하고 있다. 하나님은 교회를 신실하게 이끄시기 위해 성경에 덧붙여 전통을 규정하셨다고 주장할 뿐만 아니라, 성경을 해석하는 데 무오류한 지침은 가톨릭교회로부터 나온다고 했다. 가톨릭 학자들은 성경과 전통을 변호하고, 유일한 최종적 권위인 성경을 거부하는 데 여러 가지 주장을 내세운다. 성경이 믿음과 도덕을 위한 유일한 권위이며 최종적이라고는 성경조차도 가르치지 않는다고 주장하고 있다.131)

종교개혁 이후부터 오늘날 모든 프로테스탄트들은 *Sola Scriptura*를 아

128) McGrath, 160-61.
129) Geisler and Mackenzie, 266.
130) McGrath, 163.
131) Geisler and Mackenzie, 265-66.

무런 의심 없이 지지하고 있다. 그런데 로마 가톨릭에서는 *Sola Scriptura*를 이해하는 데 있어서 프로테스탄트들과 많은 차이가 있다. 그리고 그들은 성경에는 *Sola Scriptura*를 가르치는 곳이 없다고 주장하고 있다. 그래서 프로테스탄트들이 주장하는 *Sola Scriptura*를 수용해야 하는 근거가 없다고 결론을 내리고 있다. 그리고 그들은 성경이 전통들을 따라야 한다고 주장하고 있다. 또한 그들은 전통 없이는 성경을 적절하게 이해할 수 없다고 주장을 한다. 그리고 전통과 성경은 불가분의 관계에 있다고 주장을 하고 있다.[132] 노만 가이슬러(Norman L. Geisler)는 그의 책 『로마 가톨릭주의와 복음주의』에서 가톨릭 전통 주장에 대해서 이렇게 비판하고 있다.

> 가톨릭 전통 사용은 모순투성이다. 모순되는 전통뿐만 아니라 어떤 전통을 무오류하다고 선택하는 기로에서 로마 가톨릭 교회는 독단적이고 모순투성이다. 첫째, 트렌트 종교 회의는 영감된 외경 책들을 선포하면서 충분한 지지도 얻지 못한 채 전통을 따르기로 결정했다. 로마 가톨릭 라틴 불가타 성경의 번역자 제롬을 포함하여 최고의 권위자들은 외경을 반대했다.[133] 또한 마리아의 육체적 승천 교리를 위한 전통의 후원은 후기에 일어났을 뿐만 아니라 빈약하다. 성경을 뒷받침하는 실질적 증거가 부족하고 초대 교회 교부들의 가르침에서도 본질적 증거를 가지지 못했음에도 불구하고, 로마 가톨릭 당국자들은 이것을 가톨릭 신앙의 무오류한 진리라고 선포하기로 결정했다. 로마 가톨릭 교의들은 전통의 증거를 심사숙고한 산물이 아니라, 자신들이 무오류하다고 선포하기 원했던 수많은 논쟁적 전통들을 독단적으로 선택했을

132) Geisler and Mackenzie, 265-67.

133) 아타나시우스, 예루살렘의 시릴, 오리겐, 그리고 위대한 로마 가톨릭 성경학자요 라틴 불가타의 번역가인 제롬 등도 모두 외경을 반대했다. Geisler and Mackenzie, 238.

뿐이다.[134)]

*Sola Scriptura*라 할 때 정통 프로테스탄트들은 성경만이 모든 교리와 믿음과 도덕을 위한 최고의 권위이며 절대적 권위이며 최종적 판정임을 확신하고 있다. 당시 *Sola Scriptura*라 할 때 몇 가지 의미를 함축하고 있었다. 첫째로, 성경은 하나님의 직접 계시이다. 성경이 말씀하는 것은 하나님께서 말씀하시기 때문에 신적 권위를 갖고 있다. 두 번째로, 성경은 충족하고 최종적으로 쓰인 하나님의 권위이다. 충족성(sufficiency)이란 말은 성경 '그 이상도, 그 이하도, 그리고 그 외의 것도 아닌 것' 이 신앙과 관습을 위해 필수적이라는 의미이다. 즉, '성경만' (alone)이란 말은 '유일한 성경' (only)이라는 의미로서 우리들의 믿음의 최종적 권위라는 의미이다. 성경은 충족성을 가질 뿐 아니라 최종적 권위를 소유하고 있다.

세 번째로, 성경은 명료하다. 성경의 명료성은 성경에 있는 모든 것이 완전히 명백하다는 것이 아니라 본질적인 가르침이 명백하다는 것을 의미한다. 네 번째로, 성경은 성경을 해석한다. 이것은 믿음의 유비(analogy)로 알려져 있다. 성경의 불명료한 본문을 이해함에 있어 어려움에 직면하게 되면, 우리는 다른 성경의 본문을 참고한다. 그 이유는 성경이 성경의 가장 좋은 해석자이기 때문이다. 성경에 나타난 명료한 본문들은 불명료한 본문들을 해석하는 데 사용되어야만 한다.[135)] 이것이 프로테스탄트들의 성경에 대한 일반적인 관점이었다.

종교 개혁자들은 교황, 공의회, 그리고 신학자들의 권위는 성서의 권위에 종속되는 것이라고 주장했다. 칼빈은 하나님의 말씀으로 성경은 모든 교부들과 공의회보다 우월한 것으로 여겨져야 한다고 주장했다.[136)] 쯔빙글

134) Ibid., 288-89.

135) Geisler and Mackenzie, 260-62.

리는 1522년 『하나님의 말씀의 명료성과 확실성에 관하여』(*On the Clarity and Certainty of the Word of God*)라는 성경에 관한 소책자를 펴냈는데, 여기에서 "우리들 종교의 기반은 기록된 하나님의 말씀, 즉 성경이다"라고 천명했다.[137] 또 마틴 루터는 1518년 교황 사절단 추기경 카제탄(Cajetan)과의 논쟁에서 당시 가톨릭의 성경관에 대한 자신의 소신을 분명히 밝혔다. 카제탄 추기경은 루터에게 성경은 해석되어야만 한다는 것과 교황만이 성경을 해석할 수 있다고 주장했다. 그는 계속하여 교황은 성경 위에, 종교 회의 위에 그리고 교회의 모든 것 위에 있다고 주장했다.

이때 루터는 "나는 교황이 성경 위에 있다는 것을 부인한다. 교황이 신성을 주장하는 것은 성경을 모욕하는 것이다"라고 단호하게 자신의 주장을 펼쳤다.[138] 뿐만 아니라 루터는 교황은 실수를 범할 수 있고 또 범하고 있다고 주장했다. 그리고 범종교회의가 교황의 권위보다 우위에 있다고 주장했고, 그리고 이신칭의(以信稱義)가 확고한 성경적 기반을 가지고 있다고 거침없이 언급했다. 그리고 루터는 기독교인들의 최종적 권위가 성경에 있다고 강력하게 주장했다.[139] 루터는 교황만이 성경을 해석할 수 있는 최고의 권위를 가졌다는 주장에 강한 불만을 표시하였다. 루터는 보통의 경건한 그리스도인은 성경을 읽을 수 있는 완벽한 능력을 갖고 있으며, 그 안에서 발견하는 것들을 완벽하게 이해할 수 있다고 주장했다.[140]

종교 개혁 시대에는 성경에 대한 새로운 중요성이 부각되었다. 아마 성경의 중요성에 대한 고대의 견해가 다시 회복되었다고 말할 수 있을 것이

---

136) Ibid,, 170-71.
137) Ibid., 167.
138) Estep, 123.
139) Ibid.
140) McGrath, 180.

다. ‘오직 성경만으로’(*Sola Scriptura*)라는 원칙은, 개혁자들이 교회의 관습과 믿음을 기독교 황금시대의 그것들로 되돌리고자 했을 때, 그들의 위대한 슬로건 중의 하나가 되었던 것이다. 만일 믿음에 의한 칭의의 교리가 종교 개혁의 내용적 원칙이라고 한다면, ‘오직 성경만으로’는 그 형식적 원칙이라고 할 수 있다. 만일 개혁자들이 교황을 퇴위시켰다면, 그들은 성경을 교황의 자리로 즉위시킨 셈이다.[141)]

당시 로마 가톨릭주의자들은 독단에 치우친 자신들의 궤변으로 성경을 곡해하고, 일반 백성들이 성경에 접근하는 길을 근원적으로 차단하였고, 백성들에게 잘못된 교리와 사상을 가르치며 영적 우민화 정책을 펼쳤다. 위클리프는 성경을 많은 권위들 중에 하나라고 보지 않았다. 그는 성경은 전통이나 교회 회의나 교황의 권위나 그 어떤 권위보다도 가장 우위에 있다고 보았다. 그는 어거스틴의 증거나, 제롬의 증거나, 그 어느 성인들의 증거보다도 성경의 권위가 높으며, 이런 학자들의 주장도 성경에 지지를 받지 않는다면 수용해서는 안 된다고 강하게 주장했다.[142)] 또한 그는 어느 누구도 교회의 전통을 해석의 기준으로 받아들여서는 안 된다고 했다. 성경과 동등하거나 성경보다 우월한 가치와 권위를 가진 것으로 인정받았던 ‘전통’ ‘교리’ ‘규례’가 교황에 의해서나, 어떤 공회에 의해 정해졌던 간에 이런 것은 성경의 유일한 권위 앞에 모두 양보되고 무시되어져야 한다고 주장했다.[143)] 위클리프는 “성경만이 유일한 종교적 권위의 근원이요, 성경만이 교회와 국가를 통치하는 유일한 규범이 된다. 그리고 성경 안에 모든 진리가 포함되어 있으며 그 안에 기록된 모든 것은 진리다”라고 주장하

141) Ibid., 157.
142) Estep, 65.
143) 김익원, 107.

였다.[144]

위클리프는 그가 독일의 마틴 루터와 같이 *Sola Scriptura*를 구호적으로 외치지는 않았지만 그는 성경이 절대적인 하나님의 말씀이요, 모든 법과 도덕과 권위의 최종적 권위임을 강조했다. 그리고 일반 백성들도 성경을 볼 수 있다고 확신했다. 그러한 확신 가운데 그는 성경을 알기 쉬운 서민들의 언어인 영어로 번역하여 백성들에게 성경을 가르치며 보급하고자 힘썼다. 위클리프는 성경의 권위를 절대적으로 믿었던 사람이었다. 그는 성경은 모든 것을 결정짓는 우주적인 진리를 간직한 성스러운 책이라고 주장하였다. 그는 성경을 '하나님의 법' 으로 표현하기를 즐겨했으며, 모든 사람은 하나님의 법아래 살고 있는 소작인(tenant)으로 비유하였다.[145]

또 그는 성경을 처음부터 끝까지 잘못이 없는 하나님의 말씀으로 확신하고 있었다. 그는 증거 하기를 "거룩한 성경의 그 어떤 부분도 잘못이 있다는 것은 불가능하다. 성경에는 모든 진리가 있다. 성경의 한 부분은 다른 부분을 설명하고 있다" 고 했다.[146] 위클리프는 모든 법과 진리와 생명이 성경 속에서 발견되고 있으므로, 그 어떤 것도 덧붙여서도 아니 되며, 그렇게 하면 오히려 그 완전성을 저하시키며 조금의 도움도 되지 않는다고 강하게 주장했다.[147] 뿐만 아니라 그는 "성경은 그리스도의 법(Christ's law)이다" 라고 분명히 말했다. 더 나아가 "그리스도의 법은 최상의 것이며 충분하다. 그리고 세상에 존재하는 다른 법들은 하나님 법의 곁가지로서

144) William R. Cannon, *History of Christianity in the Middle Ages*, 서영일 역, 『중세 교회사』 (서울: 기독교문서 선교회, 2002), 393.

145) 김익원, 107.

146) David G. Fountain, *John Wycliffe, the Dawn of the Reformation* (Southampton: Mayflower Christian, 1984), 48, Cloud, "John Wycliffe and The First English Bible" 에서 재인용.

147) Anthony Kenny, *Wyclif in his Times* (Oxford: Clarendon Press, 1986), 4.

외에는 붙잡아서는 안 된다"[148]고 했다. 또한 위클리프는 이렇게 주장했다.

> 신약 성경은 모든 권위로 가득 차 있다. 그리고 어떤 단순한 사람도 구원에 필요한 지식을 얻고 이해할 수 있도록 열려 있다. 모든 인간은 거룩한 복음의 진리와 복음 안에서 자유를 갈망해야 한다. 지구상에 어떤 사람도, 비록 그가 하늘의 천사라 할지라도 거룩한 성경에 대치되게 가르치는 자들로부터는 도망을 가야 한다. 마치 지옥의 더러운 악마들을 피하여 달아나듯이 말이다. 그리고 우리는 예수 그리스도의 거룩한 복음의 진리와 진리 안에서의 자유를 굳게 붙들어야 한다. 인간들의 말과 인간들이 만든 법은 거룩한 성경에 일치하고 양심이 허락하는 정도에서만 붙들어야 한다.[149]

성경이 모든 사람을 위해서 존재한다는 그 확신은 오직 성경으로(*Sola Scriptura*)라는 위클리프의 원칙에서 비롯된 것이다. 위클리프가 성경의 권위를 높일수록 교회의 전승이나 전통의 권위는 상대적으로 약화될 수밖에 없었다. 위클리프는 이렇게 성경의 권위를 높이면서 교황의 권위를 낮추었다.[150] 위클리프는 하나님 한분만이 인간을 처벌할 수도 있고, 면죄시킬 수 있는 유일한 권한을 가졌다고 믿었다. 그는 중세 교회 성직자들이 면죄부를 발부한 행위는 하나님의 유일한 면죄권에 도전한 신성모독적인 죄악으로 간주하였다.[151] 뿐만 아니라 면죄부를 판매하는 행위는 저주받은 강도 행위라고 공격했다.[152] 그러므로 인간은 교황의 칙서에 순종할 것이 아

148) Workman, *John Wycliff*, 2:150.

149) Cloud, "John Wycliffe and The First English Bible" 에서 재인용.

150) Lane, 228.

151) 김익원, 108.

152) Preserved Smith, *The Age of the Reformation* (New York: Henry Holt and Company, 1995), 37.

니라, 하나님의 계명에 순종해야 된다고 확신했다. 위클리프는 성경의 권위를 격멸하는 죄는 예수 그리스도를 불신하는 죄와 동등하다고 하였다.[153)]

1378년 교회의 대분열(Great Schism)이 시작되었을 때 위클리프는 『성경의 진실성에 대해서』(*De Veritate Sacrae Scripturae*)를 출판했다. 그는 이 책에서 이렇게 주장했다. "성경은 모든 그리스도인을 위한 지고의 권위이며, 신앙의 기준이고 모든 인간적 완전함의 기준이다."[154)] 이 책은 위클리프 개혁의 마그나 카르타(Magna Carta)였다.[155)] 또한 위클리프는 더 나아가 "성경은 순결한 주님의 법이요, 가장 진실하고 가장 완전하며 가장 건전한 말씀이다. 이 성경 속에는 인간의 구원을 위한 모든 필요한 요소가 다 들어 있다"라고 말했다.[156)] 우리는 그레고리 11세가 성경을 영어로 번역하고 교회를 어지럽힌 죄로 그를 이단자로 고소하며 교황의 교서를 내려 정죄할 때 위클리프가 그에게 답변한 내용을 통해서 그의 성경관을 더욱 분명하게 읽을 수 있다:

> 당신은 영어로 거룩한 성경을 번역하는 것이 이단적 행위라고 말하고 있습니다. 당신은 내가 백성들이 일상적으로 사용하는 언어로 성경을 번역하였기 때문에 이단의 괴수로 부르고 있소. 당신은 누구를 신성모독하고 있는지 알기나 합니까? 성령께서 세계 각국에 하나님의 말씀이 전파되도록 처음부터 각 나라의 언어로 하나님의 말씀을 허락하여 주지 않았습니까? 그렇다면 당신은 어찌하여 성령을 거슬리며 말씀하시는 것입니까? 당신은 하나님의 교회가 이 영어로 번역된 성경 때문

---

153) 김익원, 108.
154) Walker, 430.
155) Estep, 65.
156) Philip Schaff, 338-339.

> 에 위험에 봉착하게 되었다고 말씀하고 있습니다. 어떻게 그렇게 될 수 있단 말입니까? 우리가 아는 바와 같이 하나님께서 지상에 교회와 같은 공동체를 세우신 것이 성경에 근거하고 있지 않습니까? 교회에 모든 권위를 부여하는 것이 성경이지 않습니까? 우리가 배운 바와 같이 교회의 창설자나 교회의 주권자는 성경으로 말미암은 것이지 않습니까? 교회를 통치하는 법이 성경으로 비롯된 것 아닙니까? 교회의 권리나 특권 역시 성경으로 말미암은 것이지 않습니까? 어찌 성경 없이 교회가 이 모든 특권을 소유할 수 있겠습니까? 교회를 위기와 혼란에 빠뜨리는 장본인은 바로 당신입니다. 왜냐하면 당신이 교회 이름으로 남용하는 권위와 교회 이름으로 요구하고 있는 잘못된 믿음으로 인해서 교회가 혼란에 빠지고 있는 것이며, 교회의 왕 되신 주님의 신적공문서인 성경을 감추고 있기 때문에 이 위기가 초래된 것입니다.[157]

위클리프는 신적 절대적 권위를 갖는 성경의 영감설을 믿었다. 그는 실재론의 철학적 영향으로 하나님의 말씀인 성경은 신적으로 계시되었다는 사실을 강조했다. 그는 성경 말씀을 하나님 자신과 동일한 것으로 생각했다.[158] 이와 같이 성경이 절대적인 하나님의 말씀이요, 최상의 권위를 가진 그리스도의 법이라는 분명한 확신과 믿음이 있었기에 그는 성경의 진리에서 너무나 빗나간 중세 교회의 썩은 부위를 과감하게 도려내고, 교회를 성경의 진리 위에 새롭게 세우고자 위대한 결심을 했다. 위클리프가 중세의 가톨릭교회의 잘못된 전통과 규례와 교황의 독재적 횡포 속에서 닫힌 책으로 방치되었던 성경을, 어둠 속에서 빛 가운데로 이끌어 냄으로써 종교 개혁의 서광이 밝아오게 했다. 위클리프는 성경의 진리를 바로 세우

157) Fountain, 48, Cloud, "John Wycliffe and The First English Bible"에서 재인용.
158) http://blog.naver.com/yyduk/220657222486

고, 성경의 진리를 따르기 위해서 기꺼이 자기의 생명을 내어 놓으며 순교를 각오하기까지 하였다.[159)]

3) 위클리프 성경 번역의 역사적 의의

로마 가톨릭은 1229년에 프랑스 남부의 도시 툴루즈에서 열린 종교 회의(Council of Toulouse)에서 평신도들이 성경 읽는 것을 공식적으로 금지했다.[160)] 그때부터 평신도들에게 성경은 닫힌 책이요, 그림의 떡으로 남아 있었다. 백성들은 성경을 알지 못하고 성경의 가르침을 받지 못했기 때문에 그들의 신앙은 이교도적으로 미신적으로 흘러갈 수밖에 없었다. 죽은 성인들의 유골을 숭배하였고, 성례전에 목을 매고 살았던 백성들은 영적으로 무지한 가운데서 면죄부를 사야만이 죄사함을 받는다는 교황들의 거짓 가르침에 현혹되어 거액의 돈을 제공하고 면죄부를 사는 어리석음을 범했다.[161)] 중세 가톨릭교회의 횡포와 권력 남용과 영적 우민화 정책으로 인해서 칠흑 같은 영적 어둠이 전 유럽을 뒤덮고 있을 때에, 위클리프가 성경을 영어로 번역함으로 진리의 횃불을 높이 치켜들었다. 위클리프는 성경이 모든 사람들에게 자유롭게 읽혀져야 한다는 분명한 소신이 있었다.

위클리프는 성직자의 첫 번째 임무는 백성들에게 성경을 자국어로 알게 하는데 있다고 주장했다. 이러한 이유 때문에 성직자들은 그 백성들의 언어를 연구하고 그 언어와 친숙해야 한다고 말했다. 그런데 악랄하게도 위클리프 당시 탁발 수도사들은 "하나님의 법을 영어로 번역하여 전하고 평신도들에게 알게 하는 것은 이단적이다"라고 말하며 성령의 뜻을 거역하

159) Philip Schaff, 340.
160) Philip Schaff, 341.
161) Estep, 6-8.

고 있었다. 이때 위클리프는 탁발 수도사들에 대항해서 분명히 말했다. 오순절날 사도들에게 성령이 임하자 그들이 16개 나라의 방언[162]을 말하며 복음을 전파했던 사실을 인용하면서 "왜 영국 사람들은 영어로 성경을 읽고 듣는 것이 거절되어야만 한단 말인가?" 고 물었다.[163] 그 당시 위클리프가 평신도들은 성경을 읽을 수 없다는 기존 관습과 전통을 부수고, 누구든지 성경을 자유롭게 읽을 수 있다는 견해를 갖고 성경 번역에 착수한 것은 참으로 혁명적인 일이었다.

위클리프는 16세기 종교 개혁자들 앞서서 교황이나 교회 전통이나 종교회의의 권위보다 성경의 권위를 높였고, 성경을 절대적인 하나님의 법이요, 그리스도의 법으로 자리매김하게 했다. 그는 일반 대중들이 손쉽게 읽을 수 있도록 라틴어로 된 불가타 성경을[164] 참고하여 영어 성경을 출판

---

162) 사도행전 2장 1-13절을 참조.

163) Philip Schaff, 341.

164) 라틴어 역(譯) 성경으로서 제롬의 작업으로 나왔으며, 1546년 트렌트 공의회에서 유일하게 권위 있는 라틴어 성경 본문으로 선언되었다. 382년에 교황 다마수스(Damasus I)는 제롬에게 라틴어 복음서들 개역판을 의뢰하였다. 제롬은 아마도 자발적으로 계속하여 시편을 개역하였고, 다른 구약의 여러 책들도 재 번역하였다. 386년에 베들레헴에 정착하여 그곳에서 교부들의 작품 번역과 주석 작업에 몰두하였다. 또한 구 라틴 시편을 좀 더 철저하게 개정하였고, 70인 역에 기초하여 구약성경을 좀 더 개정하는 일을 계속하였는데, 히브리어 본문과 오리게네스의 『헥사플라』(*Hexapla*)도 참조하였다. 이 가운데 남아 있는 것은 거의 없다. 단지 욥기와 역대기 서문들과 솔로몬의 저작들만이 남아 있다. 히브리어와 아람어에 대한 지식이 늘어나자 제롬은 히브리어 본문을 토대로 한 번역이 필요하다고 확신하게 되었고, 390년경부터 이 일에 몰두하여 404년 말에 완성하게 되었다. 구약성경에서는 서로 다른 부분들이 실제로 상당한 차이가 있다. 신약성경의 경우에는 복음서들 이외의 다른 모든 책들의 개정에서 어떤 부분이라도 제롬의 번역을 반대할 충분한 이유가 있다. 불가타역이 처음에는 잘 받아들여지지 않았는데 특히 구약성경이 그러하였다. 심지어 2세기가 지난 후에도 일부 다른 견해들이 있었으며, 일부 지역에서는 여러 세기 동안 옛 라틴어 성경 사본들을 계속 필사하였다. 그러므로 필사로 인한 실수와 개악(改惡) 때문에 제롬의 작품이 모호하게 되었으며 불가피하게 순화시킬 필요가 생겼다. 중세 시대의 편집과

하기에 이르렀다. 물론 그 혼자 번역을 한 것은 아니었다. 위클리프는 그의 추종자인 니콜라스 드 헤러포드(Nicholas de Hereford)와 친구요, 제자요, 비서인 존 퍼비(John Purvey, 1354-1421)[165]와 그 외에도 옥스퍼드의 여러 학자들의 도움으로 성경을 영어로 번역하였다.[166] 위클리프가 영어 성경을 번역함으로 인해서 위클리프는 영적인 면에서 뿐만 아니라 학문적인 면에서도 영국 사회에 크게 기여하였다.[167] 위클리프의 영어 성경은 1611년에 번역된 킹 제임스(King James) 성경 번역본에도 많은 구절들이 그대로 인용되어졌다.[168] 위클리프가 자국어로 성경을 번역함으로 인해서 16세기 종교 개혁자들, 즉 마틴 루터를 위시하여 많은 개혁자들이 자국어로 된 성경을 번역할 수 있는 발판을 마련하게 되었다.

2. 성경적 신학

1) 성경적 교회론

위클리프가 성경을 공부하고 연구하는 중에 분명한 성경적 교회론에 대

개정과 교정 과정으로 말미암아 불가타 성경의 복잡한 역사가 형성되었다. 인쇄술의 발명 이후, 클레멘스 불가타(Clementine Vulgate, 1592-1598)가 마침내 권위 있는 번역으로 대두되었다. Cf.『교회사 대사전』vol. Ⅱ (서울: 기독 지혜사, 1994), 797-799.

165) 존 퍼비(John Purvey, 1354-1421)는 위클리프의 제자로 버킹엄셔 라트베리에서 태어남. 옥스퍼드에서 공부함. 위클리프 성경 번역에 큰 도움을 주었고, 1388년에 위클리프 성경의 개정판을 출판했다. Cf.『교회사 대사전』, vol. Ⅲ, 554.

166) Poole, 103.

167) 마르스(Marsh)는 이런 유명한 말을 하였다. "쵸서(Chaucer)가 영시(漢詩)의 아버지인 것같이, 위클리프는 영어 산문의 아버지이다." Workman, vol. I, 202에서 재인용.

168) Cloud, "John Wycliffe and The First English Bible".

한 개념이 확립되었다. 이에 그는 성경 연구에 박차를 가하였을 뿐만 아니라, 영어 성경을 출판하고 보급함으로써 중세 가톨릭의 왜곡되고 성경의 진리에서 빗나간 교회론을 비판하고 성경이 가르치는 바른 교회상을 확립하고자 하는 열망이 있었다. 중세 교회론은 예전적이고 형식적인 의식에 너무 편중되어 있었다. 교회의 본질적 가치보다 교회의 제도나 의식이 너무 강조되었다. 또 당시 교회는 철저하게 교황 중심의 교회였다. 이에 위클리프는 교황 중심의 교회론을 반대하며, 그리스도 중심의 교회관을 확립하고자 힘썼다. 위클리프는 교회를 당시 가톨릭교회의 권위와 조직에 대항하는 개념으로서 "예정의 은혜를 받은 모든 사람들의 회중"으로 설명하면서 교회의 이상적인 모습으로 사도적인 교회의 초기 형태를 제시하고자 했다.[169)]

당시 가톨릭 교리에 의하면 교회는 불가시적인 신비적 몸이며, 지상에 있는 가시적 조직체이며 그 본부는 로마에 있다고 주장했다. 트렌트 종교회의에서는 "신약 성경에서 가톨릭교회가 성체의 거룩하시고 가시적인 희생이신 주님의 제도로부터 받았기 때문에 가시적이고 외적인 사제직이 교회 안에 있으며, 옛 것은 새로운 것으로 바뀐다고 고백해야만 한다."고 선언했다. 그래서 "만일 누구든지 신약 성경에 가시적이고 외적인 사제직이 없다거나, 주님의 참 몸과 보혈을 축성하여드리는 능력이 없다거나, 죄를 용서하고 죄를 간직하는 능력이 없다거나, 복음을 전하는 자들이 사제들이 아니라고 말하는 자들에게 파문이 내려질 것이다"라고 말했다.[170)] 그들은 성경에 근거하지도 않는 자기들만의 궤변적 주장을 내세우며 로마 교회의 교권과 사제들의 권한을 강화하고자 열을 올렸다.

---

169) William Farr, *John Wyclif As Legal Reformer* (Leiden: E. J. Brill, 1974), 31-33.
170) Geisler and Mackenzie, 391-92 에서 재인용.

1378년의 대분열을 계기로 위클리프는 가톨릭교회를 적극적으로 비판하고 교회의 부조리에 대해 매우 과격한 어조로 규탄하는 입장을 견지했다. 1378년 말에 위클리프는 『교회에 대하여』(*De Ecclesia*)라는 책을 완성했다. 이 책에서 그는 로마 가톨릭 교회와 참 교회를 구별했다. 위클리프의 주장에 의하면, 가시적 교회는 제도적 교회로서 성도들과 죄인들 그리고 구원 받은 자들과 버림받은 자들이 함께 있는 곳이다. 다른 한편으로, 비가시적 교회는 하나님에게만 알려져 있는 곳으로서 우주의 기초가 놓이기 전에 예정 받은 자들로 구성된 곳이다. 그러므로 예정된 사람들의 몸 밖에서는 구원이 없다고 했다.[171]

교회에 대한 위클리프의 견해는 『예정론』(*Predestination*)에 바탕하고 있다. 그의 예정론은 토마스 브래드워딘(Thomas Bradwardine, 1290-1349) 주교의 영향을 받았다. 위클리프는 모든 것의 근거를, 모든 것을 정하실 수 있는 하나님의 절대적인 의지에 두고 있다. 또한 위클리프는 그리스도가 신실한 사람들과 불충실한 사람들 모두의 머리가 된다는 이전 사람들의 주장을 거부하면서 오직 예정된 사람들만의 머리라고 주장하고 있다.[172] 또 어거스틴의 견해를 따라 위클리프는 이런 우주적 교회는 세 부분으로 구성되어 있다고 가르쳤다. 하늘에서 성도들로 구성되어 있는 승리한 교회(church triumphant), 아직도 살아 있는 예정 받은 자들로 구성된 전투적인 교회(church militant), 이미 죽은 사람들과 연옥에 있는 사람들로 구성된 잠자는 교회(sleeping church). 위클리프는 이미 교회가 하나님의 마음에 존재하고 있었다고 확신했으며, 성육신 전에 교회가 존재했다는 주장을 하게 된 것은 그의 실재론적 철학 때문이었다.[173]

---

171) Estep, 65-66.
172) 김익원, 103.
173) Estep, 65-66.

그렇다면 모든 인류가 가시적 교회에 의해 받아들여지기 때문에, 예정 받은 사람들로서 참 교회 회원인 자들과 그렇지 않고 버림받은 자들을 어떻게 구별할 수 있단 말인가? 위클리프는 이렇게 대답했다. 예정 받은 사람들은 하나님 앞에서 은혜 받은 자신들의 삶을 통해서 그들이 신자로서의 영향력 있는 삶을 지속적으로 살아가게 된다. 그러한 삶은 그리스도께 대한 아름다운 헌신과 다른 사람들의 행복을 위해서 노력하는 경건함과 순종함으로 특징 지워진다. 어느 누구도 선택받은 자들 가운데 있다고 확신할 수는 없지만, 모든 사람은 그런 확신 속에서 행동해야만 한다. 교회의 직분들은 – 비록 가장 높은 직위에 있는 교황이라 할지라도 – 구원을 보장하지 못하며 선택받은 자들 가운데 들어 있다는 것을 증명하지 못한다. 이와 같은 위클리프의 교회관은 당대의 시각으로 볼 때 상당히 멀리 간 것이며, 앞서 간 것이었다.[174] 이 위클리프의 교회관이 마틴 루터와 존 칼빈을 통해서 더 정교하게 다듬어졌고 개혁주의 교회론의 뼈대를 형성하게 된다.

웍맨은 위클리프가 교회를 하나님의 예정 받은 자들의 모임으로 규정함으로 그 동안 기존의 가톨릭 체제를 완전히 쓸어버렸다고 했다. 그리고 교황이 교회의 머리로 자처하면서 내세웠던 사면권을 제한시켰다. 사제나 교황이 사면권을 행사할 권한이 전혀 없다고 했다. 하나님 외에는 누구도 죄를 사할 수 없다고 했다. 그리고 면죄부는 교황의 직무와 권한을 뛰어넘는 일이며, 탐욕에서 비롯된 거짓 주장에 불과하다고 했다.[175] 더 나아가 위클리프는 면죄부를 판매하는 행위를 저주받은 강도 행위라고 공격하였다.[176] 그리고 위클리프는 오직 하나님만이 죄사함을 주실 수 있다고 단호

174) Ibid.

175) Workman, *John Wyclif*, 2:15.

176) Preserved Smith, *The Age of the Reformation* (New York: Henry Holt and Company, 1995), 37.

하게 주장했다.

> 하나님께서도 예수님의 피 공로를 전제한 만족함이 없이는 죄사함을 주지 않으셨다. 그런데 하물며 교황이 죄사함을 줄 수 있는 권한을 소유했다면 그가 얼마나 그 권한을 남용하였겠는가? 면죄부를 판매하며 면죄권을 남용함으로 교황의 황금시대를 열어간 것이다.[177]

이와 같은 급진적인 교회관은 전적으로 신약 성경의 가르침에서 나온 것이다. 뿐만 아니라 어거스틴과 실재론적 철학 그리고 중세 가톨릭주의의 유산과 연관을 갖는다. 이리하여 그의 교회관은 당시의 가톨릭 교회관에 비추어 혁신적이었기 때문에 많은 논쟁을 낳게 되었다.[178] 특히 1379년 교황에 정면으로 도전하는 내용으로 된 『교황에의 저항』이란 저서를 통해서 그는, "교황의 주장들은 성경에 비추어 볼 때 악한 것이며, 교황 자신의 구원도 일반 사람들의 그것과 하등의 차이가 없으니 모든 기준은 그것이 복음에 부합되느냐 되지 않느냐 여부에 따라 결정되어질 것이며 결코 교황 자신이 그 기준이 될 수는 없다"고 천명하였다.[179]

뿐만 아니라 위클리프는 그리스도의 교회는 교황 및 사람의 눈에 보이는 유형적 계급 제도가 아니라, 미리 구원받도록 택정함을 받은 자들로 이루어지는 눈에 보이지 않는 무형의 몸이라고 가르치기 시작하였다. 이 이론은 원래 성 어거스틴으로부터 연유된 것이다. 이러한 관점에서 볼 때 당시의 많은 종교 지도자들은 사실상 구원에 참여치 못할 유기된 자들이라 생각되었다. 이에 위클리프는 그의 생애 말기에는 교황마저도 아마 구원을

177) Workman, *John Wyclif*, 2:15.
178) Estep, 66-67.
179) 임영천, "개혁의 선구자 존 위클리프", 『월간 목회』(1984년 10월): 110.

얻지 못한 자들 가운데 포함될 것이라고 폭탄적인 선언을 하였다.[180]

위클리프는 당시 가시적인 제도와 조직체를 강조하고 철저하게 교황 중심의 교회관을 견지했던 로마 가톨릭의 교회론을 부정했고, 하나님의 예정을 입은 자들로 구성된 불가시적인 교회가 참교회임을 주장했던 것이다. 신약 성경에 좋은 씨와 가리지의 비유를 염두에 두고 가시적인 지상 교회의 한계를 규정했고, 하나님의 절대 주권 가운데서 예정함을 입은 자들이 참교회의 진정한 구성원임을 강조했다. 또한 교회의 직분들이 구원을 보장하지 못하며 오직 택함을 받고 삶을 통해서 영향력을 발하는 신자들만이 구원을 받을 수 있다는 그의 교회론은 당시 가톨릭교회의 근본을 뒤흔들어버리는 강력한 도전이 되었다.

2) 성경적 주권론

위클리프가 성경을 연구하는 가운데 당시 가톨릭에서 주장하는 교황이 교회의 머리요, 교회의 중심이라는 사상과 주장이 비성경적임을 확신했다. 위클리프는 교황의 권력이 아무런 성경적 근거도 없으면서 무소불위의 절대 권력을 휘두르고 있는 당시 교황제에 반감을 가졌다. 이에 위클리프는 성경에 기초한 주권론을 새롭게 전개하게 된다. 또한 그는 교황이 도덕성이 뒷받침 되지 않고 절대 권력을 남용할 때 세속의 군주의 통제를 받을 수 있다는 견해를 피력했다. 브루쥬(Bruges)에서 돌아오자마자 위클리프는 옥스퍼드에서 일련의 강의를 했는데 그 때 주권에 대한 개념을 발표했고 그것은 책으로 출판되었다. 『결단』(*Determinatio*, 1374), 『신적 주권에 대해』(*De Dominio Divinio*, 1375), 『시민적 주권』(*De Civilio Dominio*, 1376)과 같은

180) Lindsay, 205.

책을 출판했다. 여기에서 위클리프는 하나님만이 주님이시라는 개념을 발표했다. 어느 누구도 궁극적인 의미에서 주(lord)가 될 수 없지만 최상의 주님(Supreme Lord)께서 그에게 신적 은혜를 베푸셔서 일시적이고 조건적인 주권을 가질 수 있을지라도 그는 단지 청지기일 뿐이라고 주장했다.[181] 또한 위클리프는 "시민의 권한과 교회의 모든 권한은 그 소유자가 은혜 안에 머물러 있을 동안만 정당하게 지탱할 수 있다"고 가르쳤다.[182] 위클리프는 주권은 하나님의 은혜에 기초하며, 의로운 사람은 주권자로서 정당한 자격을 가질 수 있다고 주장했다. 그러나 죄 가운데 있는 자들은 그들의 권리가 박탈당할 수 있다고 보았다.[183] 또한 그는 교회의 타락은 콘스탄틴이 부와 권세를 교회에 부여하였을 때부터라고 믿었다. 또 그는 국가가 성직자들에게 세금 거두는 것을 옹호했고, 성직자가 생활에 필요한 것으로 만족하며 살아야 한다는 분명한 확신이 있었다. 그는 가난에 대해서는 프란체스코 수도회가 강조한 것을 동경했으며 동시에 수도원 제도의 성경적 기초를 부인했다.[184]

그리고 로마 황제 가이사처럼 위에서 군림하는 정치적 성직자들을 몰아내고 '직무 태만한 교회'의 기본 재산을 몰수하는 책임이 왕에게 있을 뿐 아니라 은혜의 사제권을 회복해야 한다고 주장했다.[185] 또한 위클리프는 교황이 어떤 다른 사제들보다 묶고 푸는 영적 권세가 더 강력하다는 주장은 전혀 근거가 없다고 했다. 뿐만 아니라 정당한 사유가 주어지면 세속의 군주가 성직자들의 소유를 탈취할 수도 있다고 주장했다.[186] 위클리프는

181) Estep, 64.

182) Matthew Spinka, ed., *Advocates of Reform: From Wycliffe to Erasmus*, Library of Christian Classics, vol. 14 (Philadelphia: Westminster Press, 1953), 22.

183) Kenny, 4.

184) Spinka, 23.

185) Estep, 64.

자신의 책 『교황의 권력에 대하여』(*On the Power of the Pope*, 1379)에서 다음과 같이 말했다. "만일 교황이 진정으로 사도적 순진함과 청빈으로 베드로를 본받으려 한다면, 보이는 교회는 한 사람의 지상 지도자를 갖게 될 것이다. 그런 교황은 아마도 선택된 자들 중의 하나일 것이다. 그러나 세상의 권력을 거머쥐고 부에 혈안이 된 교황은 아마도 선택된 자가 아닐 것이며, 필경 적그리스도일 것이다. 하여튼 간에 교황직은 그 기원에 있어서 인간적이며(교황직의 기원은 그리스도가 아니라 콘스탄틴[Constantine]에 의해 창설되었다고 보고 있다), 교황의 관할권은 엄밀한 의미에서 영적인 문제에만 국한 된다."[187]

따라서 교황직은 교회와 교인들에게 봉사할 수 있는 기회가 될 뿐이며, 특별한 권한이나 권력을 소유하는 직분이 될 수 없다. 베드로의 우월성은 그의 영적 지도력과 기독교적 성품에 기초했다. 어떤 사람이 특별한 성직에 임명된다고 해서 이러한 은사들은 자동적으로 받는 것이 아니며, 단지 하나님의 은혜만이 이러한 고상한 성품들을 이루는 것이다. 교황들과 주교들은 일체의 사치와 재산들을 포기하고 일반인들과 다름없는 소박한 생활을 영위해야한다고 주장했다.[188] 위클리프는 그레고리 11세가 죽었던 때부터 교황직에 대한 심각한 염려를 갖게 되었다. 1378년에 시작된 교회의 대분열은 그에게 환멸감을 주었다. 그는 교황직이 신적 터전 위에 있지 않고, 오히려 인간의 인위적인 발상으로부터 비롯되었음을 믿게 되었다. 그래서 이제는 교황제가 마귀적 터전 위에 놓이게 되었다고 주장했다. 위클리프는 생활의 단순함과 청빈함으로 그리스도를 따르지 않는 교황들은 적그리스도(Antichrist)라고 단호하게 선포했다. 위클리프는 교황직의 불필요

186) Philip Schaff, 316-317.
187) Walker, 430-431.
188) Cannon, 394.

성을 강력하게 주장하면서 교황제를 이렇게 비판했다.[189)]

> 그가 저주받는 자인지 구원받은 자인지도 알지 못하는 죄성 가득한 비열한 자가, 자신이 거룩한 교회의 머리라고 사람들에게 강요하는 것이 어디 있을 수 있단 말인가? 확언컨대 로마의 감독이 그의 죄로 인해서 저주받은 사람일 경우에는 그들이 그런 주장을 하는 것은 "지옥의 악마가 교회의 머리이다"라고 사람들로 믿도록 하는 경우와 똑 같은 것이다.[190)]

위클리프가 쓴 논문 『왕의 직임에 대하여』(*de Officio Regis*)에서 복종의 한계와 왕의 특권과 의무에 대해 언급하고 있다. 위클리프는 본 논문에서 왕의 권위는 하나님으로부터 직접 받았다는 왕권신수설을 강력히 나타내 보이고 있다. 위클리프는 왕을 가리켜 하나님의 의지를 대표하며, 사제는 하나님의 사랑을 대표한다고 주장했다. 그는 왕은 하나님의 대리자로서 성직자들에 대한 수위권을 가지고 있다. 그리고 왕은 사제들의 모든 죄들을 조사할 수 있는 권리가 있는 분으로서 만약에 사제들이 참된 하나님의 말씀에서 이탈되는 생활이 현저히 드러날 경우, 왕은 이런 자들의 재산을 마땅히 몰수해야 된다고 주장했다. 또한 위클리프는 예수와 빌라도와의 관계를 설명할 때, 빌라도는 비록 폭군이었음에도 불구하고 예수님은 그런 치리 자에게도 복종해야 된다는 자세를 보여주셨다는 사실을 언급하며, 이 땅의 모든 성직자들은 땅의 군주들에게 원칙적으로 복종해야 된다는 이론을 제시했다.[191)]

영국 정부 당국은 위클리프의 이론을 환영할 수밖에 없었다. 그에 의하

189) Estep, 67.
190) Cloud, "John Wycliffe and The First English Bible" 에서 재인용함.
191) 김익원, 99.

면 일체의 합법적 통치권은 하나님으로부터 비롯되었다. 당시 세금의 징수 및 교황들의 세속 권력에 관한 문제로 계속 교황청과 분쟁을 벌이고 있었던 영국의 세속 권력자들이 위클리프의 이론을 기꺼이 수용한 것은 당연했다. 위클리프는 신념의 사람이었으므로, 종교적 지배의 한계에 관하여 내세웠던 그의 주장은 세속 권력에 대하여도 동일하게 적용시켰다. 즉, 세속 권력 역시도 시민들에 대한 봉사, 혹은 섬김의 관점에서 측정되어야 한다고 주장했다.[192]

주권론에 대한 위클리프의 주된 관점은 교황이 교회의 머리요, 중심이 될 수 없다는 것이다. 하나님만이 진정한 주님이요, 주권자이시지 인간은 진정한 의미에서 주권자가 될 수 없다고 했다. 다만 인간은 조건적인 주권을 하나님께로부터 부여받을 수 있으나 이것도 은혜 안에 머물러 있을 동안만 행사할 수 있다고 했다. 교황이 베드로 사도와 같은 탁월한 도덕적 성품을 유지할 때만이 진정한 권위가 나온다고 보았다. 위클리프는 당시 교황들이 성품과 처신은 수준 이하이면서 베드로의 권위만 내세우며 권력을 남용하는 모습들에 영적 분노를 느꼈다.

교황이 권력의 청지기 사상을 망각하고 불법을 자행할 때는 세속의 왕들로부터 제제를 받을 수 있다고 주장하였다. 무엇보다 그는 진정한 주권자이신 하나님께로부터 일시적으로 권한을 위임받은 지상의 주권자들은 하나님의 은혜 아래서 청지기 정신으로 권력을 행사해야 함을 강조했다.

192) 이러한 통치권은 섬김을 받기 위해서가 아니라 섬기기 위해 오셨던 그리스도의 모범에 따른 특성을 지녀야 한다. 피지배자가 아닌 지배자의 이익을 위해 사용되는 일체의 통치 형태는 진정한 통치가 아니며, 차라리 반역이라고 했다. 또한 아무리 합법적이라 하더라도 그 권위의 한계를 벗어나 영역을 확장하고자하는 지배형태에 관해서도 동일한 비판을 했다. 따라서 그 자체의 이익을 위해서나, 혹은 영적 문제의 한계를 벗어나 세력을 확장시키고자하는 소위 교회의 권력도 비합법적인 것으로 보았다. Lindsay, 204-205.

또한 주권자의 청빈한 삶과 도덕성을 강조했으며 교황의 권력 남용을 혐오했다. 그는 교황이나 교회 지도자가 권력을 남용하기보다 예수님의 삶을 본받는 청빈함과 탁월한 도덕성에 기초해서 교회와 교인들을 봉사하는 기회로 그 직분들을 선용하길 간절히 기대했다.

3) 성경적 성찬론

당시 신학적으로 위클리프의 교리 중에서 가장 격렬한 논쟁을 낳은 것은 성찬에 있어서 그리스도의 임재에 관한 문제였다. 위클리프의 후견인 곤트의 존도 이 성찬 문제만큼은 위클리프에게 잠잠해 달라고 부탁하였다. 그러나 위클리프는 기존 교회의 화체설은 너무나 비성경적이요, 우상 숭배와 같다는 결론을 내리게 되었다. 이에 그는 자기의 든든한 후원자요, 실권자인 존 곤트의 보호를 받지 못할지라도 화체설의 잘못된 점을 단호하게 발표했다. 그는 자신의 신변 안전을 위해서 성경이 가르치는 진리를 모른 체 하기보다는 생명의 위협이 있을지라도 성경이 가르치는 바른 성만찬의 진리를 전파하며 신앙의 양심을 좇고자 결단했다. 그는 당시 화체설이 우상적이고 비성경적 교리라고 정죄하였고, 성경적 지지를 전혀 받지 못한다고 주장했다.[193)]

성찬론을 다루고 있는 그의 두 작품 『배교에 대하여』(*De Apostasia*)와

193) Kenny, 13. 1215년에 열린 4차 라테란 회의(Lateran Council)는 화체설의 교리를 확정하였다. 위클리프의 주요한 공격 목표는 화체설(transubstantiation)이었다. Lindsay, 205-206. 즉 성례에 사용된 빵과 포도주의 실체가 예수님의 살과 피로 바뀐다는 것이다. 보편적 실제를 믿는 실재론적 철학자의 한사람으로서 그는 화체설을 공격했다. 그때 위클리프는 더 폭넓게 전선을 확대해 나갔고 우상숭배적이고 비 성경적인 교리를 정죄했다. 위클리프는 "이것은 봉헌 후에 남아있는 그 빵이다"라는 주장으로 화체설을 대체했다. *Encyclopedia Britannica Dictionary*, 786.

『성체론에 대하여』(*De Eucharistia*), 두 작품은 1379년에 쓰인 것으로 성체론에 대한 그의 완전한 견해를 설명하고 있다.[194] 위클리프는 『성체론에 대하여』(*De Eucharistia*) 이 책에서 화체설 교리를 비논리적이고, 비성경적이며 비신앙적이라고 거부했다.[195] 옥스퍼드의 학창 시절 초기에 위클리프는 토마스 아퀴나스의 가르침대로 아무런 의문 없이 화체설에 대한 당시의 해석을 받아들였다. 그 당시의 해석은 사제들의 축복 기도에 의해 빵과 잔에 이적이 일어나 빵의 본질은 그리스도의 몸의 본질로, 포도주의 본질은 그리스도의 피의 본질로 변형한다는 이론이었다.

즉, 성분(accidents)은 동일하게 남아 있지만, 실제로 그 본질들은 전멸되고 그 대신 그리스도의 몸과 피의 본질이 된다는 것이다. 하지만 위클리프의 실재론은 포도주와 빵의 본질의 전멸(annihilation) 개념을 거부하였다. 마침내 그는 '상징적 육체' 개념으로 성분들의 현존을 설명하려고 노력했지만, 옥스퍼드의 반대자들은 이 개념을 이해하지 못했으며, 그 역시 자신이 이해하는 방법을 그들이 이해할 수 있도록 답할 수가 없었다. 1379년 그는 처음으로 자신의 견해에 대한 자신감을 가지고 가톨릭의 화체설을 공개적으로 공격하기 시작했다.[196]

1381년 위클리프는 더욱 담대하게 로마 가톨릭의 화체설 교리는 잘못이라고 선언했다. 그는 주장하기를 주의 만찬에서 빵과 포도주는 그 본체가 변하지 않으며, 단지 예수 그리스도의 몸과 피를 상징한다고 했다.[197] 위클리프가 주장하는 성례 신학의 재건은 초대 교회와 일치하는데, 그 가

194) Estep, 66.

195) Walker, 431.

196) Estep, 66. 로마 가톨릭 화체설은 교황 이노센트 3세의 지도 아래 열린 4차 라테란(Lateran, 1215) 종교회의에서 정의된 교리였다.

197) Cloud, "John Wycliffe and The First English Bible".

운데서 특별히 어거스틴과 일치하였다. 그는 당시 교회가 토마스 아퀴나스와 같은 스콜라주의 박사들의 주장을 맹목적으로 따르는 데서 잘못을 저질렀다고 했다. 그는 화체설의 이적을 거부했지만, 그리스도의 "실재 현존"(real presence)은 거부하지 않았다. 빵은 빵으로 남아 있고 잔은 잔으로 남아 있다는 것을 주장할 뿐만 아니라, 그리스도께서 성례에 현존하심을 믿음으로 알 수 있다고도 주장했다. 그러므로 빵과 잔은 그리스도의 성례적 표시(sign)들이며, 그는 상징적으로 현존하시지만 그의 현존은 상징 이상의 의미를 갖는다. 즉, 영적이고 실재적이다. 그러나 성체의 빵이 그리스도의 동일한 육체라고 믿는 것은 우상 숭배와 같다고 했다.

또한 위클리프는 경건치 않은 사제들이 집례하는 미사에 참석해서는 안 된다고 했다. 경건치 않은 사제들이 집례하는 경우에는 차라리 참석하지 않는 것이 낫다고 보았다.[198] 이는 참으로 파격적인 주장이었다. 이 당시는 화체설을 절대적으로 신봉하였고 성만찬에 참석하는 것을 최고의 특권으로 여겼고, 집례 하는 집례자의 도덕성에 대해서 어느 누구도 문제 제기를 하지 않던 시기였기 때문이다.

성찬식에서 그리스도의 '성례적 현존' 은 사제의 말에 달려 있지 않고 참예자들의 믿음에 달려 있다는 것이 위클리프의 주장이었다. 위클리프는 그의 주장을 이렇게 펼쳤다.

> 사제의 도덕성이 유지되고 있을 때에는 사제가 어떤 종류의 그릇을 가지고 성체를 봉헌할 것인가는 그렇게 중요한 문제가 아니다. 하지만 그 나라의 관습에 따라, 또 성실한 마음으로 그리스도를 바르게 묵상해야만 한다. 이것은 성례 의식을 거행하는 것보다 훨씬 중요하다. 성례에서 그리스도께서는 물이나 다른 액체로 섞은 잔 안에 계시지 않

198) Estep, 66.

> 고, 공기 중에 계시지도 않는다. 단지 우리의 영혼 속에 계심을 명심해야 한다. 왜냐하면 성례가 끝나고 나면 그리스도는 능력으로 우리의 영혼 속에 계시기 때문이다.[199]

위클리프는 이 화체설 교리가 성육신에 나타난 원칙을 부인한다고 생각하였다. 하나님께서 인간의 본질과 연합하였을 때, 즉 성육신 하였을 때 신성의 임재는 인성을 파괴하지 않았다. 마찬가지로 성찬에서 발생하는 사건을 그리스도의 몸이 실제로 떡 속에 임재하면서도 이를 파괴하지 않는다고 보았다. '성례적(sacramental)' 이며 '신비적(mysterious)' 형태로 그리스도의 몸은 성찬에 임재 하신다. 그러나 그곳에는 떡 역시 공존하는 것이다. 위클리프가 성만찬의 떡과 잔의 본질적인 변화에 반대하면서 쓴『신앙의 회의에 대하여』에서 그리스도의 몸이 성만찬의 떡에 진정으로 계시기는 하지만, 본질적으로 존재하는 것은 아니라고 하였다. 성만찬이 효력을 발휘하게 되는 것은 사제의 축사 때문이 아니라, 하나님의 영원하신 말씀의 능력 때문이다. 떡 그 자체로 그리스도와 연합하였다는 효과를 나타내는 것이 아니라, 성만찬을 베푸는 사제와 성만찬을 받는 자들의 관계가 하나님 앞에서 얼마나 올바른가에 달려 있다고 하였다. 이러한 그의 이론들은 당시 교회의 공식적 교의에 어긋나는 것이었으므로, 그가 세속 당국들부터 배척을 받았으며 옥스퍼드로 돌아갔을 때 그곳에서 많은 자들에 의해 이단이라는 비난을 받았다.[200]

위클리프는 사제가 축성한 후에도 빵과 잔은 그 전과 같이 변하지 않고 동일한 물질로 존재한다고 확신했다. 위클리프는 교회가 정통교리를 버리고 나쁜 신앙의 전통을 수용한 책임이 교황 이노센트 3세(Innocent III,

---

199) Spinka, 85,

200) Lindsay, 205-206.

1198-1216)에게 있다고 보았다. 1215년 제4차 라테란 공의회에서 이노센트 3세는 자신의 교황권 확립을 위해서 교회가 지속적으로 견지해 왔던 정통 교리를 버리고 이교적인 화체설을 가톨릭의 교리로 확정을 했다고 맹렬하게 비판을 했다. 교황 이노센트 3세가 출현하기 전에는 1000년 동안 교회는 어거스틴의 가르침에 기초해서 오류 없이 바른 성례관을 고수했었다. 또한 위클리프는 그리스도께서 성찬에 영적으로 임재하시기 때문에 빵은 빵으로 남아 있을 뿐이며, 믿음으로 그것을 받을 때만이 그리스도께서 성찬에 약속하신 은혜를 받을 수 있다고 주장했다. 그래서 어거스틴의 주장과 같이 성찬은 영적 은혜의 상징적 물질의 본질이요, 내적 은혜를 나타내는 외적 표현의 상징이라고 했다.

예수님께서 제자들과 함께 마지막 성찬을 하시면서 "이것은 내 몸이니라." "이것은 죄 사함을 얻게 하려고 많은 사람을 위하여 흘리는바 나의 피 곧 언약의 피니라." 하셨던 이 말씀은 문자적 해석보다는 상징적 교훈을 내포하고 있기 때문에 떡과 잔을 그리스도의 몸으로 동일시하는 것은 잘못이라고 주장했다. 위클리프가 성찬을 상징으로, 영적인 의미로 이해한 것은 어거스틴의 영향을 받은 결과이다. 이런 견해는 16세기 대표적인 종교개혁자들인 쭈리히의 쯔빙글리와 제네바의 칼빈의 성찬론과 동일한 견해여서 그 중요성이 큰 것임을 확인하게 된다. 칼빈의 영적 임재설과 상징설은 많은 점에서 위클리프의 견해와 동일하다. 그 이유는 양자 모두가 상징설과 영적 임재설을 주장할 때, 어거스틴의 글을 인용하고 있기 때문이다. 마틴 루터도 화체설을 공격했으나 이 부분의 말씀을 상징적으로 해석하지 않고 문자적으로 해석하였다. 루터는 성찬론에서는 쯔빙글리와 칼빈과는 견해를 달리했다. 그는 그리스도의 몸이 빵과 잔에 숨겨져 있다며 공재설을 주장했다.[201]

맥도넬(Killian McDonell)은 그의 책에서 존 칼빈이 당시 로마 교회에서 성례전을 통해서 권력을 남용하며 자행한 월권적인 행위를 비판하는 내용을 이렇게 기록하고 있다.

> 교회는 그들의 주권을 행사하며, 가소로운 축복과 경건을 남발하며, 참회를 당당히 무시하고 살면서도 구원받기를 기대하고, 자신들을 제외한 다른 이들을 구속하며, 의례의 집행과 의식의 수행에서는 자기의 만족만을 찾은 것이다. 파문의 고통을 담보로 로마 교회는 자기들이 말했거나 말하려 했던 모든 사람들에게 복종을 요구했다. 그 교회는 성령의 인도를 구하지 않고 성령을 임의로 주었다. 그 교회는 그리스도를 나타내는 것 이상을 했다. 이 교회는 신성을 찬탈한 것이다.[202]

이에 반해 중세 가톨릭교회는 이런 터무니없는 주장을 하고 있었다.

> 그러므로 그러한 것들 즉 일곱 개의 성례전이 없이는 그리스도인의 삶은 신성을 더럽히게 되며 그의 구원은 불확실한 것이 된다. 이는 마치 칭의가 물을 뿌리며, 기름부음을 받고, 또한 참회의 말에 있는 것과 같다. 교회밖에는 구원이 없을 뿐만 아니라, 교회 안에 있으면서도 성전의 조직 활동에서 탈퇴한 자들에게도 구원은 없다. 교회 밖에서는 구원이 없을 뿐만 아니라, 성례 밖에도 구원은 없다.[203]

이토록 비성경적이고 터무니없는 주장을 보고 칼빈은 분노했다. 또 칼빈은 그 유명한 그의 책 『기독교 강요』(*Institutes of the Christian Religion*)에서 성례전의 잘못을 이렇게 기록하고 있다. "과거 수백 년 동안 평민들뿐

---

201) http://blog.naver.com/yyduk/220657222486

202) Killian McDonell, *John Calvin, the Church, and the Eucharist* (Princeton: Princeton University Press, 1967), 107-108.

203) McDonell, 112.

만 아니라 지도자들까지 얼마나 거대한 미신에 붙잡혀 있었는지, 그리고 지금도 교황제도 밑에서 교회 지도자들이 그 미신에 사로잡혀 있음을 우리는 알 수 있다."[204] 물론 칼빈은 위클리프 보다 200년 후에 살았던 대륙의 개혁자였지만, 중세 교회의 권력 남용과 비성경적 성례전의 폐단에 대해서는 위클리프와 동일한 문제의식을 갖고 있었다.

실제로 위클리프는 그리스도의 말씀, "이것은 내 몸이니라"에 도전한 것은 아니었다. 다만 성찬의 거룩한 떡과 포도주의 변화를 설명하는 어려운 철학적 이론은 복음서들에서는 찾을 수 없다는 것과 그러한 이론은 일반인을 오해와 미신으로 인도하며, 또한 그 떡과 포도주의 물질적 변화를 믿도록 만드는 폐단을 가져온다는 것을 강조하였을 뿐이다.[205] 위클리프에 따르면, "그리스도는 성찬 속에 숨어 계시며 우리는 성찬 속에 계시는 그리스도를 신앙을 통해서 볼 수 있다"라고 했다.[206]

오늘날 우리들의 관점에서 볼 때, 성례에 대한 위클리프의 견해가 성경적 관점과 원칙에 합당하며 성례의 핵심적 사상을 간파한 정확한 견해였지만, 당시 가톨릭교회는 무지와 완고함으로 그의 주장을 정죄하며 배척하며 이단시했다. 그러나 그의 기존 성례전에 대한 비판과 성경적 관점은 많은 사람들의 분노를 유발하였다. 이것은 당연한 결과였다. 위클리프가 중세 시대에 가장 일반화된 신앙의 형태에 결정타를 날린 셈이기 때문이다.[207]

---

204) John Calvin, *Institutes of the Christian Religion*, ed. John T. McNeil, trans. Ford Lewis Battles (Philadelphia: The Westminster Press, 1960), IV.xvii.13.

205) 임영천, 110-11.

206) 김익원, 105.

207) 임영천, 110-11.

4) 성경적 목회론

미국의 기독교 역사학자 필립 샤프(Philip Schaff)는 그의 대표적 저서 『기독교 교회의 역사』(*History of the Christian Church*)에서 위클리프는 종교개혁 이전 시대에 영국의 설교가 중에서 가장 저명한 설교가였다고 말하고 있다.[208] 지금까지 위클리프가 전한 영어로 된 설교가 294편, 라틴어로 된 설교가 224편 보존되고 있다. 그의 설교들은 대부분 신약 성경의 요절들로 구성되어 있다. 그의 영어 설교 스타일은 단순했고 직설적이었다. 마틴 루터도 이 영국의 종교 개혁자(위클리프)가 교회의 권력 남용에 대해서 설교한 것보다 더 분명하게 전하지는 못했다. 그는 설교의 모든 페이지마다 교황과 세상에서 높은 지위에 있는 고위 성직자들을 책망하는 실제적 내용을 담고 있었다. 그들은 세상적 유익과 향락을 위해서 그리스도의 양들을 먹여야 하는 진정한 사명을 저버린 적그리스도요, 마귀의 종들이라고 비난을 했다. 위클리프는 순례 여행을 해야 구원을 받는다는 가르침이나, 면죄부를 사야 구원을 받는다는 주장을 하는 교황들의 가르침을 성경 어디에도 없는 거짓된 가르침이라고 단호하게 정죄했다. 뿐만 아니라 죽은 자를 위한 기도나 연옥설을 강하게 비난했다. 뿐만 아니라 위클리프는, 탐욕의 종이 되어 설교하며 백성들의 죄 문제를 터치하지 않는 탁발 수도사들을 가혹하게 비판했다.[209]

위클리프는 그의 작품 『목회자의 임무』(*The Pastoral Office*)에서 "목회 사역에 있어 설교가 목회자들이 백성들을 향한 최고의 봉사다"라고 주장했다. 왜냐하면 그리스도께서 양들에게 설교하는 일에 최우선을 두었기 때문이라고 했다. 위클리프는 주교들이 말씀을 연구하여 진정한 설교를 하지

---

208) Philip Schaff, 328.

않고, 자기들의 유익에만 맞는 설교를 한다면 이것은 예수님을 죽이는 자들과 똑같다고 질책했다. 하나님의 말씀을 전파함이 성례의 사역보다 훨씬 더 중요한 사역이라고 주장했다. 그는 사도 시대에도 복음의 말씀이 전파되었을 때 교회가 성장하게 되었다고 했고, 그 어떤 일보다도 그리스도의 말씀에 모든 주의를 기울여야 된다고 강하게 주장했다. 또 그리스도의 말씀은 교황이나 탁발 수도사들이 집행하는 의식이나 명령보다 월등한 권위가 있다고 했다.[210] 위클리프는 이상적인 목회자 상을 다음과 같이 제시하였다.

> 목회자는 거룩하게 살아야 한다. 기도에서도, 욕망이나 사고에서도 거룩해야 한다. 경건하게 대화하고 정직하게 가르치며, 그의 입술에는 언제나 하나님의 계명과 예수 그리스도의 복음이 함께 해야 한다. 목회자의 행위는 항상 의로워서 어떤 사람도 잘못을 발견할 수 없도록 해야 하며, 그의 행위는 하나님을 섬기고자 하는 모든 죄인들에게 모범이 되어야 한다. 건전한 삶의 모범은 어떤 설교보다도 사람들의 마음을 움직이게 하는 법이다.[211]

위클리프는 능력 있는 설교가인 동시에 그의 일상생활이 그가 주장한 진리의 실증이었으며, 변함없는 용기와 견실성, 청빈함 등이 일반인의 존경과 신뢰를 잃지 않게 했다.[212] 대부분의 학자들은 위클리프가 도덕성이 뛰어난 사람임에 동의하고 있다. 교회를 향한 그의 공격은 단순히 분노로 발생한 것이 아니다. 그것은 교회개혁을 위한 도덕적 진실함과 진정한 열

---

209) Ibid.

210) Ibid., 329.

211) Philip Schaff, 329에서 재인용.

212) 임영천, 107.

정의 표시였다. 위클리프는 로마 교회 조직이 잘못되고 있다고 확신했기 때문에 지상에서 가장 큰 조직에 대항해서 일어섰다.[213)]

위클리프는 로마 교회가 썩고 부패하게 된 근본적인 요인이 돈을 사랑하는 것임을 확신했기에 사제들이 단순하고 검소하게 살아야 함을 강조하였다. 또한 사제들은 전적으로 교구의 후원에 의존해서 사는 것이 바람직하다고 주장했다. 그는 사제가 자신의 직무에 태만하고 양떼들 앞에서 모범적인 삶을 살지 못한다면 교회 회원들이 그 사제를 부양해야할 책임을 지지 않아도 된다고 주장했다. 그는 탁발 수도사(friars)들에 대해서 가장 가혹한 비판을 하곤 했는데, 그 이유는 그들의 설교가 비성경적이었고 거짓되며, 단지 이들은 '현세적인 수입'(temporal gain)을 위해 노력하였기 때문이다.[214)] 특별히 성직자들이 구약에 제사장과 레위 족속들을 위해서 바치는 십일조 제도를 자신들의 재물을 끌어 모으는 구실로 삼는 행위는 예수 그리스도의 가르쳐 주신 말씀들(마태복음 6:11,31, 10:9-10)에 정면으로 배치되는 것이라고 하면서 크게 비난했다.[215)]

위클리프는 전도자들이 모든 복음의 말씀을 전할 것과 수도원의 해산을 강력히 주장했다. 왜냐하면 하나님께서는 '종교인들이 수도원 안에 꼭꼭 숨어 있기를' 원치 않으시기 때문이라고 했다.[216)] 마틴 루터도 종교개혁을 하면서 수도원 해산을 강력하게 주장했었다.[217)]

위클리프는 목회자의 직분을 수행함에 있어 하나님의 말씀이 양들 가운

213) *Encyclopedia Britannica Dictionary*, 787.

214) Estep, 67.

215) 김익원, 108.

216) Spinka, 26.

217) Justo L. Gonzales, *The Story of Christianity* Vol. II (New York: Harper Collins, 1985), 14.

데 머물도록 하라고 권면하고 있다. 무엇보다 그는 부지런히 성경을 읽고 묵상하는 삶을 살았으며, 인내하고 기도하는 가운데 성경을 공부했고 창세기 첫 장부터 계시록 끝장까지 모두 그 내용을 잘 파악하고 있었다. 성경에 대한 이러한 관점과 통찰력은 그의 설교와 강의를 통해 여실히 나타났다. 위클리프는 친히 "진정한 설교자는 모든 복음의 증거에서 자신을 청중의 마음속에 나타내야 한다. 그리하여 듣는 자의 영혼 속에 복음의 빛을 비추어야 하며, 자신의 뜻을 굴복시켜 진리에 복종하도록 해야 한다"고 기록하고 있다.[218)]

위클리프는 목회자로서 설교 사역에서도 본을 보였다. 위클리프는 많은 사람들에 의해서 당대의 가장 위대한 설교가로 간주되고 있었다. 그의 모든 노력에서 보여 지는 바와 같이 위클리프는 하나님 말씀에 기초해서 설교를 했다. 그가 설교할 때마다 루터워스(Lutterworth)에서나 옥스퍼드에서나 런던에서나 백성들은 즐겨들었다.[219)] 설교가로서의 그의 영향력은 전 영국 땅에 빠르게 전파되었다. 백성들은 그의 단순하면서도 친근하며 평이한 복음의 진리로 전파하는 그의 신학 사상과 설교를 좋아했다.[220)] 뿐만 아니라 그의 설교는 성경의 진리로 가득 찼고, 또한 그는 예수 그리스도의 구원의 진리를 백성들에게 전달하는 데 있어 성령의 도우심으로 역사하는 하나님 말씀의 효과에 대한 절대적인 확신이 있었다. 그의 설교는 그의 추종자들인 롤라드들에게 좋은 본보기가 되었다. 또한 그는 영어로 된 설교집을 여러 권 펴냈다. 위클리프가 그의 추종자들에게 덧붙이는 충고는 설교를 듣는 사람들의 이해의 정도에 따라 설교의 주제를 상황에 맞게 바꾸

---

218) 문상철, "요한 위클리프의 개혁 사상" (신학석사 학위논문, 아세아연합신학대학교, 1994), 54.

219) Shand, "John Wycliffe".

220) Poole, 103.

라는 것이었다. 그의 설교 강화에서 그는 기본적으로 그의 설교를 두 부분으로 나누었다. 첫째 부분은 성경의 한절 한절의 의미를 설명했고, 두 번째 부분에서는 회중의 필요에 맞게 그 교리를 적용했다.[221)]

무엇보다 위클리프는 위대한 믿음의 사람이었다. 그리고 이 믿음은 마지막 때에 가장 선명하게 빛을 발했다. 위클리프는 순교자의 죽음을 기대했었고 그가 믿는 하나님 안에서 큰 용기와 확신으로 위기 상황에 맞서나갔다. 위클리프는 그의 설교로 백성들에게 감동을 주었을 뿐만 아니라, 그가 설교한대로 살았기 때문에 더 큰 감동을 주었다. 롤라드의 한사람인 토르페(Thorpe)는 위클리프에 대해서 이렇게 말했다. "위클리프는 더없이 결백한 삶의 습관 중에 검소했고 허약했으며 빼빼마른 체격의 사람이었다." 그리고 위클리프가 사람들 위에 큰 영향력을 끼쳤던 것은 그의 많은 지식 때문이 아니라 그의 매력적이고 검소한 삶에 있었다.[222)]

1384년 위클리프는 로마에 있는 교황 앞으로 출두하도록 소환되었다. 그러나 그는 뇌출혈로 쓰러져 갈 수가 없었다. 교황에게 보내는 답신에서 그는 사람에게 순종하기보다 더욱 하나님께 순종해야 된다고 말했다. 그의 육체적 연약함에도 불구하고 그는 설교를 계속했다. 1384년 12월 29일 예배 도중에 그는 두 번째 뇌출혈을 당했고 이틀 뒤 죽었다.[223)] 그는 생명이 다하기까지 거짓 가르침과 비성경적인 전통을 고수하는 복음의 원수들과 용감하게 싸웠고, 목회자로서 헌신적으로 살았으며, 감동적인 설교를 하였다. 뿐만 아니라, 본인이 그 말씀에 순종하는 삶을 삶으로 인해서 그의 목회자의 삶은 더욱 빛을 발하게 되었다. 그는 사도 바울과 같이 생명이 다하기까지 하나님께서 그에게 맡겨주신 사명에 최선을 다한 위대한 사명인

---

221) Shand, "John Wycliffe".
222) Ibid.
223) Shand, "John Wycliffe".

이었다. 그는 성경을 사랑하고 연구하는 학자로서나, 헌신적으로 설교하는 설교가로서의 열정에서나, 경건하고 청빈하며 순결한 삶에서나, 또한 부패한 종교 집단과 대항하여 싸우며 복음의 진리를 세워가고자 하는 투사적 용기면에서나 참 목자의 본을 보이는 삶을 살았다.

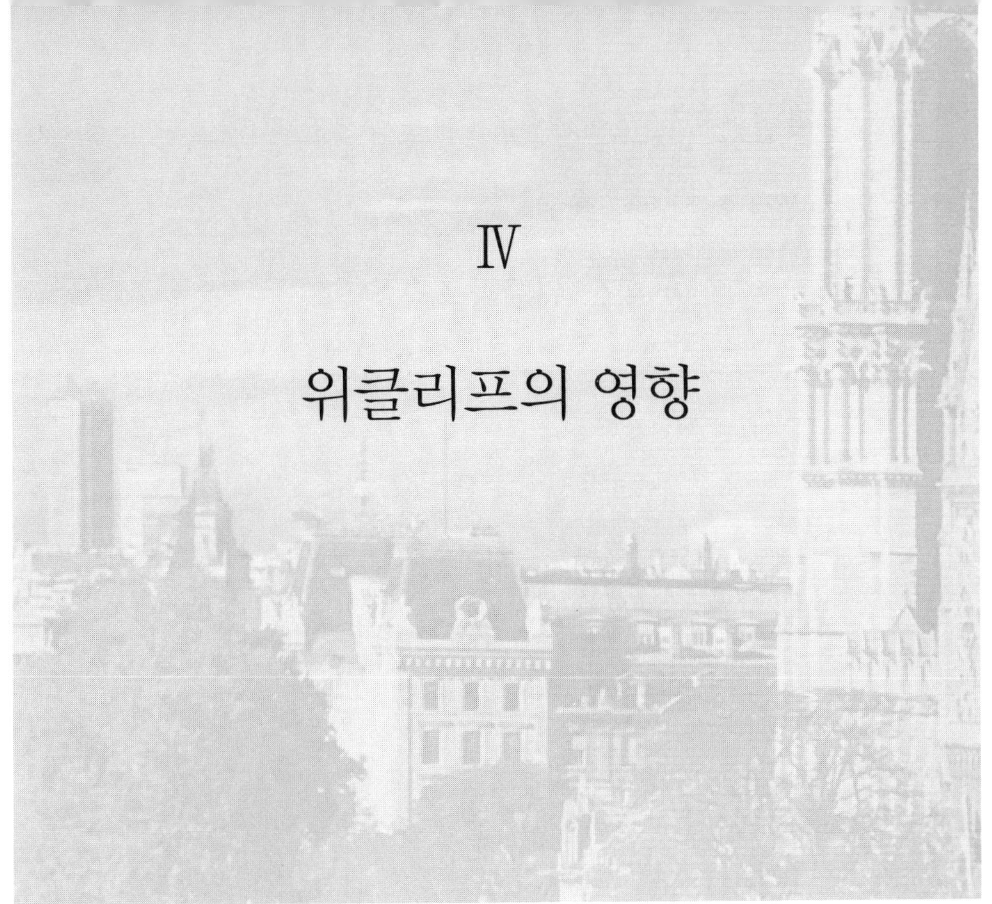

Ⅳ 위클리프의 영향

1. 롤라드 운동에 미친 영향
2. 존 후스에게 미친 영향
3. 존 위클리프와 루터의 관계성

Ⅳ. 위클리프의 영향

1. 롤라드 운동에 미친 영향

1) 롤라드 형성과 발전과정

교회의 대분열 이후에 위클리프는 기존 가톨릭교회에 소망을 두지 못했다. 그는 복음을 백성들에게 전하고자 하는 열의로 불탔다. 또한 그는 순회 전도자들을 구성하여 그들에게 영어 성경을 공급하여 백성들을 가르치고자 하는 야심찬 계획을 하였다.[224] 위클리프의 교훈을 몸소 실천하고자 하는 그의 추종자들을 중심으로 '가난한 설교자들' (롤라드)이라는 선교단을 조직하여 그 단원을 외부로 파송하고 민중에게 복음을 전하였다.[225] 뿐만 아니라 그들은 성경을 배포했으며 백성들에게 하나님의 말씀을 전파했다. 위클리프의 성경 번역과 가르침은 광범위한 영향력을 미쳤고 성경을 믿는 운동(Bible-believing movement)이 일어났다. 위클리프 성경의 단편들은 롤라드들에 의해 급속도로 퍼져나갔고 영국뿐만 아니라 주변 나라들에게까지 널리 유통되었다.[226] 이것이 그 유명한 롤라드 운동이다.

224) Poole, 101. 위클리프와 롤라드의 관계는 예수님과 12사도의 관계와 같다. 롤라드들은 위클리프의 사상과 가르침을 사회 저변으로 확장하고 전국적인 운동을 일으킨 장본인들이다. 그들은 위클리프의 손과 발이 되고 입이 되어 전국을 누비며 성경을 보급하고 위클리프의 사상을 전파했다. 무엇보다 그들은 진정으로 성경을 사랑했던 성경의 사람들(Bible men)이었다.

225) 임영천, 111.

226) Cloud, "John Wycliffe and The First English Bible".

위클리프는 세상을 떠났지만 그의 영향과 가르침은 그를 따르던 사람들에게 여전히 살아 있었다. 처음에는 주로 귀족층에서 롤라드파에 가입하였으나 이는 곧 민중 운동의 모습으로 변화하였다.[227] 위클리프 사후 그의 개혁적 노력들을 계속 수행하기 위해 루터워스에서 옥스퍼드 사제들이 자그마한 단체를 만들었다. 니콜라스 헤리퍼드가 지도자 역할을 하였다. 그는 라틴 불가타 성경을 최초로 영어로 번역하는 데 참여했던 사람이었다. 대감독 코트니(Courtenay)에 의해 추방당함으로 그 운동은 억압을 받았다. 이때부터 위클리프를 따르는 사람들에게는 '롤라드(Lollards)'이라는 이름이 붙게 되었다. 이 이름은 '중언부언 기도하는 자들'이란 네덜란드어에서 유래된 말이다. 그만큼 롤라드들은 무시로 성령 안에서 기도를 많이 했던 것이다. 이 운동은 억압당하기는 했지만 계속 확산되어 나갔다. 위클리프의 제자인 존 퍼비(John Purvey, 1354-1421)는 1388년 후기에 보급된 수많은 문서들을 참고하여 개정된 영어 성경을 출판했다. 1395년까지 롤라드들은 의회에 막강한 세력을 확보했기 때문에 영국 로마 가톨릭 교회의 개혁을 위해 주요한 요구사항들을 요약하여 "12항목"을 제시할 수 있었다. 딕컨스(A.G. Dickens)는 이 문서의 핵심을 잘 요약하고 있다.

> 이것은 로마에 대한 영국 교회의 복종, 화체설, 성직자 독신제, 한없이 추락한 성직자의 도덕성, 물질적 대상의 신성화, 죽은 자를 위한 기도, 성지순례, 형상 그리고 예술과 장식에 대한 교회들의 분에 넘치는 관심 등에 대해 정죄한다. 고위 성직자들의 세속적 지배자와 재판자로서의 활동을 비난하고, 신약 성경의 가르침에 반대되는 모든 종류의 전쟁을 비난했다. 구원의 필수 조건으로 사제에게 하는 사적고백을 부인한다.[228]

227) Lindsay, 207.

롤라드(Lollards)들은 성경은 원래 일반 대중들에게 속한 것이므로 이들에게 돌려주어야 한다고 확신하였고, 성직자들은 세속 관직을 겸직할 수 없으며, 성상의 사용을 신성 모독적 행위라고 믿었다.[229] 또한 롤라드들은 다음과 같이 주장했다.

> 예수님의 확실한 인성과 영성을 성경에서 재발견하고자 열정적으로 노력해야 한다. 교회에 만연된 물질주의와 교만한 모습 그리고 교회가 의도적으로 만든 의식과 교회의 강제적 사법권이 신약 성경에 기록되어 있는 예수 그리스도와 예수님의 제자들의 삶에 비추어 볼 때 아무런 정당성을 발견할 수 없다.[230]

롤라드 전도 운동은 대단한 성과를 거두었다. 그들은 세속 사회 어디에나 침투해 들어가 복음의 참뜻을 전파하는 일에 헌신하였으며, 그 활동 범위는 국내뿐만 아니라 국외까지도 뻗치고 있었다. 이들은 위클리프 제자답게 화체설, 면죄부 문제, 순례 행각 및 성직자 독신제 등을 비판하고 교황제도와 성직제 등을 비성경적이라고 공격하였다. 이 롤라드파에 있어서 성경은 유일무이한 권위이고 신앙생활의 기준이며, 그러므로 모든 성도는 이 성경을 읽고 해석할 권리를 갖는다고 주장하였다.[231]

2) 롤라드에 가해진 핍박

롤라드 운동에 대한 핍박은 서서히 증가하기 시작하였다. 당국자들은 이런 경고문을 곳곳에 써 붙였다. "감히 영어 성경을 읽는 자는 그 목에

---

228) A. G. Dickens, *The English Reformation* (New York: Schoken Books, 1964), 4.
229) Lindsay, 206-207.
230) Dickens, 25.
231) 임영천, 111.

성경 복사본과 함께 불태워질 것이다."[232] 1388년 4월에 위클리프의 저작들을 압수하고 헤리포드를 체포하라는 공문이 발포되어졌다. 그리고 1392년에 윌리엄 스미스(William Smith)라는 사람은 복음서와 서신서를 영어로 복사하였다고 당국자들로부터 많은 핍박을 받았다. 계속해서 위클리프를 추종하는 사람들에게 핍박이 다가왔다. 헨리 4세(Henry Ⅳ, 1399-1413)는 아이러니 하게도 위클리프의 절친한 후원자였던 곤트 존의 아들이었는데 롤라드들을 가혹할 정도로 핍박하였다.[233]

위클리프 추종자들인 이 롤라드들은 핍박 가운데서도 성경 말씀을 열정적으로 사랑했다. 1401년 영국 왕 헨리 4세에 의해 이단에 관한 법률이 제정된 이래 위클리프의 추종자들은 이단으로 몰리게 되었다. 이때부터 주교들은 롤라드들에게 이단이라는 죄목을 덮어 씌워 마음대로 투옥하고, 벌금형을 선고할 수 있게 되었다. 주교가 이단으로 판명을 하면 즉시 보안관에게 넘겨지게 되었고 곧 바로 화형당할 수 있게 되었다. 1401년에 윌리엄 소트리(William Sawtree)라는 사람이 롤라드란 이유로 화형을 당했다. 그리고 브라드베(Bradbe)라는 롤라드 출신 재단사가 있었는데, 로마 가톨릭 당국자들은 그를 기름통 안에 집어넣고 구워서 죽였다. 런던의 감옥을 롤라드 탑(Lollard' s Tower)으로 불렀는데, 왜냐하면 그곳에서 수많은 롤라드들이 고문당하였고, 죽어갔기 때문이다. 롤라드 탑은 아직도 존재하는데, 이것은 롤라드들의 불행했던 과거를 보여주는 기념탑이 되었다. 또 한편으로는 로마 가톨릭 집단의 잔학함을 생생하게 증명해 주는 기념탑이기도 했다.[234] 당시 롤라드들에게 있어서 영어 성경을 읽고 공부하는 것은 생

232) Paris Marion Simms, *The Bible from the Beginning* (New York: Macmillam Co., 1929), 161, Cloud, "John Wycliffe and The First English Bible" 에서 재인용.

233) Ibid.

명을 담보한 위험한 행위였다. 하지만 그들은 영어 성경을 읽다가 발각되어 죽을 위험을 감수하고 성경을 읽었다.

1408년에 옥스퍼드 종교 회의(the Synod of Oxford)에서 캔터베리의 대주교 토마스 아룬델(Thomas Arundel)은 캔터베리 지역 안에서 위클리프의 작품이나, 번역된 영어 성경을 읽는 것은 불법이라는 법령을 새롭게 만들었다. "성경 복사본이 발견되거나 영어 성경의 내용이 조금이라도 흔적이 보이면 즉시 파괴할 것임"[235] 또 토마스 아룬델은 이런 잔인한 법령을 만들었다. "우리는 어떤 사람도 성경의 어떤 부분도 영어나 다른 언어로 번역하는 것을 금지한다." 로마 가톨릭을 추종했던 영국의 대주교들은 하나님의 뜻을 대적하며, 성령의 뜻을 거역하는 엄청난 죄악을 역사적으로 자행했다. 캔터베리 대주교 토마스 아룬델이 위클리프를 어떻게 평가했는가 하는 역사적 기록이 있다.

> "전염병과 같이 유해하며, 가장 비열한 위클리프는 늙은 마귀의 자식이며 적그리스도의 제자이다. 그가 살아있을 동안에는 마음에 헛된 사상으로 가득했으며, 무엇보다 나쁜 것은 성경을 모국어로 번역했다는 사실이다."[236]

위클리프의 제자요, 서기였던 존 퍼비(John Purvey, 1354-1421)는 위클리

---

234) 이 기념탑을 바라볼 때마다 현대의 개신교도들은 오늘날 누리는 이 신앙의 자유가 순수 신앙의 절개를 지키고자 피 흘리며 순교한 믿음의 선진들의 희생의 터위에 이루어진 것임을 회고하며 감사의 마음으로 그때를 회고하게 한다. Cloud, "John Wycliffe and The First English Bible".

235) H. W. Hoare, *Our English Bible: The Story of Its Origin and Growth* (New York: Dutton, 1925), 100, Cloud, "John Wycliffe and The First English Bible"에서 재인용.

236) Fountain, 45, Cloud, "John Wycliffe and The First English Bible"에서 재인용.

프 성경 번역에 공헌한 사람이었다. 그는 1421년에 영어 성경을 보급하고 로마 가톨릭의 잘못을 지속적으로 전파함으로 인해 붙잡혀서 감옥에 투옥되었다. 그는 하나님 말씀에 대한 그의 절대적인 확신 때문에, 비참할 정도로 궁핍함과 극단적 고통을 견디다가 감옥에서 순교하였다.[237] 이디(Eadie)는 이렇게 기록하고 있다. "이 불명예스러운 법령으로 인해서 30명의 영향력 있고 유력한 롤라드 지도자들이 무자비하게 죽음을 당했다." 수많은 롤라드들이 감옥에 갇혔고 그들의 신앙을 포기하도록 강요를 받았으며, 거절하면 무자비하고 잔인한 핍박을 받았다. 영어 성경을 굳게 신뢰하고 로마 가톨릭 당국자들의 권위를 부인하는 대가가 얼마나 무서운가를 다른 사람들에게 알려주기 위해서 악랄한 고문을 가해왔다.[238]

1414년에 헨리 5세는 이런 무시무시한 법에 조인을 했다. "자국어로된 성경을 읽는 모든 사람은 그들의 상속인들로부터 땅을 몰수하고 모든 물건을 영원히 몰수해야 한다."[239] 1416년에 옥스퍼드의 대주교 치첼리(Chichele)는 모든 주교들에게 자기들의 모든 교구에 일 년에 두 번씩 철저히 조사를 하여 롤라드 이단들과 영어로 번역된 의심되는 책들(영어 성경)을 색출하도록 명령을 내렸다.[240] 롤라드에 대한 핍박은 1500년대에도 계속되었다. 1519년에 여섯 명의 남자와 한명의 여자가 화형대에 묶여서

---

237) John Eadie, *History of the English Bible*, I (London: Macmillan, 1876), 65, Cloud, "John Wycliffe and The First English Bible" 에서 재인용.

238) Thomas Crosby, *History of the English Baptists*, I (Lafayetle, TN: Church History Research and Archives, 1978), 22, Cloud, "John Wycliffe and The First English Bible" 에서 재인용.

239) Eadie, 89, Cloud, "John Wycliffe and The First English Bible" 에서 재인용.

240) Blackburn, *History of the Christian Church from Its origin to the Present Time* (Cincinnati: Craston & Stowe, 1880), 346, Cloud, "John Wycliffe and The First English Bible" 에서 재인용.

불에 타 죽게 되었는데, 그들의 죄목은 자기 자녀들에게 영어로 된 주기도문과 십계명을 가르쳤다는 죄목이었다.[241] 오늘의 관점에서 회고해 볼 때, 중세 가톨릭 당국자들이 자행한 범죄들이 얼마나 천인공노할 죄였는가를 볼 수 있다.

3) 열정적으로 성경을 사랑한 롤라드

당시는 인쇄기가 발명되지 않았었다.[242] 이때는 손으로 필사하여 성경을 옮겼는데, 한 권의 성경을 필사하는 데 일 년 정도의 시간이 소요되었다. 그 때문에 성경의 값이 너무나 비싸서 성경을 소유한다는 것은 쉽지 않았다. 성경을 사랑했던 그들은 성경 중에서 자기가 좋아하는 몇 장을 얻기 위해서 많은 양(量)의 건초더미를 성경을 가진 사람에게 건네주고, 성경을 하루 동안 빌렸다. 그리하여 밤을 새워가며 자기가 좋아하는 부분의 성경을 필사하여 간직하곤 했다. 그렇게 비싼 대가를 지불하고 필사한 생명같이 소중한 영어 성경이 악랄한 가톨릭 당국자들에게 발각되어 손과 발이 화형주에 묶여 순교당할 때, 순교자들과 함께 그 수많은 필사본 영어 성경도 같이 불태워지곤 했다.

롤라드들은 그 금지된 책인 영어 성경을 집 천정에 감추어 두고 비밀리에 읽었다. 그들은 목숨의 위험을 감수하면서 성경을 읽었다. 또 그들은 밤을 새워가면서 성경을 읽었다. 그들은 하나님의 말씀을 읽다가 불시에 들이닥치는 보안관들을 피하기 위해서 문을 꼭꼭 걸어 잠그고 읽었다. 또한 그들은 인적이 없는 깊은 숲 속이나 광야로 나아가서 성경을 읽었고,

---

241) Eadie, 94, Cloud, “John Wycliffe and The First English Bible” 에서 재인용.

242) 인쇄기는 요한네스 구텐베르크(Johannes Gutenberg)가 1456년에 처음으로 라틴어 성경을 인쇄했다.

성경에 대해서 토론했다. 뿐만 아니라 그들은 성경을 읽기 위해서 양떼를 몰고 먼 들판으로 나가기도 했으며, 사람들의 방해를 받지 않는 그곳에서 큰 기쁨의 좋은 소식인 성경을 마음껏 읽곤 했다.[243)]

롤라드들에게 성경은 자신들의 생명보다 더 소중했다. 그들은 주로 밤에 모여서 성경을 읽었고, 글을 모르는 사람들은 다른 사람들이 성경 읽는 옆에서 두 귀를 활짝 열고 경청했다. 신약 성경 번역본은 사람들의 손에서 손으로 전달되어 널리 널리 퍼져나갔다. 가난한 사람들은 성경을 구입하기 위해서 동전을 모았으며 여러 사람이 어울려 공동 출자하여 신약 성경 한 권을 구입하였다.[244)] 당시 신약 성경 필사본 한 권이 일꾼 6개월 치 품삯에 해당하였다.[245)] 돈이 없는 가난한 사람들은 필사된 베드로 서신서나 바울의 서신서 몇 장을 얻기 위해서 많은 양의 건초더미를 기쁨으로 제공했다. 성경이 희귀하니까 주요한 구절을 암송하여 성경을 갖고 있지 못한 친척들과 친구들에게 들려주었다.[246)] 참으로 그들은 영적으로 굶주려 있었다. 그들은 사슴이 시냇물을 사모하였듯이 하나님의 말씀을 사모했다.[247)]

4) 롤라드의 최후와 영향

롤라드파가 한때는 이단에 관한 법률을 의회에서 개정하고자 시도하기도 하였다. 그러나 이 작업이 실패함으로써 이들의 상황은 보다 위험하게 되었다. 롤라드들 가운데 대부분의 귀족들은 자기의 의견을 철회하고 기존 교회로 복귀하였다. 그러나 몇몇 소수는 이를 계속 고수하였다. 1417년 크

243) Cloud, "John Wycliffe and The First English Bible".
244) Ibid.
245) Shand, "John Wycliffe".
246) Cloud, "John Wycliffe and The First English Bible".
247) 시편 42장 1절.

리스마스 때에 요한 올드캐슬(Sir John Oldcastle, 1378-1417)경이 하나님 말씀에 대한 믿음과 로마 당국의 권위를 부정함으로 인해서 잔인하게 순교를 당했다. 요한 올드캐슬경은 수많은 위클리프 성경을 만들었고, 진리의 말씀을 듣기를 원하는 많은 사람들에게 보급을 하였다. 그는 롤라드들의 복음 전파를 사랑했고 핍박으로부터 그들을 보호해 주었다. 그는 헨리 4세(Henry Ⅳ)가 총애하던 인물이었다. 헨리 4세가 죽자 하나님 말씀의 원수들은 기다렸다는 듯이 그를 체포하여 죽였다. 요한 올드캐슬경은 죽으면서 외쳤다. "성경에 기록되어 있는 하나님의 명령에 순종하라. 그리고 그리스도의 삶과 모범에 반대될 때는 그러한 가르침은 단호하게 거절하라."[248] 하나님의 말씀을 진정으로 사랑했고 많은 백성들에게 성경을 보급하는 데 공헌했던 요한 올드캐슬 경을 복음의 원수들은 죽도록 미워했고, 극한 분노로 그를 사슬에 묶어서 산채로 통닭구이 만들듯이 태워서 죽였다. 이외에도 성경을 사랑했던 수많은 롤라드들이 로마 가톨릭 당국자들에게 붙들려서 악질적인 방법으로 처형을 당했다. 가톨릭교도들은 롤라드들의 뺨에 불도장을 찍기도 했다.[249]

많은 롤라드들이 이 극한 핍박을 견디다 못해서 독일로, 프랑스로, 스페인으로, 포르투갈로 그리고 스코틀랜드로 도망을 갔었다. 물론 그들은 도망갈 때 영어 성경을 가지고 갔으며 진리를 사랑하는 마음도 함께 가지고 갔었다. 그리고 그들은 하나님 구원의 기쁜 소식을 많은 나라에 널리 퍼뜨렸다.[250] 크리스토퍼 앤드슨(Christopher Anderson)은 영어로 필사된 신약성경이 스코틀랜드의 제임스 4세(James Ⅳ, 1488-1513)가 통치하던 때에 스

248) Henry C. Sheldon, *History of Christian Church,* Ⅱ (New York: Harper & Brothers, 1886), 426, Cloud, "John Wycliffe and The First English Bible"에서 재인용.

249) Cloud, "John Wycliffe and The First English Bible".

코틀랜드에서 읽혀졌다는 명백한 증거가 있다고 주장하고 있다.[251] 헨리 5세(Henry V, 1413-1422) 치하에서는 롤라드에 대한 법률이 더 강화되었다. 영국 보안관들에게 롤라드들을 붙잡으면 구금한지 10일 이내에 불태워 죽이도록 명령이 하달되었다. 그 당시 롤라드들에게 어떤 자비도 허용되지 않았었다.[252]

그 때부터 이 운동은 지하 운동으로 전향되었고, 영국의 인구가 많은 지역 여기저기에서 모습을 드러냈다. 그들은 기존 성직자들에게 많은 번민을 안겨다 주었고, 종교개혁 시기에 신앙을 위해 적지 않은 순교자들을 낳기도 했다.[253] 그러나 하류 계급 속에서는 계속 전파되면서 그 성격 역시 보다 극단적으로 변화하였다. 계속되는 박해 속에서도 롤라드 운동은 근절되지 않았다. 16세기 초 부흥하는 모습을 보였으나 그의 추종자들의 대부분이 사형에 처해졌다. 결국 잔류 롤라드주의자들 때문에 그 후 영국의 프로테스탄트 운동은 큰 힘을 얻게 된다.[254] 이들의 개혁 운동은 실패했지만 16세기 종교 개혁에서 볼 수 있었던 역동적인 운동들에 동참한 많은 대중들을 준비시키는 의미 있는 씨앗들을 제공했다.[255] 웍맨(Workman)은 그의 책 『종교 개혁의 여명』(*The Dawn of the Reformation*)에서 위클리프를 정의함에 있어서 "성경을 사랑하는 사람들의 창시자"(Founder of the Biblemen)라고 했다.[256] 위클리프는 자신이 성경을 진정으로 사랑했을 뿐만 아니라,

---

250) Hassell, *History of the Church of God* (New York: G. Beebe, 1886), 466, Cloud, "John Wycliffe and The First English Bible"에서 재인용.

251) Cloud, "John Wycliffe and The First English Bible".

252) Thomas Armitage, *A History of the Baptists* (New York: Bryan, Taylor, & co., 1887), 323, 325, Cloud, "John Wycliffe and The First English Bible".

253) Estep, 67-68.

254) Lindsay, 207.

255) Estep, 67-68.

성경을 사랑하고 그 말씀에 기쁨으로 순종하고 살고자 힘썼던 성경의 사람들, 즉 롤라드의 창시자요, 롤라드의 스승이었다. 롤라드들 역시 위클리프 사상의 추종자들일 뿐만 아니라, 프로테스탄트 종교개혁의 선구자들이라 할 수 있다.[257)]

2. 존 후스에 미친 영향

위클리프의 영향은 영국에만 제한되지 않고 보다 폭넓게 확산되어 갔다. 롤라드들은 스코틀랜드까지 위클리프의 메시지를 전달하여 많은 순교자들을 배출했다. 또 위클리프의 가르침은 보헤미아로 전달되어, 존 후스(John Huss, 1369-1415)와 그의 작품을 통해서 그리고 그의 설교를 통해서 가장 오랫동안 영향을 미치게 되었다. 위클리프 당시는 인쇄기가 발명되지 않았다. 때문에 그의 모든 작품들은 손으로 필사되어 초라한 모습으로 대학 도서관에 비치되어 있을 뿐이었다. 그런데 후스 이후에는 인쇄기가 발명되어 후스의 저서들은 새로운 매개체를 통해서 널리 알려지게 되었다. 프라하의 제롬(Jerome of Prague, 1370-1416)258)과 함께 후스는 위클리프의 가장 충실한 제자였다는 사실에 대해서는 누구도 이의를 달지 않는다. 후스는 위클리프의 심원하고 사색적인 사변 능력을 갖추진 못했다. 그러나 후스는 위클리프와 같이 퇴폐적인 교회가 청결하게 되고 개혁되어야 한다는 강한 열망과 진지함으로 설교했던 인물이었다.[259)]

---

256) Workman, vol. I, 110.

257) Lindsay, 207.

258) 보헤미아 학자이며, 종교 개혁자였고 존 후스의 친구였다. 그는 영국 옥스퍼드에

1) 존 후스와 초기 개혁 운동

후스는 1369년 후시넥(Husinec)이라 불리는 남부 보헤미아의 한 마을에서 태어났다. '후스' 라는 단어는 '거위' 라는 뜻이다. 존 후스는 그 문자적 의미를 자신에게 종종 적용하곤 했다. 예를 들면, 그는 콘스탄스에서 '거위' 가 석방되었으면 좋겠다는 편지를 썼었다. 보헤미아인들에게 "여러분들이 진정으로 거위를 사랑하신다면" 그가 감옥에서 석방될 수 있도록 왕에게 설득해 달라고 당부했다.[260] 그의 부모에 대해서는 확실한 정보를 가지고 있지 못하지만, 모친은 경건한 분이었음이 틀림없다. 어머니는 후스를 공부시키고자 열심이었다. 라틴어를 배우게 하려고 라틴어 학교로 보냈다.[261] 라틴어 학교를 졸업하고 프라하 대학에 입학을 했다. 후스의 부모는 가난했다. 후스는 대학을 다닐 때 학비를 벌기 위해서 자립을 해야만 했다. 노래를 불러주고 돈을 벌기도 했고, 힘든 노동을 하면서 학비를 벌어야만 했다. 그렇게 어렵게 공부하여 1393년에 문학사 학위를 받았고, 일년 후에는 신학사 학위를 취득했다. 1396년에는 문학 석사가 되었으며, 1398년에는 모교인 프라하 대학에 문과대학 교수가 되어 강의를 했다. 1402년에는 총장으로 선출되어 6개월 동안 총장 직무를 수행했다.[262]

서 수학하면서 위클리프의 신학 사상을 접하고 많은 영향을 받게 되었다. 그가 영국에서 1407년 보헤미아로 돌아올 때 위클리프의 많은 저작들을 가지고 돌아왔다. 그는 후스에게 위클리프 사상을 전해주었다. 존 후스가 1415년 콘스탄스 종교 회의에 재판받을 때 그를 변호하기 위해서 그곳에 참가했었다. 그는 존 후스가 죽은 다음 해인 1416년에 화형 당했다. Cf. *The Columbia Encyclopedia*, 6th ed., 2001.

259) Estep, 68-69.

260) Philip Schaff, *History of the Christian Church*, vol. 6 (Peabody: Hendrickson Pulishers, 2011), 360.

261) William R. Estep, *Renaissance and Reformation* (Grand Rapids: Eerdmans, 1992), 69.

후스는 교수로서 학문 사역뿐만 아니라, 설교자로서 활동했다. 1402년에 베들레헴의 교회 주임 사제로 임명되었다. 베들레헴 교회는 1391년에 매주일과 축일들에 체코어로 설교하는 것을 조건으로 두 명의 부유한 평신도가 설립했다.[263] 후스는 이미 위클리프의 작품들을 초기 대학 시절부터 접하고 있었다. 1380년 이후 보헤미아에는 위클리프의 저서들이 소개되고 있었다. 영국의 리처드 2세(1367-1400)와 보헤미아의 왕의 누이인 룩셈부르크의 앤(1366-1394)이 결혼함으로써 두 나라의 문화교류가 활발했고, 보헤미아의 많은 학생들이 옥스퍼드로 유학을 갔다. 심지어는 스코틀랜드의 세인트 앤드류 대학교까지 가서 공부를 했다. 옥스퍼드에서 공부한 학생 중에 프라하의 제롬이 있었다. 제롬은 1406년 영국에서 위클리프의 개혁적 작품들을 탐독했을 뿐만 아니라 귀국하면서 그의 저서들을 많이 가지고 보헤미아로 돌아왔다. 이리하여 프라하의 젊은 교수, 존 후스의 열정적인 설교는 위클리프의 개혁적인 사상과 가르침으로 보강되었고 영적 부흥을 맛보았다. 이로써 지적 소산을 전달하기 위해 교량(橋梁)이 영국 위클리프의 강의실에서 보헤미아 몰다우 강변의 프라하 대학까지 놓이게 되었다. 위클리프의 견해와 신학사상과 그의 많은 저서들이 일찍부터 보헤미아에 알려졌다.[264]

존 후스는 위클리프의 가르침에 영향을 받았을 뿐만 아니라, 보헤미아 출신의 개혁자들의 영향도 많이 받았다. 후스가 가장 영향을 많이 받은 보

262) Philip Schaff, *History of the Christian Church*, vol. 6 (Peabody: Hendrickson Pulishers, 2011), 360; Estep, 69.

263) Philip Schaff, *History of the Christian Church*, vol. 6 (Peabody: Hendrickson Pulishers, 2011), 360-361.

264) William R. Estep, *Renaissance and Reformation* (Grand Rapids: Eerdmans, 1992), 69; Philip Schaff, *History of the Christian Church,* vol. 6 (Peabody: Hendrickson Pulishers, 2011), 359-360.

헤미아인은 보헤미아 개혁의 아버지로 불리는 크로메리즈의 밀릭(1374년 사망)이었다. 그는 파리대학교에서 공부하였고, 석사학위를 취득했다. 밀릭은 아마도 파리에서 공부할 때, 위클리프의 작품들을 읽었을 것이다. 그는 성직자들이 청빈한 삶을 살아야 하며, 윤리 도덕적인 면에서 본을 보여야 한다고 했다. 무엇보다 그는 성경이 가장 높은 권위의 근원이 됨을 주장했다. 그리고 미묘한 중세 스콜라 철학으로부터 벗어나야 하며, 그리스도의 단순한 복음으로 복귀해야 한다고 주장했다. 밀릭의 사역은 그가 죽은 후에는 야노브의 마태(Matthew of Janov, 1355-1393)에 의해 계승되었다. 야노브의 마태의 주장은 영국의 위클리프의 주장과 비슷했다. 야노브의 마태는 그 당시 타락한 성직자들의 비리를 고발하고 비판했다.

> "당시의 성직자들은 세속적이고, 교만하고, 탐욕적이었고, 쾌락을 즐기고, 그리고 외식적이었다. 그들은 뱀들과 같고, 길거리의 음녀보다 더 악한 자들이었다. 그들은 영적으로 대 바벨론의 음녀들이요, 지상에서 가장 혐오스러운 존재들이다. 그들은 자신들의 죄악은 간과한 채, 경건하고 거룩한 설교자들을 핍박하고 있다. 만약에 예수님이 그들 가운데 살아계셨다면, 그들을 제일 먼저 심판하여 죽게 했을 것이다."265)

보헤미아의 토착 개혁 운동과 위클리프의 가르침은 개혁을 위한 가장 유능한 대변자인 존 후스 안에서 융합되었다. 수년 동안 후스는 대학에서 그리고 설교단에서 개혁 작업을 힘 있게 수행했다. 대학에서는 라틴어로 설교를 했지만, 일반 대중들에게는 보헤미아어로 설교했다. 그의 가르침과 설교를 통해서 그는 보헤미아 대중들의 전폭적인 지지를 받았다. 초기에는

265) William R. Estep, *Renaissance and Reformation* (Grand Rapids: Eerdmans, 1992), 69-70.

젊은 대주교 스빈코(Sbinko)의 지지도 받았다. 후스의 조언에 따라 대감독은 간통한 부도덕한 사제들을 이단자들이라 공포했다. 1408년 후스에 대해 적개심을 품은 몇몇 사제들이 후스에 대해 이단이라는 혐의를 덮어씌우기 전에는 대감독과 후스의 관계는 아주 좋았다.[266)]

1402년부터 후스는 프라하 대학교에서 위클리프주의를 해설하고 변호하는 주요인물로 간주되었다. 위클리프 사상이 확산되는 데 반대하던 성직자들의 여론이 1403년에 구체적인 형태를 띄게 되었다. 후스를 매우 싫어했던 독일인들은 그의 가르침을 악의적 수단으로 훼손시키고자 사악한 음모를 꾸몄다. 존 휘브너(John Hübuner)라는 한 독일인은 1382년 런던공의회에서 위클리프에게 내렸던 이단성에 대한 24가지 죄목에 21가지의 죄목을 더 추가하여 대학에 위기감을 조장해갔다. 프라하 대학에 교수진들은 독일인이 3대 1로 보헤미아 인들보다 수적으로 많았기 때문에 후스가 강의를 하지 못하게 쉽게 금지할 수 있었다. 그럼에도 불구하고 위클리프의 저서들은 계속해서 읽혀졌고, 가르쳐졌다.[267)]

후스의 실재론 입장과 화체설의 해석에 대한 그의 견해는 화근이 되었을 뿐만 아니라, 성직자의 죄에 대한 비판하는 그의 설교는 많은 성직자들의 증오심을 불러 일으켰다. 또한 후스는 타락한 사제들의 사악한 일들을 고발했는데, '거짓 면죄부' 판매, 빌스낙이라는 곳에서 피 묻은 성체의 빵이 발견되었다고 주장하는 거짓 이적들, 그리고 성인들의 유물 숭배 등으로 백성들을 현혹시키고 있다고 비난했다.[268)]

---

266) William R. Estep, *Renaissance and Reformation* (Grand Rapids: Eerdmans, 1992), 70.

267) William R. Estep, *Renaissance and Reformation* (Grand Rapids: Eerdmans, 1992), 70; Philip Schaff, *History of the Christian Church,* vol. 6 (Peabody: Hendrickson Pulishers, 2011), 361-362.

대학 당국자들은 위클리프의 주장이나 사상을 가르치지 못하도록 강력하게 금지했다. 가장 강력한 공격을 받은 주제는 위클리프의 성찬 교리였다. 위클리프의 사상이 워낙 광범위하게 퍼져나갔기 때문에 교황 이노센트 7세는 1405년에 대주교 스빈코(Sbinko)에게 무슨 수를 써서라도 그 사상을 뿌리 뽑고 위클리프의 저서들을 압수하라고 명령했다. 같은 해에 프라하 교회회의는 위클리프의 사상을 전파하는 행위를 금지했고, 45개 조항에 대한 단죄를 재확인했다. 당시 타락한 성직자들의 부정과 부패를 비판하고 위클리프의 신학을 옹호하는 일에 박차를 가했던 후스는 3년 뒤에 교회회의 설교자 직위를 박탈당했다. 같은 해에 프라하 대학교 당국자들을 주교의 지시로 위클리프의 『삼인대화록』과 『대화록』 그리고 그의 성찬 교리를 공식적으로 강의할 수 없게 했다. 그리고 45개 조항의 어느 것 하나라도 공개 논쟁을 할 수 없도록 금지했다.[269]

다음 해인 1409년에 프라하 대학교에서 체코 학생들만 남겨놓고 세 개 나라 즉, 바이에른 학생들, 작센 학생들, 폴란드 학생들이 대거 자퇴하는 사건이 발생했다. 보헤미아 학생들이 뜨거운 민족의식으로 다른 민족 학생들에게는 투표권을 각각 한 개만 주고, 대신에 자신들에게 세 개를 주어야 한다고 요구하고 나선 것이 빌미가 되었다. 벤첼(Wenzel)이 학생들의 요구를 수용하자, 교수들과 이천 명의 학생이 자퇴하는 대소동이 발생했다. 독일인들은 라이프치히로 가서 그 도시의 대학교를 세웠다. 그 결과 프라하 대학교는 학생 수 오백 명밖에 되지 않는 초라한 지방 학교로 전락하고 말았다.

---

268) William R. Estep, *Renaissance and Reformation* (Grand Rapids: Eerdmans, 1992), 70-71.

269) Philip Schaff, *History of the Christian Church*, vol. 6 (Peabody: Hendrickson Pulishers, 2011), 361-362.

보헤미아어 사용을 열렬히 옹호한 후스는 프라하 대학교의 민족 운동의 새로운 지도자로 인정받게 되었고, 초대 총장으로 선출되었다. 총장이 되고 나서 위클리프와 그의 견해를 지지하는 태도는 더욱 담대해졌다. 이때부터 후스의 라틴어 저서들에 위클리프 교수의 글을 발췌한 내용과 그의 사상으로 채워졌다. 위클리프의 저서들이 그를 통해서 보헤미아에 널리 보급되었다. 후스는 위클리프의 『삼인대화록』을 체코어로 번역했다. 그의 설교를 듣기 위해 군중이 구름처럼 모여들었다.[270)]

1410년에 프라하 대주교 스빈코(Sbinko)는 교황 알렉산더 5세의 대칙서에 따라 위클리프의 저서들을 압수하여 소각했으며, 자신이 허가하지 않은 장소에서는 일체 설교하지 못하도록 금지했다. 교황의 대칙서는 후스를 비롯하여 많은 사람들의 저항을 불러일으켰다. 위클리프를 죽도록 미워했던 알렉산더 5세는 교황이 된지 1년도 안되어 죽어버렸다. 후스는 알렉산더 5세를 계승한 교황 요한 23세에게 교황의 부당한 처사에 대해서 강력한 항소의 글을 올렸다. 하지만 그의 항의는 무산되었고, 이백 권이 넘는 위클리프의 저서들이 대주교의 궁전 뜰에서 불태워졌다. 이 섬뜩한 행위가 있은 지 이틀 뒤에 후스를 비롯한 위클리프의 저서들을 넘겨주기를 거부하는 모든 자들에게 대해서 파문이 선포되었다. 후스는 용감하게도 대주교와 교황의 대칙서를 무시한 채, 베들레헴 교회에서 설교를 계속했다. 후스의 설교는 모든 계층에게 대단한 인기가 있었다. 거리에서 위클리프를 험담하는 자들은 몽둥이로 두들겨 맞을 분위기였다. 후스의 설교는 체코 민중의 가슴에 영적인 불을 지폈다.

후스는 굴복할 생각이 전혀 없었으며, 7월 27일 대학교 앞에서 전단지

---

270) Philip Schaff, *History of the Christian Church*, vol. 6 (Peabody: Hendrickson Pulishers, 2011), 362.

를 배포해 가면서 위클리프의 삼위일체에 관한 논문을 변호했다. 그러나 그의 문제가 이제는 대주교의 손을 벗어나 교황청으로 이관되었다. 교황청은 후스에게 소환장을 보냈으나 후스는 그 소환에 응하지 않았다. 국왕 벤첼(Wenzel)과 수많은 보헤미아 귀족들이 중재에 나서서 후스가 이단이 아니고 진정으로 고결한 신자임을 옹호했으나, 요한 23세는 그 건을 추기경 콜로나(Colonna)에게 일임했다. 요한 23세가 퇴위를 하고 마틴 5세(Martin V, 1417-1431)가 그 사건을 넘겨받았을 때, 교황의 소환 명령에 순응하지 않았다는 이유로 후스에게 추방령을 내렸다. 콜로나의 판결문이 프라하의 교회들 가운데 두 곳을 제외하고 모든 곳에서 낭독되었다. 그러나 공세적인 설교가 계속되자, 스빈코(Sbinko)는 프라하 시 전체에 성무 중지령을 내렸다. 그러자 국왕이 나서서 자기 영토 안에서 이단을 뿌리 뽑겠다고 약속하자 그것을 거둬들였다. 국왕 벤첼은 "우리의 사랑하고 신실한 후스 교수가 평온한 가운데 하나님의 말씀을 전파하도록 허락해 주시오." 하고 명령했다. 국왕과 합의에 따라 스빈코 대주교는 보헤미아를 철저히 조사한 결과 이단의 흔적을 발견할 수 없었다는 내용의 서신을 교황 앞으로 보내기로 했다. 이 서신이 현존하는데, 대주교는 그 편지를 쓰긴 썼으나 자신의 일신상의 불이익을 두려워하며 발송하지 않았다.[271)]

1411년 9월 초에 후스는 자신이 교회의 가르침에 일치하므로 교황청으로 출두하라는 명령을 거두어달라는 내용의 서신을 요한 23세 교황에게 편지했다. 그런데 추기경에게 따로 쓴 편지에서는 후스 자신이 이단에 대한 처벌에 대해 불복종하겠다고 썼다. 하지만, 요한 23세 교황에 보낸 편지에서는 자신은 진리를 말하지 않을 수 없으며, 그리스도와 그분의 교회

---

271) Philip Schaff, *History of the Christian Church*, vol. 6 (Peabody: Hendrickson Pulishers, 2011), 363-364.

의 뜻에 위배되는 내용을 설교하느니 차라리 죽음을 선택하겠다고 했다. 그러던 차에 1411년 9월 28일에 스빈코 대주교가 죽었다.

1411년 요한 23세는 유럽 사회에 대해서 그레고리 12세의 비호 세력인 나폴리의 라디슬라우스를 무찌르기 위해서 십자군을 동원해 줄 것을 요구해왔다. 십자군에 직접 참여하는 모든 군인들과 군자금을 지원하는 모든 사람들에게 면죄부를 주겠다고 약속했다. 파사우의 수석 사제인 티엠(Tiem)이 십자군 전쟁의 동원 설교자로 임명을 받고 프라하에 와서 공식적으로 면죄부를 판매하기 시작했다. 대형 교회에 연보궤가 설치되었고, 면죄부가 팔려나가기 시작했다. 30년 전에 영국의 존 위클리프가 『십자군』이라는 저서에서 플랑드르(Flanders)에서 감행된 십자군 전쟁을 큰 목소리로 비난했듯이, 이번에는 존 후스가 그 십자군 전쟁을 신랄하게 비판하면서 교황이 그 전쟁과 면죄부를 연관 지을 아무런 권한이 없다고 주장했다. 후스가 주임 사제로 있었던 예루살렘 교회당에 면죄부 판매를 비난하는 소리가 울려 퍼지게 했다. 그는 죄사함은 교황이 판매하는 면죄부를 통해서 오는 것이 아니고, 오직 진실한 회개를 통해서 온다고 주장했다. 그리고 교황은 세속적 칼을 쥘 권한이 전혀 없다고 했다. 그의 설교의 상당 부분은 영국의 위클리프가 교회에 관해서 그리고 죄책과 형벌로부터의 면제에 관해서 쓴 저서들에서 직접 인용하여 쓴 것이었다. 그리고 후스는 그의 친구인 프라하의 제롬(1370-1416)의 도움을 많이 받았다.[272)]

프라하 대학교 신학부는 자체의 정통성을 재천명하려는 목적으로 존 위클리프를 고소했던 45개 조항과 후스의 공적 발언에서 뽑아낸 6개 조항을

---

272) Philip Schaff, *History of the Christian Church*, vol. 6 (Peabody: Hendrickson Pulishers, 2011), 364-365; Williston Walker, *A History of The Christian Church* (New York: Charles Scribner's Sons, 1918), 304.

다시 한 번 이단적 요소라고 단죄했다. 6개 조항 가운데 두 가지는 설교에 관한 것이었다. 프라하의 성직자들은 "교황의 열쇠의 권세를 무시하는 늑대 같은 위클리프주의자 후스의 폐해로부터" 보호해 달라고 호소했고, 이에 교황청은 더욱 가혹한 파문을 선포했다. 그 이단자 후스를 체포하여 대주교에게 넘기고, 후스가 설교했던 베들레헴 교회는 파괴해버리라고 명령했다. 영원한 저주의 표시로 후스의 거처에 돌 세 개를 던지도록 했다. 이로써 후스는 대주교와 대학교와 성직자단과 교황청으로부터 포위를 당했지만, 백성들이 그를 지지했고 교황의 판결이 집행되지 못하도록 막았다. 프라하 시는 다시 한 번 성무 중지령에 처해졌다. 후스는 교황이 마귀에게 받은 대권을 행사하고 있다고 주장했다.

한편 국왕 벤첼은 달아 오른 도시의 분위기를 가라앉히기 위해 후스에게 잠시 도시를 떠나 있으라고 권유했다. 후스는 국왕의 권유를 받고 1412년 프라하 시를 떠났다. 훗날 후스는 자신이 왕의 권고를 듣고 도시를 떠난 것이 지혜로운 태도였는지는 알 수 없다고 소회를 밝힌 적이 있다. 그가 도시를 떠나게 된 동기는 자신을 보호해 준 왕의 권위를 존중하기 위함이기도 했고, 성무 중지령으로 신앙적 특권들을 박탈당하고 어려움에 처해 있던 민중들을 동정했기 때문이기도 했다. 만약에 그가 교황의 판결을 무시하고 국왕의 권유를 받아들이지 않았다면 결국 체포되고 수감되어 침묵하고 있었거나 고향 도시에서 화형을 당하고 말았을 것이다. 만약에 그렇게 되었다면, 그의 활동은 보헤미아 내에 알려지는 것으로 끝났을 것이다. 또한 유럽 사람들이 종교개혁의 새벽별 존 후스라는 이름을 기억하지 못했을 것이다. 후스는 결국 국왕의 권유로 프라하를 떠나 망명 생활을 했다. 그가 떠난 뒤에도 보헤미아 왕국의 성직자들 가운데 위클리프주의의 가치와 장점에 대해서 여전히 논란이 있었던 까닭에 1413년 2월 13일에 전국 교회회의가 소집되어 평화안을 모색했으나 결론 없이 해산하고 말았다.

한편 프라하를 떠나 후스는 그의 후원자인 한 귀족의 집에서 피신처를 찾게 되었다.[273] 하지만, 그는 가만히 있지 않았다. 지칠 줄 모르는 열정으로 설교를 하고 집필활동을 계속했다. 후스는 보헤미아어로 책들을 써내려 갔다. 이렇게 만들어진 소책자 가운데 『믿음의 주해』(*An Exposition of the Faith*), 『십계명 해설』(*An Exposition of the Decalogue*), 『주기도문 해설』(*An Exposition of the Lord' s Prayer*) 등이 있다. 또 베들레헴 채플에서 했던 수많은 설교들을 보헤미아어로 출판했다. 그의 작품들 중에 논쟁이 되었던 『성직 매매에 대하여』(*De Simonia*)와 『교회에 대하여』(*De Ecclesia*)는 이 시기에 쓰였다.[274]

그의 설교를 듣기 위해서 시장바닥에도 들판에도 숲속에도 군중들이 몰려들었다. 강한 성읍에 살고 있는 영주들이 적극적으로 후스를 보호해 주었다. 위클리프의 가르침을 따라 후스는 설교가 성직자들에게 가장 중요한 사역이라고 주장했다. 교황이나 대주교의 명령에 굴복하여 설교를 중단한다면 하나님께 불순종하는 일이며, 자신의 구원을 위태롭게 하는 일이라고 주장했다. 후스는 프라하 시를 여러 번 방문하기도 했고 베들레헴 교회와 대학교와 시의회에 편지를 보냄으로써 그들과 의사소통을 계속했다. 이때 쓴 편지들에는 성경 인용문들이 많이 수록되어 있는데, 후스는 친구들에게 그리스도께서도 친히 범죄자로 파문당하신 뒤에 십자가에서 돌아가셨다는 사실을 환기시켰다. 중세 교회가 열렬하게 숭배했던 성인들에게 기도하는 것을 비판하며, 인간 성인들에게서는 어떤 도움을 받을 수 없다고 했다.

---

273) William R. Estep, *Renaissance and Reformation* (Grand Rapids: Eerdmans, 1992), 72.

274) William R. Estep, *Renaissance and Reformation* (Grand Rapids: Eerdmans, 1992), 72-73.

그리스도의 모범과 그분이 베푸시는 구원이 우리 인생들에게 진정한 위로와 믿음과 용기의 충분한 원천이라고 주지시켰다. 대제사장들과 서기관들과 바리새인들과 헤롯과 빌라도가 연합하여 길이요, 진리요, 생명이신 그분을 단죄하고 죽음에 내어주었으나, 그분은 무덤에서 다시 살아나서 열두 제자들을 회복시키시고 부활의 증인이요, 복음의 전도자로 세우셨다고 말했다. 그리스도께서 다시금 그러한 역사를 이루실 것이라고 했다.[275]

후스는 어느 편지에서 이렇게 썼다. "어떤 두려움이 혹은 어떤 죽음이 우리를 하나님에게서 떼어 놓을 수 있겠습니까? 그분을 위해서 재산과 친구와 세상 명예와 우리 보잘 것 없는 목숨을 버린다 한들 우리가 무엇을 잃겠습니까? 욕되게 사는 것보다 옳게 죽는 것이 더 낫습니다. 우리는 사형을 회피하기 위해서 범죄하지 말아야 합니다. 현세를 주님의 은혜 안에서 끝내는 것이 거짓된 교리와 부패한 관습에 종노릇하는 것보다 훨씬 낫습니다. 진리가 최후의 승리자입니다. 주님께서 거룩한 순교자들을 거두어 주실 것입니다. 어떤 대적자들도 주님을 해할 수 없는 것입니다." 이런 논조로 그는 거듭해서 편지를 보냈다. "적그리스도인 교황의 호통이 자신을 두렵게 할 수 없고, 프라하의 선택된 자들을 두렵게 할 수 없다."고 했다.[276]

후스가 유배 기간 동안에 『교회론』을 집필했다. 이 책은 후스의 많은 작품들 가운데 가장 유명한 작품으로 알려지고 있다. 이 책은 1413년에 열린 전국 교회회의를 예상하고 썼으며, 7월 8일에 베들레헴 채플에서 낭독되었다. 콘스탄스 공의회에서 추기경 다이(D' Ailly)는 이 소책자가 저주

275) Philip Schaff, *History of the Christian Church*, vol. 6 (Peabody: Hendrickson Pulishers, 2011), 365-367.

276) Philip Schaff, *History of the Christian Church*, vol. 6 (Peabody: Hendrickson Pulishers, 2011), 367.

받은 마호메트의 코란 못지않게 많은 논리로 교황의 권위에 도전했다고 고발했다. 키프리안의 『교회론』과 어거스틴이 도나투스파 이단을 논박하면서 쓴 작품들과 위클리프의『교회론』이 유명하다. 존 후스의 『교회론』이 이미 언급한 선임자들 못지않게 지명도를 얻게 되었다. 이 책에서 후스는 교회와 열세의 권세를 정의한 다음, 알렉산더 5세와 요한23세 교황의 맹렬한 비난에 맞서서 자신을 변호했다. 그리고 자신을 저버린 프라하의 신학자들인 스티븐 팔레츠와 쯔나임의 스타니슬라우스를 논박했다. 다음은 그 책의 주요 내용을 담고 있다.

'가톨릭'이라는 용어는 보편적이라는 뜻이다. 교회의 통일은 예정과 축복을 중심으로 한 통일이며, 믿음과 자비와 은혜가 결합한 통일이다. 로마 교황과 추기경들은 교회가 아니다. 교회는 추기경들과 교황 없이도 얼마든지 존재할 수 있으며, 실제로 수백 년 동안 추기경들이 없이 존재해왔었다. 그리스도께서 베드로에게 부여한 지위에 관해서 후스는 그리스도께서는 당신 자신을 반석이라고 하셨으며, 교회가 예정의 효력에 힘입어 그분 위에 세워져 있다고 주장했다. 베드로의 분명하고 적극적인 신앙고백에 대해서 그 반석께서 베드로(Petro)에게 말씀하시기를 "내가 네게 이르노니 너는 베드로라. 내가 이 반석위에 내 교회를 세우리니"라고 하신 사실을 환기시켰다. 베드로는 거룩한 가톨릭교회의 머리가 결단코 될 수 없다고 주장했다.

이로써 후스는 교회와 그 머리에 관한 교황지상권에 분명하게 반대했다. 콘스탄틴 황제가 로마 주교를 교황으로 세우기 전에는 로마 주교도 다른 주교들과 동등했다고 주장했다. 로마 주교가 교황이 되고 난 후부터는 무자비하게 권력을 찬탈하기 시작했다. 교황도 무지하거나 돈을 사랑하다가 얼마든지 잘못을 범할 수 있다. 실제로 많은 오류를 범해왔다. 오류를 범하는 교황을 대적하는 것이 그리스도를 기쁘시게 하는 것이다. 역사를

회고할 때, 부패하고 타락했으며 이단적인 교황들이 수없이 많이 있었다고 주장했다.277)

『교회론』 둘째 파트에서 후스는 알렉산더 5세와 요한 23세가 내린 대칙서들을 적그리스도의 것으로 규정하고 그것에 순종할 가치가 없다고 했다. 교황이 지목한 특정한 장소 외에서는 설교를 할 수 없다는 알렉산더 5세의 대칙서는 복음을 위배한 것이라고 했다. 그리스도는 집에서나 바닷가에서나 회당에서나 어디서든지 설교를 하셨고, 제자들에게 온 세상 끝까지 나아가서 말씀을 전파하라고 명령하셨다는 사실을 상기해야 한다고 했다.

교황이 면죄부를 발행한 사실에 대해서 후스는 라디슬라우스 진압을 위한 십자군을 소집을 명령한 대칙서를 논박할 때에 이미 제시했던 근거를 다시 한 번 제시했다. 교황이 전쟁을 벌이거나 세속 권력에 도움을 청할 권한이 전혀 없다고 주장했다. 요한 23세가 진정으로 그리스도를 따를 마음이 있다면, 원수들을 위해서 기도해야 마땅하며, "내 나라는 이 세상에 속하지 않았다."고 말해야 했다. 그러면 어떤 원수도 논박할 수 없는 약속된 지혜를 얻게 될 것이다. 죄를 사하는 권세는 그리스도께서 문둥병자들을 보내신 제사장에게 속하지 않았듯이 코로 숨을 쉬는 어떤 인간에게 속하지 않았다. 문둥병자들은 제사장에게 가기 전에 이미 깨끗함을 받았다. 실제로 역사를 회고해 볼 때, 면죄부를 남발했던 여러 교황들이 본인들 스스로 저주를 받았다.

면죄부의 도움 없이 하나님 앞에서 진심으로 참회를 하면 그 영혼은 구원을 받기에 충분하다. 후스는 교황의 무오성을 부정했고 가시적인 교회도 완전할 수 없음을 주장했다. 그리고 사제들이 천국문을 열고 닫을 수 있다

277) Philip Schaff, *History of the Christian Church,* vol. 6 (Peabody: Hendrickson Pulishers, 2011), 367-369.

는 권한을 가진다는 주장을 철저하게 배격했다.[278)]

후스는 보헤미아 개혁 운동의 상징적 인물이 되었다. 후스는 보헤미아 왕 벤첼의 후원으로 대감독의 공격에서 생존할 수 있었다. 그런데 새로운 위기가 그를 기다리고 있었다. 이 위기는 알렉산더 5세가 교황직에 오른 지 일 년 안 돼 죽은 후, 요한 23세가 피사의 교황직에 올랐다는 것이다. 요한 23세는 여전히 로마에서 교황권을 주장하고 있는 그레고리 12세와 공방전을 벌이고 있었다. 그레고리 12세를 후원하는 나폴리 왕과의 전쟁을 시작하여 상대 진영을 파괴하고자 했다. 요한 23세는 십자군을 동원하면서 면죄부를 판매를 강행했다. 후스의 동료들은 후스에게 교황의 면죄부 판매를 알리는 칙령을 모른 체하라고 권유했지만, 후스는 자기 양심을 거스를 수 없었다. 1412년 6월 프라하 대학교 강단에서 교황을 적그리스도라고 칭하면서 그의 칙령을 탄핵했다. 이렇게 되자, 후스는 벤첼의 지지와 보호마저 상실하고 말았다.[279)]

피사측 교황청과의 대결을 통해 후스는 보다 극단적인 입장으로 흘러가게 되었다. 첫 번째로 그는 자격 없는 교황에게는 복종할 필요가 없다는 결론을 내렸다. 그는 과연 교황들이 교회와 백성들의 복리를 위해서 노력하지 않고, 자기 사익을 위해 행동할 때에도 교황으로서 권위를 가지는가에 의문을 제기했다. 후스는 결국 성경이야말로 교황을 포함한 모든 기독교 신자들을 심판할 수 있는 궁극적 권위라는 결론에 도달하게 되었다. 후스는 성경에 순종하지 않는 교황에게는 순종할 필요가 없다는 결론을 내렸다.[280)] 진실로 후스도 철저히 성경에 사로잡힌 사람이었다. 그도 영국의

---

278) Philip Schaff, *History of the Christian Church*, vol. 6 (Peabody: Hendrickson Pulishers, 2011), 369-371.

279) William R. Estep, *Renaissance and Reformation* (Grand Rapids: Eerdmans, 1992), 71.

존 위클리프와 같이 성경 말씀에 기초해서 당시 부패한 교황청과 타락한 종교지도자들에 맞서 용감하게 대항했다.

후스의 견해는 그 당시 로마 가톨릭교회가 도저히 용납할 수 없는 급진적인 주장이었다. 하지만 이 근본적인 주장들은 후스 자체가 처음 제기한 것이 아니었다. 그는 영국의 존 위클리프의 저서들에서 그 견해들을 취했으며, 위클리프의 저서들을 통째로 발췌하기도 했다. 영국의 존 위클리프와 체코의 존 후스는 스승과 제자 관계 이상이었다.

『교회론』의 처음 석 장은 위클리프의 교회에 관한 논문을 차례로 발췌한 내용이라고 해도 과언이 아니다. 후스의 다른 라틴어 저서들의 경우도 마찬가지로 위클리프의 저작에서 많이 발췌한 내용들이 수록되어 있다. 후스는 위클리프에게서 배운 사상을 철저히 자기의 것으로 만들었다. 그는 어거스틴과 성 버나드, 성 제롬 같은 저자들을 인용할 때는 그들의 이름을 꼭 밝혔다. 그런데 위클리프의 주장을 인용할 때는 그의 이름을 밝히지 않았는데, 여기에는 충분한 이유가 있었다. 그가 변호하고 있던 것이 위클리프의 견해들이었다는 것은 이미 잘 알려진 사실이었기 때문이다. 위클리프의 저서들이 프라하 대학교 사람들에게는 이미 널리 알려져 있었다. 후스는 위클리프를 따른 것을 감추지 않았으며, 위클리프의 견해를 위해서라면 목을 내 놓을 준비도 되어 있었다. 보헤미아의 신학자 존 후스는 위클리프의 사상에 흠뻑 젖어 있었다.[281]

---

280) Thomas M. Lindsay, *A History of the Reformation*, 이형기 역, 『종교개혁사 I』 (서울: 한국장로교출판사, 1993). 209.

281) Philip Schaff, *History of the Christian Church*, vol. 6 (Peabody: Hendrickson Pulishers, 2011), 369-371.

2) 콘스탄스 공의회와 존 후스

출교를 받고 파문 가운데 놓여 있었지만, 후스는 여전히 보헤미아 귀족들 의 도움을 받고 있었다. 귀족들이 은밀히 재정적으로 후원해 주었다. 그는 글을 쓸 수 있는 시간을 확보했고, 복음을 전할 자유를 가질 수 있었다. 하지만 그 시간은 길지 않았다. 이런 상황을 교황이 좋아하지 않았다. 공회주의자들이 교황제의 대분열을 끝내기 위해 종교 회의를 소집하자는 분위기가 유럽에서 무르익는 가운데, 교황 요한 23세는 여러 곳에서 보헤미아의 위클리프 이단을 교회로부터 제거해야 한다는 강한 압력을 받고 있었다. 그리하여 뒷거래가 일어났다. 로마 교황 요한 23세는 후스의 무죄를 확신하고 있는 신성로마제국의 황제 지기스문드가 만일 후스를 콘스탄스로 데리고 온다면, 1414년 11월 1일에 종교회의를 소집할 것을 동의했다. 보헤미아 왕인 벤첼은 자국 내에서 후스로 인한 불명예를 빨리 회복하기를 원했고, 적극적으로 종교회의 소집을 지지했다.[282)]

3년 전, 벤첼(Wenzel, 1378-1419)은 자신이 살아 있는 동안 제국의 왕관을 쓰지 않는다는 조건을 내걸며, 자기 남동생 지기스문드(1410-1437)가 제국의 왕이 될 수 있다는 것에 동의했다. 지기스문드는 교황 에우게니우스(Eugenius IV, 1431-1447)에 의해 1433년 신성 로마제국의 황제직을 받았다. 벤첼은 더 이상 후스를 지원하고자 하지 않았다. 그는 지기스문드를 이용해서 후스를 공회주의자들의 권위에 굴복시키고자 했다. 그는 지기스문드에게 조건을 내걸었다. 지기스문드가 후스를 공회주의자들에게 굴복시키면, 그가 황제가 되는 것을 적극 지지하겠다고 했다. 지기스문드는 콘스탄

---

282) William R. Estep, *Renaissance and Reformation* (Grand Rapids: Eerdmans, 1992), 73-74..

스 공의회가 후스파로 인한 곤란한 상황을 해결해 주기를 간절히 기대했다. 그리하여 지기스문드는 두 명의 개인 경호원을 후스에게 보내 그가 이단으로 정죄를 받더라도 그의 안전 호송을 약속했다. 후스는 그 약속을 그대로 믿고 수용했으며, 교황과 로마 교회의 가장 높은 재판소에서 자신의 신앙을 변증하고자 결심했고, 콘스탄스 공의회에 참석하고자 굳게 마음먹었다. 그리고 자신의 결심을 알리는 벽보를 써서 붙였다. 국왕 벤첼과 그의 왕비에게 쓴 글에서, 그는 자신의 결단을 다시 밝히면서 만약 자신이 정죄를 받아 마땅하다면 이단에게 규정된 형벌을 기꺼이 받겠다고 진술했다.[283)]

콘스탄스 공의회는 1414년 11월 1일 신성로마제국 황제였던 지기스문드 요청으로 요한 23세 교황이 개최를 했다. 그 당시 유럽은 3명의 교황이 난립했으며, 서로 상대 교황들을 비난하며, 자신들의 정통성을 고집했다. 프랑스 아비뇽에는 베네딕트 13세(1394-1424)가 있었고, 로마에는 그레고리 12세(1406-1415)가 있었고, 피사에는 요한 23세(1410-1415)가 교황으로 군림하고 있었다. 콘스탄스 공의회에 걸린 큰 기대가 있었는데, 보헤미아 왕국이 전통적으로 가톨릭을 추종하는 세력과 존 후스에 의해서 새롭게 일어나고 있는 개혁 세력 간에 갈등을 해소할 수 있다는 기대였다. 서방 기독교계에 침투해 있는 이단 세력을 척결해야한다는 공감대가 형성되어 있었다. 파리대학교 총장이었던 게르송(Gerson)은 프라하의 대주교 콘라드(Conrad)에게 두 통의 편지를 보냈는데, 보헤미아 이외의 지역에서는 영국의 사악한 이단 위클리프와 보헤미아의 후스의 이름은 떼어 놓을 수 없는

283) William R. Estep, *Renaissance and Reformation* (Grand Rapids: Eerdmans, 1992), 74; Philip Schaff, *History of the Christian Church*, vol. 6 (Peabody: Hendrickson Pulishers, 2011), 371-372.

이단자의 이름으로 결부되어 있음을 환기시켜주었다. 게르송 총장은 후스의 모든 오류 중에서 "심각한 죄를 범하며 살고 있는 영적 지도자는 그리스도인들에 대해서 권위와 통치권을 가질 수 없다고 주장했다. 이 주장은 잘 알려진 대로 영국의 사악한 이단자 위클리프로부터 후스에게 전달된 것이다." 라고 썼다.[284)]

1414년 9월 1일에 후스는 지기스문드 황제에게 "지극히 높으신 주님께서 나를 지켜주시므로 폐하가 약속하신 안전 통행권을 가지고 콘스탄스로 갈 준비가 되어 있다." 고 편지했다. 한 주 뒤에 왕은 그가 공의회에 출두하면 보헤미아 왕국에서 이단 시비가 깨끗이 사라질 것이라는 확신을 담은 답장을 보내왔다.[285)]

1414년 10월 14일에 후스는 프라하를 출발하여 11월 3일에 콘스탄스에 도착했다. 몇몇 보헤미아의 귀족들이 그와 동행했다. 출발하기 전날 밤에, 후스는 보헤미아에서 친구들에게 편지를 썼다. 자신이 콘스탄스에 가서 주교들과 박사들과 제후들과 참사회원들을 만나게 될 것인데, 아마도 영국의 종교개혁자 존 위클리프가 맞닥뜨렸던 것보다 더 무서운 대적자들 앞에 서게 될 것이라고 했다. 만약에 자신이 죽는 것이 하나님의 영광에 기여를 하게 된다면, 두려움 없이 죽음을 맞이할 수 있게 해달라고 기도를 드렸다.

후스는 독일의 뉘른베르크(Nürnberg)를 지나는 길을 선택했다. 콘스탄스로 가는 동안 호기심으로 나와 자기 일행을 구경하는 무리들을 만나기도 했다. 숙소에서 여장을 풀 때마다 지역의 사제들과 대화하는 시간을 가졌

284) Philip Schaff, *History of the Christian Church*, vol. 6 (Peabody: Hendrickson Pulishers, 2011), 371-372.

285) Philip Schaff, *History of the Christian Church*, vol. 6 (Peabody: Hendrickson Pulishers, 2011), 371-372.

으며, 그들에게 자신의 사정을 말해주었다.

콘스탄스에 도착한 후스는 '하얀 비둘기' 라는 빵집을 운영하는 믿음 있는 여성의 집에 체류했는데, 그녀는 구약시대에 엘리야를 헌신적으로 도왔던 사렙다 과부와 같은 성향의 여성이었다. 그 집이 오늘날도 여전히 남아 있다. 후스는 자신이 도착한다는 소식을 듣고 거리로 쏟아져 나온 허다한 군중 사이로 말을 타고 콘스탄스에 입성했다. 교황 요한 23세는 후스가 시내를 자유롭게 돌아다니는 것을 허용했으나 미사에 참석하는 것은 금지했다. 후스는 파문을 당한 상태였으나 자기 숙소에서 매일 미사를 거행하며 하나님을 예배했다. 추기경들은 이단 죄로 정식 기소를 당한 자가 자유롭게 행동하는 것에 대해서 분개했다. 15세기 교회 법정에서는 이단자로 기소를 당한 상태에서는 개인의 자유가 보장되지 않았다. 그 달이 다 지나가기 전에 후스는 감옥에 구금되었다. 이유는 그가 건초 운반 수레에 숨어 도시를 빠져나가려고 하다가 발각되었다는 억지 구실을 붙인 것이다. 11월 28일에 두 주교가 그의 숙소에 들어가 추기경들 앞에 출두할 것을 요구했다. 군인들이 그가 체류하고 있는 집을 포위하고 있었다. 후스는 잠시 망설이다가 계단에서 눈물을 흘리며 서있는 여주인을 뒤로하고 그곳을 떠났다. 그것이 파국의 시작이었다.

후스는 추기경들 앞에서 잠시 심문을 받은 후에, 군인들의 보호아래 끌려갔다. 한 주가 지나기 전에, 도미니칸 수도원의 지하 감옥에 감금되었다. 이 감옥에서 후스는 3개월간 비참하게 생활했다. 그의 감방은 화장실이 바로 옆에 붙어 있었다. 고열과 구토에 시달렸다. 요한 23세는 일말의 인정을 발휘하여 자신의 주치의를 후스에게 보냈는데, 의사가 자신에게 관장약을 사용했다고 후스는 기록하고 있다. 병에 걸린 것도 고통스러웠는데, 성경을 빼앗고, 후스가 읽고 있은 책들을 다 빼앗고 읽지 못하게 한 것이 더 고통스러웠다. 1415년 1월에 쓴 편지를 보면, 그가 얼마나 큰 모욕과 참을 수 없는 고통을 당했는지 잘 나타나 있다. 이 편지들이 감옥의 간수들을 통해서 외부로 전해졌다.

지기스문드는 그 당시에 무엇을 하고 있었을까? 그는 10월 18일에 후스에게 안전통행권을 발부했다. 그는 처음에는 후스에게 호의적이었으나, 다이(D' Ailly)같은 영향력 있는 고위성직자의 주장에 쉽게 넘어가는 기회주의적 군주였다. 다이(D' Ailly)는 교묘한 논리로 지기스문드를 회유했다. 그자는 왕에게 후스의 이단 같은 사소한 문제로 공의회의 최우선 관심사인 교회 개혁이 방해를 받아서는 안 된다고 간언했다. 중견 성직자들은 대부분 후스에 대해서 적대적이었다. 그들은 왕에게 간언하기를 왕이 위클리프주의자들의 거짓말과 교묘한 이론에 현혹되지 않기를 기도한다고 했다. 오늘날 스페인 지역에 위치해 있던 아라곤 왕은 후스를 정식 재판을 생략한 채, 즉시 죽여 버려야 한다고 편지를 써 보냈다.[286)]

도미니칸 탁발수도사들의 수도원의 지하 감옥에 수감되어 있는 동안 자신을 감시하는 간수 로버트를 위해서 십계명과 주기도문, 치명적인 죄가 무엇이며, 성경적 결혼관에 대해서 소책자를 써 주었다. 이때 쓴 편지들에는 네 가지 특징이 나타난다. 왕과 그의 발언에 대한 신뢰였고, 공의회에서 발언하고자 하는 강렬한 소원이 있었고, 죽음에 대한 예상이었고, 하나님을 향한 전적인 신뢰였다. 후스는 왕에게 발언할 기회를 얻기 전에 사형언도를 받게 될 것을 우려했다.

그러는 중에 콘스탄스 공의회는 이단 문제를 후스의 강력한 대적자인 다이(D' Ailly)가 이끄는 위원회에 위임했다. 위원회는 후스에게 수많은 질

286) Philip Schaff, *History of the Christian Church,* vol. 6 (Peabody: Hendrickson Pulishers, 2011), 372-374.

문을 했고, 그의 작품들에서 이단적인 조항들을 발췌해 냈다. 한 때 후스의 친구였다가 변절한 스티븐 팔레츠(Stephen Paletz)가 모든 사람들보다도 그를 집요하게 괴롭혔다. 후스는 법정 대리인과 변화를 요구했으나 거절당했다. 죽음에 대한 생각이 그의 마음을 떠나지 않았다. 그러나 주님께서 기뻐하시면, 주님께서 요나를 고래뱃속에서 구원해주신 것처럼, 다니엘을 사자의 굴에서 건져내 주신 것처럼 건져내 주실 것을 믿었다.

얼마 후에 후스는 고틀리벤(Gottlieben)으로 이송되었다. 그곳에서 3월 24일부터 6월 5일까지 머무르게 되었다. 그곳에서 후스는 낮에는 수갑을 찬 채 자유롭게 거닐도록 허용되었지만, 밤에는 수갑을 차고 옥에 갇혔다. 고틀리벤에서 후스는 출혈과 두통과 그 밖의 질병으로 고통을 받았다. 아사 직전까지 간적도 몇 번 있었다. 다이(D' Ailly)는 새 위원회 위원장으로서 후스를 위클리프와 같은 이단자로 묶어서 후스를 죽이고자 혈안이 되어 있었다. 후스의 친구들은 그를 잊지 않고 있었다. 250명의 모라비아와 보헤미아의 귀족들은 5월 13일에 프라하에서 항의서에 서명하고 지기스문드 황제에게 보냈다. 그들은 '사랑하는 학장이며 기독교 설교자' 가 받고 있는 학대에 항의하면서, 그가 공개적인 심문을 받고 안전하게 고향집으로 돌아올 수 있도록 요청했다. 실제로 공개심문에 후스는 모든 것을 걸었고, 그러한 목적으로 콘스탄스에 갔던 것이다.

위원회가 죄수를 좀 더 쉽게 심문하기 위해 후스는 6월 초에 세 번째 감옥인 프랜시스 수도원으로 이송되었다. 6월 5-8일까지 수도원 휴게실에서 공개 심문이 이루어졌다. 그 장소는 추기경들, 대주교들, 주교들, 신학자들, 그리고 좀 더 직급이 낮은 사람들로 가득 찼다. 추기경 다이(D' Ailly)도 참석하여 위원회의 수장으로서 심문을 주도했다. 위원회는 5월 4일에 위클리프의 저서들에서 250개의 잘못과 이단적 요소들을 발췌해냈다. 이

것을 기초로 해서 후스를 압박했고 석방의 희망을 송두리째 빼앗아갔다. 위원회에서 후스가 화체설을 부정하며, 영혼이 육체에 거하는 방식으로만 그리스도께서 성찬의 떡에 거하신다고 주장했으며, 사악한 이단자인 위클리프를 선량한 그리스도인이라고 주장했으며, 구원이 교황에게 달려있지 않다고 주장했으며, 하나님 외에는 아무도 사람을 파문에 처할 수 없다고 주장했다면서 후스를 이단자로 고발하는 내용을 공소장에 담아 낭독했다. 후스가 교회에 관해 쓴 책이 증거로 제시되었을 때에 무리들은 "그 책을 불태우라"고 외쳤다. 후스가 자신의 입장을 설명하려고 시도할 때마다, "궤변을 집어 치우고, 예와 아니오. 만으로 대답하시오"라고 다그쳤다. 그 자리에 참석했던 존 스토기(John Stokes)는 마치 위클리프가 자기 앞에 앉아 있는 것 같았다고 말했다.[287)]

6월 7일 아침에 후스는 하나님과 자기 양심이 자기편이라고 외쳤다. 그러나 추기경 다이(D' Ailly)는 "우리는 증거를 가지고 있기 때문에 너의 양심에 좌우될 수 없다. 그 증거는 기독교계의 가장 유명한 박사요, 파리대학교 총장인 게르송(Gerson)이 너를 고발하며 작성한 것이다."라고 답변했다. 그 공개 토론회에 참석했던 황제 지기스문드는 후스에게 위원회의 주장에 굴복하라고 조언을 했다. 그리고 자신이 이미 위원회 앞에서 이단 사상을 끝까지 고집하는 자를 보호해 주지 않기로 했다고 말했다. 이단 사상을 고집하면 어떤 이단자도 자기의 손으로 태워 죽일 것이라고 협박을 했다.

후스는 그날 밤에 자신이 치통과 구토와 두통과 신장결석으로 고통을 겪었다고 기록하고 있다. 다음 날인 6월 8일에 이단으로 정죄한 39개 조항이 그에게 전달되었다. 그 중에 26개는 자신이 집필한 『교회론』 책에서

287) Philip Schaff, *History of the Christian Church*, vol. 6 (Peabody: Hendrickson Pulishers, 2011), 374-376.

끄집어 낸 것들이었다. 후스가 몇 가지 진술에 대해서 이의를 제기하자, 추기경 다이(D' Ailly)는 원서들을 펼쳐서 관련된 대목들을 낭독했다. 후스는 성경과 정당한 논증에 의해 진리가 아님이 판명되는 진술들은 기꺼이 철회하겠지만, 그렇지 않은 진술들은 철회할 생각이 전혀 없다고 했다. 황제 지기스문드는 그렇게 해서는 안 된다고 충고를 했다. 후스는 하나님의 법정에 항소하겠다고 했다. 심문이 끝나갈 무렵 추기경 다이(D' Ailly)가 이제는 절충의 가능성이 완전히 사라졌으며, 후스가 자신의 견해를 철회하는 일만 남았다고 못 박았다.

심문이 끝나고 후스는 대주교 리가(Riga)의 대주교 관할로 넘겨졌다. 황제 지기스문드는 후스가 떠난 뒤에 남아 있는 회중을 향해 연설하면서, 죄수 후스를 놓아주면 틀림없이 보헤미아로 돌아가 자신의 잘못된 사상들을 전파할 것이 분명하므로 그의 굴복을 받아내지 말고 후스를 제거해야 한다고 주장했다. "내가 어렸을 때에 이 분파의 싹이 처음 나온 것을 기억하는데, 오늘날 이렇게까지 커져버렸습니다. 오늘 우리는 이 학장을 죽여 없애야만 해야 합니다. 그러면 내가 귀국하여 그의 학생을 처리하겠습니다. 그 학생의 이름이 무엇이지요?" 그때 회중이 제롬이라고 대답했다. 황제는 자기가 말한 자가 바로 제롬이라고 했다.[288] 제롬은 영국에 유학을 하여 위클리프 사상에 깊이 매료되었다. 그리고 영국에서 보헤미아로 귀국할 때, 위클리프의 책들을 많이 가지고 와서 그의 친구인 존 후스에게 전달해 주었다.

6월 15일 공의회는 평신도들에게 성찬의 잔을 주지 못하게 하는 중대한 결정을 내렸다. 이 결정을 후스는 그리스도의 명령을 짓밟는 사악하고

---

288) Philip Schaff, *History of the Christian Church*, vol. 6 (Peabody: Hendrickson Pulishers, 2011), 376-378.

미친 짓이라고 정죄했다. 프라하 베들레헴 교회를 책임지고 있는 하울릭 목사에게 편지를 써서 평신도들에게 성찬의 잔을 금지하지 말라고 조언했다. 그는 이점이 공의회가 완전하지 않고, 오류를 범할 수 있다는 결정적인 증거라고 했다. 공의회가 언젠가는 교황 요한 23세의 발에 입을 맞추며 미덕의 본을 보인분이라며 경의를 표하면서 그에게 존경을 표했다. 오래지 않아 공의회는 요한 23세를 제거하기 위해 "그는 부끄러운 살인자요, 동성연애를 한자요, 성직매매자요, 이단자이다" 라고 비판했다. 콘스탄스 공의회가 그 도시에서 저지른 죄악을 씻어내려면 한 세대가 지나도 부족할 것이라며 스위스인들 사이에 널리 퍼진 속담을 인용했다.

죄수 신분인 후스의 주변에 어둠은 깊어만 갔다. 6월 24일 공의회의 명령으로 그의 저서들은 소각되었다. 공의회 당국자들이 본 적도 없고 읽을 수도 없는 체코어로 된 저서들까지 다 불태워졌다. 후스는 그의 친구들에게 두려워하지 말라고 당부했다. 그리고 구약의 예레미야 선지자가 하나님의 명령으로 기록했던 책들도 불에 던져지지 않았느냐고 했다. 후스는 그의 영광스러운 나라 보헤미아 백성들과 몰다우에 있는 프라하 대학교를 향해 깊은 애정을 표현했고, 자신을 지원해준 친구들에게 끝까지 감사의 마음을 잃지 않았다. 무서운 죽음이 그를 기다리고 있었다. 하지만 그는 사도들과 여러 순교자들의 고난을 상기했고, 특히 그리스도께서 감내하신 고난을 기억했다. 그는 불꽃 속에서 그의 모든 죄가 깨끗하게 씻음 받게 될 것이라고 믿었다. 일전에 다이(D' Ailly)는 교회박사 50명의 결정에 순종하고 어떤 질문도 말고, 그냥 그의 주장을 철회하라고 독단적으로 후스에게 말한 적이 있었다. 그의 모교인 프라하 대학교에 쓴 마지막 편지 가운데 그는 자신이 단 한 개의 조항도 철회하지 않겠다고 말했다.[289)]

7월 1일에 리가(Riga)와 라구사(Ragusa) 대주교들과 그 밖의 고위 성직자 6명이 후스를 찾아왔다. 그들은 후스가 자기주장들을 철회할 수 있지 않을까하는 기대감을 갖고 찾아왔던 것이다. 후스가 글로 써서 넘겨준 답변은 단호했고, 그들은 자신들의 기대를 깨야 했다. 7월 5일에는 추기경 다이(D' Ailly)와 자바렐라(Zabarella), 그리고 살리스베리의 주교 할룸(Hallum) 등 고위성직자들이 후스를 다시 찾아왔다. 후스는 그들에게 만약에 자신의 주장을 철회한다면 자신이 지금까지 가르쳐온 사람들에게 죄를 범하게 되는 것이다. 그러므로 수천 번 화형을 당하는 일이 있더라도 자신의 주장을 철회할 수 없다고 단호하게 말했다.

감옥에서 음울하고 깊은 실의에 빠져 7개월을 보낸 뒤에 7월 6일에 성당으로 이송되었다. 그때가 아침 6시였다. 그는 미사가 끝나기까지 문밖에서 기다려야 했다. 미사가 끝난 후에 그는 성당으로 들어갈 수 있었다. 그는 그곳에서 자기변호를 전혀 할 수 없었다. 교회로부터 추방을 당한 죄수로서 자기에게 언도되는 선고를 단지 듣고만 있을 뿐이었다. 교회 중간에 특별히 마련된 높은 의자가 그의 자리였다. 로디(Lodi) 주교는 로마서 6:6절을 기초로 설교를 했다. "우리가 알거니와 우리의 옛 사람이 예수와 함께 십자가에 못 박힌 것은 죄의 몸이 죽어 다시는 우리가 죄에게 종노릇하지 아니하려 함이니" 그 주교는 이단을 뿌리 뽑는 것이 하나님께 가장 큰 기쁨을 드리는 일이라고 했다. 대형 화재의 원인이 되는 작은 불씨를 예를 들었고, 그리고 아무도 모르게 발생하는 암을 예화로 들었다. 독(毒)은 독성이 강할수록 치료도 빨라야 한다고 주장했다. 그는 지기스문드 황제를 향해서 분열을 뿌리 뽑고 이단을 박멸하기 위해서 힘쓴 그의 노력은 만대에 칭송을 받아 마땅하다며 아부성 발언을 했다.[290)]

---

289) Philip Schaff, *History of the Christian Church*, vol. 6 (Peabody: Hendrickson Pulishers, 2011), 379-380.

설교가 끝나자 코크의 주교 패트릭(Patrick)이 포함된 위원회가 후스에 대한 선고를 위해서 연단에 올라갔다. 위원회는 교회 내에 있는 모든 사람들은 발이나 손으로 혹은 고함을 지름으로 재판을 방해하는 자들은 파문을 당하게 될 것이라고 엄명했다. 후스의 주장에서 뽑아낸 30개 조항들이 경건한 성도들에게 이단적이며, 선동적이며, 모욕적인 주장이라며 차례로 낭독을 했다. 판결문은 영국의 존 위클리프와 보헤미아의 존 후스가 밀접한 관계가 있다고 주장했다. 첫째 조항은 교회가 선택받은 자들의 모임이라고 주장했고, 마지막 조항은 세속 군주나 고위성직자가 도덕적으로 심각한 죄를 범했을 때에는 권위를 행사할 수 없다고 규정되어 있다. 후스는 발언할 수 있는 기회를 달라고 간청했지만, 냉정하게 거절당했다.

판결문은 다음과 같이 계속되었다. "거룩한 공의회는 오직 하나님 앞에서 존 후스를 명백한 이단자로 정죄를 하며, 그가 그리스도의 제자가 아니요, 사악한 이단자 존 위클리프의 제자임을 천명한다. 또 그는 존 위클리프를 프라하 대학에서 그리고 성직자들과 민중들 앞에서 진실한 가톨릭교도요, 복음적인 박사라고 주장했다." 면서 그의 죄를 추궁했다. 공의회는 후스의 사제직을 공적으로 파면했고, 교회에 위임된 권세를 넘어설 의도가 없으므로, 세속 권력에 그를 넘긴다고 선고했다.[291]

공의회의 판결에 이의를 제기하는 목소리가 없었다. 파리 대학 총장인 장 게르송은 판결문에 찬성표를 던졌다. 게르송은 지기스문드 황제에게 후스의 안전 통행권을 제대로 지켰느냐고 질문했을 때, 황제 관을 쓴 채 좌정하고 있던 황제는 그의 말을 듣고는 얼굴이 붉어졌고 아무 말도 하지 못

290) Philip Schaff, *History of the Christian Church*, vol. 6 (Peabody: Hendrickson Pulishers, 2011), 380-381.

291) Philip Schaff, *History of the Christian Church*, vol. 6 (Peabody: Hendrickson Pulishers, 2011), 381-383.

했다고 한다.

파면의 선고는 6명의 주교들에 의해서 집행되었다. 그들은 후스의 사제복을 벗겼고, 체발을 훼손했다. 그리고 그들은 그의 머리에 마귀의 모습을 그린 모자에 이단의 괴수라는 글귀를 적어서 씌웠다. 죽음에 임하는 후스의 안색은 마치 천사처럼 빛났다. 후스는 고개를 들어 하늘을 쳐다보며 외쳤다. "지극히 자비로우신 주 예수여, 당신께 저 자신을 의탁하옵나이다."

교회 당국자들은 후스를 지기스문드에게 넘겨주었고, 지기스문드는 팔라틴의 백작 루이스(Louis)에게 "가서 그를 붙잡아 이단자에 합당한 형벌을 주라."고 명령했다. 수천 명의 무장한 군인들이 후스를 호위했다. 거리는 후스를 보기 위해서 인산인해를 이루었다. 후스는 걸어가면서 그가 심혈을 기울여서 집필했던 자신의 책들이 광장에서 불타고 있는 것을 바라보았다. 많은 군중 때문에 다리가 붕괴될 위험성이 있어 군중의 상당수가 사형장으로 건너가지 못하고 다리 앞에서 저지를 당했다. 후스의 걸음은 당당했다. 어느 정도 걸어가다가 무릎을 꿇고 하나님께 기도를 드렸다. 기도를 드리기 위해서 고개를 숙이자 종이로 만들어 씌웠던 모자가 머리에서 벗겨져 땅에 떨어졌다. 무지한 군중들은 그 모자를 다시 씌우라고 소리 지르기도 했다.

때는 정오였다. 후스의 손은 위로 묶였고, 그의 목은 사슬로 화형대에 고정되었다. 짚단과 나무가 후스의 턱까지 쌓였다. 불에 잘 타게 송진이 그 나무 위에 뿌려졌다. 그의 주장을 철회하면 목숨을 살려주겠다는 제의가 있었다. 후스는 그들의 제안을 단호하게 거절했다. 그리고 외쳤다. "나는 오늘 기쁜 마음으로 내가 가르치고 전파해 온 복음의 진리를 믿는 믿음으로 순교할 것이다." 후스는 위클리프의 지조 있는 제자였고, 부패한 교회의 권위에 도전했던 진정으로 용기 있는 의인이었다.[292]

곁에 서 있던 리첸탈(Richental)이 고해 "신부를 불러줄까?" 하고 제안했다. 후스는 말했다. "고해 신부는 필요 없소. 나는 심각한 죄를 짓지 않았소." 구경꾼들의 요구에 화형 집행자들은 후스의 얼굴을 동쪽으로 돌려놓았다. 집행자들은 불을 붙였고 불길은 활활 타올랐다. 불길 속에서 후스는 간절히 기도했다. "살아계신 하나님의 아들 그리스도여, 나에게 자비를 베푸소서." 그는 두 번 이렇게 외쳤다. 바람이 불어와 불길이 거룩한 순교자 후스의 얼굴을 덮었다. 그의 목소리는 더 이상 들리지 않았다. 그는 기도하며 장렬하게 순교했다. 집행자들은 후스의 존재를 완전히 제거하고자 후스의 옷과 신발을 타오르는 불길 속에 내던졌다. 그들은 재를 수습하여 라인 강에 뿌렸다.[293)]

후스는 자신의 죽음으로 썩고 부패했던 중세교회가 온갖 부패와 거짓과 죄악에서 청결해지길 진정으로 소원했었다. 그는 자신의 목숨을 바쳐 세상에 진정한 신앙인의 양심과 진리의 투사로서 진면목을 보여주었다.[294)]

공의회는 거룩한 의인을 무자비하게 화형시키고 난 후에, 보헤미아 이단자 후스를 처형한 것보다 하나님을 기쁘시게 한 일이 없다고 공포했다. 천인공노할 사악한 만행을 저지르고 나서 자신들이 하나님을 기쁘시게 했다고 자화자찬을 했다.

콘스탄스 공의회에 참석자들 가운데 후스에 대한 판결에 한 마디라도 반대 의사를 표시한 사람은 아무도 없었다. 그렇게 천인공노할 악행을 저지르고 난 뒤, 그 이후로 어떤 교황도 공의회도 그 사건에 대해서 사과를

---

292) Philip Schaff, *History of the Christian Church*, vol. 6 (Peabody: Hendrickson Pulishers, 2011), 381-383; William R. Estep, *Renaissance and Reformation* (Grand Rapids: Eerdmans, 1992), 76.

293) Philip Schaff, *History of the Christian Church*, vol. 6 (Peabody: Hendrickson Pulishers, 2011), 381-383.

하지 않았다. 현대 가톨릭 역사가들도 본질적인 신학 교리에서 후스가 이단이 아니었다고 지적하는 선에서 멈추고 있다. 교회에서 개최하고 공의회와 교황은 무오하다는 교의가 엄격하게 지켜지는 한에서는 그들에게서 어떠한 사과도 기대하기 어려울 것이다. 종교개혁자 마틴 루터는 그의 논문 『독일 크리스천 귀족에게 고함』에서 로마 교회를 향하여 존 후스를 처형한 과오를 참회하라고 요구했다. 그 무죄한 사람의 피가 아직까지도 땅에서 부르짖고 있다고 했다.

보헤미아의 종교개혁자 존 후스는 영국의 종교개혁자 존 위클리프를 옹호하다가 거룩한 죽음을 당했다. 콘스탄스 공의회는 사형 판결을 내리면서 두 사람의 이름을 한 데 묶어서 거론했다. 공의회는 판결문의 30개 조항 가운데 25번째 조항은 위클리프의 가르침 가운데서 발췌한 45개 조항을 이단적 주장이이라고 규정한 것은 잘못이라고 반대 의견을 제시했다고 단죄하는 내용이었다. 후스는 평신도들에게 포도주 잔을 주어서는 안 된다고 공의회가 결의한 것에 반대하며, 평신도들에게 떡뿐만 아니라, 포도주잔도 같이 주어야 한다고 주장했다. 공의회는 이점을 문제 삼아 그를 이단자라고 정죄를 했던 것이다. 그리고 가톨릭교회에서 교황의 무오설을 주장했을 때, 후스는 교황 무오설을 비판했다. 그리고 교회의 존립을 위해 교황이 반드시 있어야 한다는 견해를 부정했다. 후에 마틴 루터는 존 후스가 너무나 불경건한 삶을 살고 있는 교황은 가톨릭교회의 수장이 될 수 없다고 주장한 것 외에 심각한 죄를 범한 것이 없다고 후스를 적극 변호했다.[295)]

---

294) William R. Estep, *Renaissance and Reformation* (Grand Rapids: Eerdmans, 1992), 76.

295) Philip Schaff, *History of the Christian Church*, vol. 6 (Peabody: Hendrickson Pulishers, 2011), 383-384.

존 후스는 성직 위계제도의 존립 기반을 흔들어 버렸다. 그는 성경을 최종 권위로 삼았다. 그리고 하나님께서 부여하신 고유한 양심의 권위를 교황과 공의회와 교회의 법보다 더 우위에 두었다. 후스는 거듭된 파문에도 굴복하지 않고 계속해서 설교를 했으며, 교황이 자신의 사욕을 위해서 십자군을 동원함을 맹렬히 비판을 했다. 만약에 교회가 후스의 주장대로 선택받은 자들의 모임이라면, 하나님께서 그 백성들을 친히 통치하시며 결과적으로 그 백성들이 역사의 주역이 되는 것이다. 후스는 이런 주장을 함으로서 토마스 아퀴나스의 주장, 즉 교황이 교회의 머리요, 교회가 교황에게 순종해야 구원을 받는다는 주장을 배척했다.

파리 대학 총장인 게르송과 추기경 다이(D' Ailly)의 주장에 동조하는 지식인 그룹은 영국의 종교개혁자 위클리프주의를 이해하지 못했다. 위클리프와 그의 추종자들이 주장하는 바는 전통적인 교회관에 대한 강력한 도전처럼 보였기 때문이다. 게르송은 후스의 주장대로 양심에 호소하는 것이 가시적인 교회의 권위에 대한 도전이라고 생각했다. 게르송은 가시적인 교회 조직에 동의하는 것이 참된 믿음이라고 생각했다. 게르송은 후스의 교회에 관련된 후스의 저작들에서 추출한 19개의 조항들을 악명 높은 이단적 주장이라고 선포했다.

지기스문드가 발행한 안전 통행권에 관해서는 황제 자신이 약속을 제대로 지키지 못했다. 지기스문드는 후스를 위해서 이런 명령을 내린 적이 있었다. "제국의 모든 제후들과 백성들, 성직자들과 평신도들에게 후스가 아무런 방해도 받지 않고 통과하고 안전하게 머물고 돌아갈 수 있도록 허용하라."는 내용이었다. 후스의 친구 프라하의 제롬은 콘스탄스 공의회가 존 후스에게 내린 판결에 따라 안전 통행권은 철저히 무시되었다고 했다. 황제 지기스문드는 훗날에 자기 백성인 보헤미아의 위대한 설교자 존 후스를 보호하는 일로 인정받기보다 콘스탄스 대공의회를 성공적으로 이루어 낸 후견인으로 인정받는 데 더 큰 관심이 있었다. 후스는 지기스문드 황제가 자기에게 했던 엄숙한 서약, 즉 후스의 신변 안전을 지켜주겠다는 약속을 지키지 않고 반복해서 거짓되게 행동했다고 고백했다. 1415년 7월 6일 콘스탄스 공의회는 후스를 처형함으로써 엄숙한 서약을 깨버렸다는 비난을 해괴한 논리로 잠재우고자 했다. 즉 사악한 이단에 대해서는 안전 통행권이 아무런 구속력이 없다고 공포했다. 가톨릭 신앙과 교회의 사법권에 손해가 되는 서약은 지킬 필요가 없다고 했다.[296)]

진정한 의미에서 후스는 종교개혁의 선구자였다. 종교개혁의 새벽별로 쓰임을 받았다. 후스는 한 때, "당신들이 거위 한 마리를 굽고 있지만, 백년 뒤에는 당신들이 구울 수 없는 멋진 백조가 나의 재(ashes)로부터 일어나게 될 것이요." 라고 한 적이 있다.[297)] 순교자 후스의 예언대로 그가 죽고 난 후, 백년이 경과했을 때, 범죄 집단 로마 교황청이 죽일 수 없었던 독일인 마틴 루터가 출현해서 종교개혁의 대업을 완수하는 위대한 결과를 이루었다.

마틴 루터는 존 후스의 사건에서 큰 감동을 받았다. 루터는 1519년 6월 27-7월 15일까지 라이프치히(Leipzig)에서 열렸던 가톨릭 진영 간에 공개토론회에서 세계적인 공의회들에서도 결정적인 오류를 범하기도 했다고 주장했다. 그 대표적인 사례가 무죄한 보헤미아의 존 후스를 화형시킨 사건이었다고 공식적으로 주장했다. 마틴 루터는 라이프치히 공개 토론회가 있기 전에 에르푸르트에서 존 후스가 남긴 설교집을 감명 깊게 읽었다. 그

---

296) Philip Schaff, *History of the Christian Church*, vol. 6 (Peabody: Hendrickson Pulishers, 2011), 384-386.

297) 여기서 '거위' 는 힘없이 죽어가는 존 후스를 의미하며, 백년 뒤에 출현하게 될 멋진 백조는 마틴 루터를 의미한다.

설교집을 읽고 난 후, 후스처럼 복음적인 위대한 설교자가 단죄를 받고 화형대에 두 손 두 발이 묶인 채 불길 속에 화형을 당했다는 사실에 놀라움을 금치 못했다.

용감하게도 마틴 루터는 1537년 존 후스의 서신 집을 출판했다. 루터는 후스를 이렇게 칭송했다. "후스가 분개한 폭도들의 위협 가운데서 드러낸 인내와 겸손, 그리고 이리떼와 사자들 가운데 있는 한 마리의 양과 같이 위압적인 공의회 앞에서 섰을 때 보여준 그의 용기는 대단한 것이었다. 만약에 그런 분이 이단자로 취급을 받게 된다면, 하늘 아래 어떤 사람도 참된 그리스도인이 될 수 없을 것이다."고 했다. 후스는 그의 영국의 스승인 존 위클리프와 같이 진리의 주권적 권리를 주장했다. 그는 교회의 관습이나 전통보다 성경의 진리 앞에 자신을 쳐서 복종시키는 삶을 살았다. 그는 이런 고백을 했다.

> "만약에 어떤 사람이 거룩한 성경을 가지고 나를 훈계한다면, 나는 그를 기꺼이 존경하며 따를 것이다. 나는 공부를 처음 시작할 때부터 어떤 문제에서도 좀 더 합리적인 견해를 발견하게 되었을 때, 기존의 견해를 취소하고 기쁘게 겸손하게 그 견해를 수용했다."[298)]

후스는 그 시대 하나님 앞에 진정한 의인이었다. 주님은 그의 고백과 같이 그의 순교의 재(ashs)로부터 악인들이 구워죽일 수 없는 멋진 백조가 일어나게 하셨다. 그 멋진 백조가 바로 독일인 마틴 루터였다. 주님은 마틴 루터를 통해서 종교개혁의 대업을 이루었다. 종교개혁으로 인해 중세 천년의 영적 무지와 성경에서 빗나간 잘못된 가르침과 성직자들의 영적,

---

298) Philip Schaff, *History of the Christian Church*, vol. 6 (Peabody: Hendrickson Pulishers, 2011), 386-388.

도덕적 부패와 종교 권력의 독재와 독선 아래 신음하며 질식해 가던 신자들이 진리 안에서 신선한 공기를 마시며 자유와 해방의 기쁨을 누리게 되었다.

3) 후스의 친구, 프라하의 제롬

존 후스가 순교한 지 일 년 후, 1416년 5월 30일에 그의 친구 프라하의 제롬(Jerome of Prague, 1371-1416)이 이단으로 단죄를 받고 화형을 당했다. 그는 후스와 마찬가지로 프라하 출신이며, 존 위클리프의 가르침을 열정적으로 받아들였다. 그는 학문적인 면에서도 후스에 뒤지지 않았다. 그러나 일관성 면에서는 후스보다는 못했다. 프라하의 제롬은 서유럽을 두루 여행을 했다. 후스는 방대한 분량의 작품을 남겼지만, 제롬은 한 권도 남기지 못했다.

1371년 프라하의 좋은 가문에서 태어난 제롬은 고향 도시에서 공부를 했고, 그 후에 영국 옥스퍼드와 파리에서 유학을 했다. 옥스퍼드에서 공부할 때 위클리프의 저작들을 열심히 공부했다. 그의 가르침에 매료되었다. 영국 유학을 마치고 보헤미아로 돌아올 때, 『삼인 대화록』(*Trialogus*), 『대화록』(*Dialogus*)을 1402년에 보헤미아로 가지고 왔다. 프라하에서 제롬은 영국의 그 위대한 박사를 "어거스틴보다 더 위대한 학자요, 그 가치 있는 교리를 가르치는 분" 으로 옹호했다. 그는 후스와 함께 보헤미아의 권리를 위해서 싸웠으며, 1412년 요한 23세의 십자군 동원과 면죄부 판매를 날카롭게 비판했다.

콘스탄스로 도착한 직후에 후스는 그의 친구 프라하의 제롬을 보호하기 위해서 클룸의 요한(John of Chlum)에게 편지를 해서 제롬이 자신과 합류하지 못하도록 막아달라고 했다. 후스는 결정적인 순간에 지조와 영웅적 용기를 입증했으나 제롬은 넘어지고 말았다.

1415년 9월 11일에 제롬은 영국의 종교개혁자 존 위클리프를 더 이상 추종하지 않겠다고 서약을 했고, 로마 교회와 로마 교황의 편에 서겠다고 선언했다. 12일 뒤에는 공의회가 미리 작성해준 문서대로 이단 사상을 포기하겠다고 엄숙하게 맹세를 했다. 하지만 감옥에서 풀려나지는 못했다. 당국자들은 제롬을 벤첼 국왕에게 편지를 쓰게 했고, 더 나아가 대학교와 보헤미아 귀족들에게 편지를 써서 자신의 이단 사상 철회를 큰 소리로 외치게 했다. 그러나 제롬은 공의회 당국자들의 술책대로 놀아나지는 않았다. 제롬은 자신의 용기 없음을 자책하고 공의회 당국자들의 요구를 거절했다. 그러자 파리대학교 총장인 게르송이 주도하던 공의회는 변절한 이단자, 제롬을 다시 법정에 세웠다. 재판은 1416년 5월 23일과 26일에 열렸다. 제롬은 존 위클리프와 존 후스와 같은 선한 분들의 저서들과 가르침들을 포기하겠다고 서약하는 큰 잘못을 범했다고 고백했다. 그리고 후스를 무자비하게 학대한 공의회 당국자들의 잘못을 지적했다. 후스는 안전 통행권에 대한 확신을 가지고 공의회에 참석했는데, 얼마나 큰 위해(危害)가 가해졌는가를 고발했다. 가룟 유다 같은 자도, 이슬람 이단 족속이라 할지라도 안전 통행권을 보장받았으면, 자유롭게 왕래하며 자신의 견해를 솔직하게 발표할 수 있어야 하는 것 아니냐고 주장했다.

5월 30일 제롬은 다시 주교좌성당으로 끌려갔다. 로디(Lodi) 주교가 강단으로 올라가서 설교를 했다. 설교가 끝나자 제롬은 의자에 올라가서 참석자들에게 자신의 입장을 변호했다. 그가 하나님 편에서 양심껏 정의로운 주장을 했지만, 공의회 당사자들은 조금도 받아들이지 않았다. 당국자들은 그를 영국의 존 위클리프와 보헤미아의 존 후스의 추종자로 선언을 했다. 그는 썩고 마른 가지와 같기 때문에 잘라내야 한다고 판결했다.

제롬은 부활신앙으로 충만했다. 주교좌성당에서 걸어 나오는 그의 얼굴은 밝게 빛났다. 붉은 색으로 마귀를 그려 넣은 종이 모자가 그의 머리에 씌워졌다. 그는 그의 친구인 존 후스가 처형되었던 바로 그 지점에서 최후를 마쳤다. 사람들이 제롬을 불태우기 위해 나뭇단을 주위에 쌓는 동안 그는 부활절 찬송인 "축일을 노래하라"를 힘차게 불렀다. 후스의 최후와 비교해볼 때, 불길이 더디게 타올라 그의 고통도 그만큼 길었다. 그의 몸을 불태운 재는 라인 강에 뿌려졌다. 후스보다 더 많이 공부한 제롬이 왜 화형을 당해야했는가 생각하며 많은 지식인들이 눈물을 흘렸다. 제롬이 화형을 당한 후에 공의회 당국자들은 프라하의 제롬도 존 위클리프와 존 후스의 계보를 잇는 이단자라고 공시했다.

역사학자 포지오 브라촐리니(Poggio Bracciolini)는 제롬이 주교좌성당에서 행한 연설 일부를 전하고 있다. "제롬이 대적들에게 어떤 말로 어떤 웅변으로 어떤 논리로 어떤 표정으로 어떤 자세로 답변하고 얼마나 훌륭하게 변론했는지 알고 나면 놀라움을 금하지 못할 것이다. 그는 자신이 왜 죽어야 하는지 정당한 사유를 발견할 수 없다고 했다. 유머와 풍자로 많은 사람들을 감동시켰고, 자신의 슬픈 현실을 뒤로 한 채 자기를 비판하는 자들을 웃게 만들었다. 그는 동료 시민들에게 부당하게 처형된 소크라테스를 상기시켰다. …세례 요한과 구주에게까지 거슬러 내려온 그는 그들이 각각 거짓 증인들과 거짓 재판장들에게 어떻게 부당하게 유죄 판결을 받았는지를 설명했다. …그리고 화형당한 존 후스를 칭송했다. 후스는 선하고 의롭고 거룩한 하나님의 사람으로서 그런 죽음을 당할 행위를 하지 않았다면서 후스의 결백을 주장했다. 후스가 하나님의 교회에 적대적인 견해를 지닌 적이 없었으며, 다만 성직자들의 부패를 비판하고 교만한 자들을 책망하고 고위 성직자들의 거만과 허세를 책망했을 뿐이라고 했다. 후스는 대단히 현명하게 처신했다. … 후스는 340일 동안 불결하고 캄캄한 지하 감옥에서 지냈다. 그곳에서 자신이 받은 가혹한 대접에는 한 마디도 불평하지 않았다. 같은 인간으로서 어떻게 그런 비인간적인 행위를 할 수 있느냐고 의아함을 표시했다. 지하 감옥에서 그는 책도 읽을 수 없었고, 아무 볼거리도 제공되지 않았다. 그곳에서 그는 겁을 먹지 않은 담담한 태도로 죽음을 경시할 뿐이었다. 내가 그를 칭송하는 것은 그가 교회의 제도들에 위배되는 어떤 사상을 제시했기 때문이 아니다. 그의 학문과 웅변과 설득력과 용의주도한 답변을 존경하기 때문이다. 후스는 자신의 사상을 견지하며 기쁘고 단호한 태도로 최후를 맞이했다. 그는 어떤 종류의 고문도 죽음도 두려워하지 않았다. 사형 집행인들이 그를 배려하려고 점화 광경을 보이지 않도록 뒤에서 점화하려고 했지만, 그는 이쪽으로 와서 내 앞에서 불을 붙이시오. 만약 불이 무서웠다면 이 자리에 오지 않았을 것이요. 하고 말했다. 소크라테스가 독배를 마셨지만, 후스가 불을 맞이할 때 취한 것만큼 흔쾌한 태도를 취하지는 못했다."299)

로마 가톨릭 당국자들은 성경의 진리와 양심의 바른 소리를 좇아 의롭게 산 후스와 그의 친구 프라하의 제롬을 이단자로 몰아 무참하게 죽였다. 이단의 소굴에서 소름끼치는 악마의 짓을 자행하는 교황과 적그리스도의 사제들이 진리의 바른 길을 걸어간 의인들을 화형시킨 용서받지 못할 큰 과오를 저질렀다.

4) 후스파

후스가 처형되었다는 소식은 보헤미아 백성들을 분노케 했다. 그들은

---

299) Philip Schaff, *History of the Christian Church*, vol. 6 (Peabody: Hendrickson Pulishers, 2011), 388-391.

후스를 민족의 영웅이자 위대한 순교자로 칭송했다. 후스를 화형시킨 사건을 계기로 일어난 반란은 보헤미아에서 교황권의 존립자체를 위협할 정도였다. 중세시대의 어떤 분파 운동도 그렇게 무섭게 세력을 형성하지 않았다. 후스 파는 평신도들에게도 성찬의 포도주잔을 분배해야 한다고 한 목소리로 주장했다. 존 후스가 불길 속에서 죽어갔다는 소식을 전해 들었을 때, 프라하 주민들은 평소에 후스에게 우호적이지 않았던 사제들의 관저에 돌팔매질을 했다. 성난 민중들은 대주교의 관저를 공격해 대주교를 죽여버리고자 했으나, 그자는 가까스로 도망을 쳐 목숨을 부지했다. 국왕 벤첼은 처음에는 민중들의 편을 드는 것처럼 보였다.

콘스탄스 공의회는 자체의 결정에 충실하고자 노력했다. 프라하의 주교와 성직자들에게 편지를 보내어 영국의 존 위클리프와 보헤미아의 존 후스와 그의 친구 프라하의 제롬을 가장 불의한 자들이요, 위험한 인물들이며, 수치스러운 자들이라고 폄하를 했고 그들의 교리를 퍼뜨리는 자들을 색출하여 처형하도록 명령했다.

후스가 보헤미아 지역에서 얼마나 큰 존경을 받고 있었는가를 보여주는 사건이 있었다. 1415년 9월 2일 보헤미아 의회가 열렸다. 452명의 귀족들이 '지극히 사랑하는 형제, 존 후스'를 처형한 사건에 대해서 공의회에 보내는 강력한 항의서에 서명을 하였다. 그들은 후스가 보헤미아에서 오랫동안 모범적인 삶을 살았고, 복음의 진리에 충실한 정직한 설교를 했으며, 오랫동안 존경을 받아온 진정한 의인이었고, 가톨릭적인 인물이었다고 선언했다. 자신들은 피를 흘리는 한이 있더라도 그리스도의 법을 지킬 것이며, 또 충성스러운 설교자요, 신실한 하나님의 종인 후스의 가르침을 지킬 것이라고 선언했다. 사흘 후에 귀족들이 동맹을 결성했는데, 그들의 영토에서 복음이 자유롭게 전파되도록 보호할 것이며, 고위 성직자들의 권위를 인정하되, 그들이 성경의 가르침대로 살아갈 때만 인정해 주기로 약속했다.

보헤미아 의회의 성명서에 대해서 콘스탄스 공의회 멤버들이 분노했다. 그들은 1416년 2월 20일에 서명자들에게 앞으로 50일 이내에 공의회에 출두해서 자신들의 입장을 소명케 했다. 그렇지 않으면, 반역죄로 간주하겠다고 경고했다. 귀족들은 6년간 공의회를 대항하며 잘 버티었다. 후스가 졸업한 프라하 대학교에서도 그를 복음의 진리대로 흠 없이 살다간 위대한 교수로 칭송했다.

공의회가 해산된 후에, 마틴 5세(1417-1431)는 곧 바로 후스 파를 뿌리 뽑기 위해 조치를 내리지는 않았다. 하지만, 곧 바로 변심해서 1418년 2월 22일 대칙서를 발행했다. "이단의 괴수들인 존 위클리프와 존 후스와 프라하의 제롬의 전염성 강한 교리"를 고수하는 이단들은 처벌하도록 명령했다. 국왕 벤첼은 공의회의 결정에 순종하겠다고 선언했다. 국왕의 방향에 반발해서 몇몇 충성된 신하들이 관직을 버리고 궁정을 떠났다. 왕의 방향에 군중들도 반감을 갖고 일어났다. 후스 파는 거리를 행진하며 공의회의 결정과 왕의 선언에 불만을 표시했다. 군중들은 의사당에 난입해서 행진하며 구호를 외치는 사람들에게 모욕적인 말을 하는 의원들을 붙잡아 창문 밖으로 내던져버렸다.[300)]

1419년에 보헤미아 국왕 벤첼(1378-1419)이 죽었다. 어찌된 영문인지, 보헤미아의 귀족들이 성찬의 포도주 잔을 평신도들에게는 금하게 해달라는 후임 국왕 지기스문드의 요구를 만장일치로 받아들였다. 대다수의 보헤미아 백성들은 그 방향에 불복했다. 이로 인해 내전이 발생했다. 많은 수도원들과 교회당들이 약탈을 당했다. 지기스문드 국왕은 자기 왕국의 소요

---

300) Philip Schaff, *History of the Christian Church*, vol. 6 (Peabody: Hendrickson Pulishers, 2011), 391-393.

를 제압할 수 없었다. 특히 그가 브레슬라우 지방을 방문하는 동안에 발생한 사건이 보헤미아 인들의 분노를 유발했다. 요한 그라사(John Krasa)라는 한 상인은 열렬한 후스의 추종자였다. 그는 후스가 아무 죄가 없이 죽었다고 거리에서 외쳤다. 그런데 당국자들은 그를 무자비하게 체포해서 말꼬리에 묶인 채로 거리 여기저기 끌고 다니다가 화형대에 묶어 불태워 죽였다. 보헤미아 백성들은 분노했고, 후스를 추종하는 설교자들은 지기스문드를 요한계시록에 나오는 적그리스도의 상징인 용과 같은 자라고 맹렬히 비난했다.

폭동이 걷잡을 수 없이 커지자, 교황 마틴 5세(1417-1431)는 보헤미아 백성들을 향해 십자군을 선포했다. 이백년 전에 이노센트 3세(1198-1216) 교황이 프랑스 남부 지역에서 창궐했던 카타리파 이단을 정복하기 위해서 십자군을 동원했을 때와 같이 면죄부를 제시하면서 사람들을 끌어 모았다. 교황의 명령에 순종해서 15만 명이 유럽 전역에서 모여들었다. 이 십자군들은 지나가는 곳마다 끔찍한 만행들을 자행했고, 남김없이 폐허로 만들었다. 십자군은 후스의 나라 보헤미아를 5번 쳐들어갔으나 5번 다 격퇴를 당했다. 1424년에 후스 파는 그들의 가장 용맹스러운 지휘관 요한 칙카(John Zizka)를 잃었다. 1427년에 그의 계승자인 프로코피우스 라사 장군을 얻었다. 그는 프라하 지역에서 가장 영향력 있는 사제였다. 그는 전열을 가다듬어 독일을 침공했다.

후스 파는 외국 침략자들을 대항하여 승리를 거두고 있는 동안에 종교개혁을 어느 정도까지 단행할 것인가를 의견이 나뉘었다. 급진파의 주장이 달랐고, 온건파의 주장이 달랐다. 급진파는 프라하의 남쪽으로 60마일 떨어진 타보르(Tabor)산에 거점을 두었기에 '타보르파'(Taborites)라 불렀다. 그들은 화체설과 성인숭배, 죽은 자를 위한 기도, 면죄부와 사제 앞에서의 고해성사를 단호하게 배격했다. 그리고 맹세와 춤과 다른 오락을 금지했다. 그들은 여성들을 포함해서 평신도들이 설교하는 것을 허용했다. 그리고 공예배의 모든 순서에 모국어를 사용했다.

온건파는 그들의 거점 도시에 따라 '프라하파' 라고 불렀다. 후에는 평신도들에게 포도주 잔을 주어야 한다고 주장했으므로 '성배파' (Calixtines) 라고 불렀다. 프라하 대학교는 성배파를 지지했다. 1420년에 프라하파의 4개 조항이 채택되었다. 이 계약문은 복음의 자유로운 전파를 요구했고, 평신도들에게 포도주잔을 줄 것을 요구했고, 심각한 죄를 범했을 경우에는 세속 법정에서 처벌할 것을 요구했고, 성직자들이 사도적 청빈을 실천해야 함을 요구했다. 성배 파는 교회에서 성경을 읽을 때만 보헤미아어를 사용하는 것으로 한정했다.

1431년 8월 14일에 추기경 체사리니가 이끄는 가톨릭 군대가 타우스에서 궤멸을 당한 후에, 보헤미아 운동의 역사는 세 번째 국면을 맞이했다. 스위스 바젤 공의회가 나서서 협상을 시작했다. '타보르파' 는 이시기에 힘을 잃기 시작했다. 에큐메니칼 공의회도 변화의 기운이 있었다. 자기들이 이단시 했던 분파들에게 어느 정도 권리를 인정해주었다.

보헤미아 협상단과 공의회의 만남이 바젤에서 있었다. 이때 공의회는 후스파의 엄격한 원리들을 배려하여 바젤 시 당국자들에게 춤과 도박을 금하고 거리에 매춘부들이 돌아다니지 못하도록 했다. 보헤미아 대표단은 1433년 1월 4일에 바젤에 도착하여 융숭한 대접을 받았다. 공의회와 바젤 시 대표단이 공식적인 예전을 갖추어 그들을 영접해 주었다. 보헤미아 대표단들은 그들 자신의 방식대로 의식을 거행했다. '타보르파' 는 그들의 의식에서 제단과 사제복을 무시했고, 모든 라틴어를 빼버리고 진행하여 많은 사람들의 호기심을 불러일으켰다.[301)]

공의회장에서 보헤미아 사람들은 위클리프와 후스의 이름을 칭송했다. 그리고 자신들을 이단으로 취급하면 참지 않겠다고 했다. 오랜 토론 후에 보헤미아 집단의 대표들이 네 개 조항에 합의안을 도출했다. 주된 조항은 평신도들이 요구하면 그들에게도 성찬의 잔을 줄 수 있다고 결정했다. 자격을 갖추고 성찬에 참석하는 자들에게 성찬을 베푸는 것이 유익하다고 인정했다. 합의안은 1436년 7월 5일에 보헤미아 의회에서 통과되었다. 그리하여 보헤미아와 그 나라 백성들에게 내려졌던 모든 금지명령들은 해제되었다. 보니발의 대수도원장은 스페인 카스티아 왕에게 바젤 공의회 진행상황을 편지로 알려주면서, 보헤미아 인들이 처음에는 사나운 사자들과 탐욕스런 이리떼들 같았지만, 그리스도의 자비로 많은 논의 끝에 온순한 양들로 변화되어 네 가지 조항을 받아들였다고 했다.[302)]

1437년에 지기스문드가 죽었다. 지기스문드의 사위이자 비타협적이며, 독선적인 알베르트가 권좌를 계승했다. 1457년에는 강력한 힘을 가진 게오르그 포디브라드가 가톨릭 주교들에게 왕관을 받았다. 1471년까지 보헤미아의 왕으로 군림했다. 1462년 교황 피우스 2세는 그동안의 결의를 무효로 선언하고, 평신도들에게 포도주 잔을 베푸는 사제들은 모두 파문에 처하겠다고 위협했다. 게오르그 포디브라드 왕은 교황의 대칙서를 수용하지 않았다. 4년 뒤에 교황은 "멸망의 자식"에게서 왕권을 박탈하고 헝가리 왕 마티아스 코르비누스에게 그 왕관을 차지하라고 명령했다. 헝가리 왕 마티아스는 교황의 어리석고 무모한 명령에 순종하여 십자군을 동원했고 모라비아를 침공했다. 전쟁이 한창 진행 중일 때, 보헤미아 왕 포디브라드

301) Philip Schaff, *History of the Christian Church*, vol. 6 (Peabody: Hendrickson Pulishers, 2011), 393-395.

302) Philip Schaff, *History of the Christian Church,* vol. 6 (Peabody: Hendrickson Pulishers, 2011), 395.

가 아쉽게 죽었다. 1485년 구텐베르크(Kuttenberg) 평화조약을 맺고 온건한 후스파는 가톨릭 이웃들과 공존할 수 있는 권리를 확보했다. 그들은 이러한 상태를 1629년까지 지속하였다. 그런데 예수회에서 철저하게 교육받은 오스트리아의 페르디난드 2세가 보헤미아 왕으로 등극을 하게 되자, 상황이 완전히 바뀌게 되었다. 이자는 평신도들에게 포도주잔을 주는 것을 엄격하게 금지했다. 그의 정책에 반발하는 자들을 무자비하게 진압했다.

후스파에서 생겨난 세 번째 집단은 우니타스 프라트룸(Unitas Fratrum, 연합된 형제회)이었다. 이들이 '보헤미아 형제단' 들이다. 이들은 '타보르파' 와 '성배파' 보다 명예롭고 더 오랜 역사를 가지고 있었다. 이들이 나중에 진젠도르프 백작의 영지로 흘러들어가 헤른후트(Herrnhut, 주님의 피난처) 공동체를 설립하게 된다. 그들이 세계선교 역사의 한 획을 그은 유명한 모라비안 교회와 선교회의 조상들이었다. 이들은 종교개혁 때까지 꾸준히 성장해 나갔다. 그들은 자기들이 직접 예배를 드렸고, 가톨릭 사제들에게 성찬을 받지 않은 독특한 부류였다. 그들은 맹세를 거부했고, 전쟁과 군복무를 배격했다. 그들은 중요한 결정을 할 때는 제비뽑기를 했다. 그리고 연옥교리를 비성경적이라며 반대했다. 생활이 불경건한 사제들의 성직 수행을 배격했다.

1500년에 보헤미아 형제단은 보헤미아와 모라비아에서 400개의 지체교회를 소유했고, 20만 명의 성도들이 있었다. 이들은 독자적인 신앙고백서와 요리문답서 그리고 독자적인 찬송가를 보유하고 있었다. 보헤미아 형제단들은 마틴 루터에게도 적잖은 영향을 미쳤다. 프라하의 루카스(Lucas of Prague)는 직접 마틴 루터를 만났고, 그에게 형제회의 성찬 교리를 설명해 주었다. 1521년에 루터는 형제단의 요리 문답을 소유하고 있었다.[303)]

페르디난드 2세의 무자비한 박해에도 형제회는 살아남았다. 하나님께서 그들을 긍휼히 여겨주셨다. 1722년 크리스티안 다윗을 비롯한 후스파의 가정들이 진젠도르프 백작의 영지로 몰려들었다. 백작은 그들은 내치지 않았다. 그리스도의 자비의 마음을 그들을 영접했고, 자기의 영지에 체류하도록 허락했다. 나중에 진젠도르프 백작은 그들의 영적지도자로 세움 받았다. 진젠드로프 백작과 보헤미아 형제단들은 의기투합해서 그 유명한 모라비안 교회와 선교회를 만들었다. 이들이 잠자는 유럽 교회를 갱신하며, 세계 선교의 열정을 불러일으켰다. 모라비안 선교회에서 약 3천명의 해외 선교사를 파송했다. 존 후스의 거룩한 순교는 결코 헛되지 않았다. 그 순교의 터 위에서 형제단들이 성장했고, 그들이 세계 선교의 새 역사를 창조하는 데 귀한 그릇들로 쓰임 받았다.

3. 존 위클리프와 루터의 관계성

위클리프가 마틴 루터(Martin Luther, 1483-1546)에게 직접적인 영향을 끼쳤다고 언급한 자료는 발견되지 않고 있다. 그러나 위클리프의 신앙과 그의 신학 사상에 심취했던 존 후스가 루터에게 영향을 끼쳤다는 자료나 증거들은 적잖게 발견되고 있다. 그리고 루터의 작품 속에서 위클리프를 지지하고 찬동하는 내용을 접할 수 있다. 우리는 루터와 후스의 연결고리를 통해서 위클리프의 사상이 루터에게 어떻게 영향을 미치게 되었는가를 살펴볼 수 있다.

마틴 루터가 종교 개혁을 시작할 당시는 위클리프 시대와 비교가 안 될

303) Philip Schaff, *History of the Christian Church*, vol. 6 (Peabody: Hendrickson Pulishers, 2011), 395-399.

정도로 여건이 좋았다. 무엇보다 인쇄기의 발명은 종교 개혁의 기폭제 역할을 하였다.[304] 베아투스 레나누스(Beatus Rhenanus)는 쯔빙글리에게 이렇게 편지를 보냈다. "루터의 책들은 너무 잘 팔릴 뿐만 아니라, 서점에 갖다 놓기도 전에 서점 주인의 손에서 빼앗아갈 정도이다" 라고 밝히고 있다.[305]

1515년 가을 당시 루터는 비텐베르크 대학교에 있으면서 2년 동안 시편에 대한 강의를 마친 후 바울의 로마서를 강의하기 시작했다. 그는 수도사로서 성경을 읽기 시작했으나 이제는 가르치기 위해 성경을 배워야만 했다. 그는 비텐베르크 대학에서 성경을 연구하면서 복음의 진리를 새롭게 발견했다.[306] 당시 교회와 교회의 성례적 체제들이 루터에게 무의미했다.

---

304) 일반적 경제적인 지배력이 자연 경제(natural economy)에서 화폐 경제(money economy)로의 변화가 있었다. 즉 지불 방식이 물물 교환을 하거나 노동 봉사로 대신하는 사회에서 화폐가 교환의 대리인 역할을 하고 또 가치의 지준으로 자리매김하는 사회로 변천된 것이다. Preserved Smith, *The Age of The Reformation* (New York: Henry Holt and Company, 1955), 4. 부의 증가와 생산 수단의 변천은 중산 계급이 증가하게 했고 민족주의가 등장하게 했으며 개인주의가 발전하는 요인이 되었는데 이것들이 종교개혁의 요인으로 작용하였던 것이다. Preserved Smith, *The Age of The Reformation* 5. 1456년에 요한네스 구텐베르크(Johannes Gutenberg, 1398-1468)가 1456년에 유럽에서 최초로 라틴어 성경을 인쇄했다. 그 다음 해에 시편이 나왔고, 이것은 최초로 유럽에서 연대가 인쇄된 책이 되었다. 구텐베르크 전에도 많은 책들이 나왔지만 모두 필사 실에서 필기 자들에 의해 손으로 필사된 것들이었다. 종교 개혁은 새로운 인쇄술 발전과 불리하여 생각할 수 없다. 마이론 길모어(Myron Gilmore)는 "서구 문명의 역사에 지적 생활의 조건들을 가장 급진적으로 변화시켰던 것은 움직이는 활자체로 인쇄할 수 있도록 했던 인쇄술의 발전과 발명이었었다. 이것은 또 교육사 사상의 전달에 새로운 지평선을 그었다." 고 말했다. Elizabeth Eisenstein, *The Printing Press as an Agent of Change*, 2 vols. (New York: Cambridge University Press, 1979), 1:28. 루터는 이런 사실을 인정하면서 학생들에게 말하기를 "인쇄술은 온 세계에 참된 종교를 전하라고 하나님이 이루신 최상의 선물이다." 라고 했다. Roland H. Bainton, *Here I Stand: A life of Martin Luther* (New York: Abingdon Press, 1950), 295.

305) Estep, 96.

306) Estep, 115-116.

그러나 성경은 달랐다. 이제 루터는 로마서 1:16절의 문맥 안에서 로마서 1:17절을 읽었다. 이런 과정에서 그리스도, 하나님, 죄인 그리고 구원의 개념들을 새롭게 이해했다. 루터가 발견한 것은 그리스도께서 죄인을 위해 죽으셨다는 것이다. 죄인이 자신의 모든 죄를 기억할 수 있느냐 못하느냐는 중요하지 않았다. 왜냐하면 그리스도를 진실되게 믿고 한번 헌신하게 되면 계속된 용서가 참 회개한 자들에게 실제로 다가오기 때문이다. 하나님은 모든 것을 아시고, 우리를 보호하시는 하늘의 아버지이시고, 믿음 안에서 그리스도께 헌신하는 죄인을 완전히 용서하신다. 드디어 루터는 하나님을 발견했고, 이를 통해 하나님의 용서를 발견했다. 이 사실을 마음으로 확신하게 되었을 때, 루터의 마음과 심정 가운데 가장 깊은 변화가 일어났다. 그가 비텐베르크 대학에서 학생들을 가르치기 위해 시편과 로마서 말씀을 깊이 연구하기 전에는 도저히 경험하지 못한 결과였다.[307)]

루터는 로마서 강의를 마무리 한 후 새롭게 발견한 복음적 신학을 강화시킬 갈라디아서 강의로 옮겨갔다. 1517년은 그에게 잊을 수 없는 해였다. 그는 히브리서를 강의했고, 『7편의 참회 시편들의 독일어 주해서』(*The Seven Penitential Psalms with a German Exposition*)를 출판했다. 또 『평신도를 위한 주기도문의 독일어 주해서』(*The German Exposition of the Lord's Prayer*)와 십계명 주해서가 뒤를 따랐다. 1517년 7월 그는 『스콜라 철학에 대한 논쟁』(*Disputation Against Scholastic Theology*)을 준비했는데 그 안에는 97개항에 대한 논제가 들어 있었다. 이 논문들은 아퀴나스, 아리스토텔리스, 둔스 스코투스, 옥캄 그리고 비엘을 공격하고 있다. 루터가 97개 논제에서 진술한 그의 사상을 볼 때, 그는 이제 완전하게 스콜라 철학의 미몽에서 벗어났음을 알 수 있다. 성경에 대한 조심스러운 주석을 기초하고 어

307) Ibid., 116.

거스틴의 가르침으로 보강한 그의 새로운 신학은 은혜에 뿌리를 내렸고 그 위에 세워졌다.[308)]

루터가 이토록 심오한 영적 진리를 발견했고 중세 교회의 잘못된 가르침과 우상적인 전통에 대해서 반기를 들 수 있었던 근거는, 성경을 연구함으로써 얻게 된 내적 확신에서 비롯된 것이다. 중세 교회의 가장 큰 맹점이 바로 성경을 일반 백성들이 가까이 할 수 없게 했다는 것이다. 중세의 교황과 사제들은 자신들도 성경을 공부하지 않았고 일반 백성들은 아예 성경에 접근하지도 못하게 했다. 한마디로 영적 우민화 정책을 썼다. 1500년 당시만 해도 얼마나 중세 사제들이 성경에 대해서 무식했는가를 보여주는 단적인 증거가 있다. 1551년에 작성돼 감독 후퍼(Hooper)의 조사 보고서를 살펴보면 참으로 우리의 눈과 귀를 의심케 하는 내용들이 등장한다. 영국 글로스터 교구에 있는 311명의 성직자들 중에 168명은 십계명을 암송하지 못했고, 9명은 십계명의 순서도 알지 못했고, 33명은 십계명이 성경 어디에 있는지도 몰랐다. 또 10명은 사도 신경을 암송하지 못했고, 10명은 주기도문을 암송하지 못했고, 39명은 주기도문이 성경 어디에 있는지를 알지 못했다. 그리고 34명은 주기도문의 저자가 누구인지도 몰랐다고 한다.[309)] 중세의 영적 어둠이 가득했을 때 루터는 성경 말씀을 통해 이신칭의 진리를 확신했고, 성경적 구원관을 붙들고 스콜라적 거짓 구원론을 공격하며 복음의 원수들과 용기 있게 믿음의 싸움을 싸웠다.

루터는 가톨릭 로마 교황청을 대표하는 신학자요, 루터의 강력한 대적

---

308) Estep, 116-117.

309) *Foxe's Book of Martyrs: Acts and Monuments of the Christian Church*, ed. A. Clarke (London: London Printing and Publishing Co., n.d.), 74. 사제들이 이토록 성경에 대해서 무지하고 성경의 기초 지식도 알지 못했다면 일반 백성들의 영적 상태가 어떠했을까는 짐작하고도 남음이 있다.

자였던 요한 에크(Johann Eck, 1486-1543)와의 논쟁에서도 이런 유명한 말을 남겼다.

> 신성한 박사께서 물거미가 물을 꿰뚫어보듯이 성경을 보고 있는 것과, 악마가 십자가에서부터 도주했듯이, 당신이 성경의 진리에서부터 도망치고 있는 것을 보고 통탄을 금치 못하겠습니다. 저는 모든 교부들의 이름을 걸고 말합니다. 나는 미래의 심판자들에게 맡겨주신 성경의 권위를 그 무엇보다 더 선호합니다.[310)]

루터는 신학 논쟁을 벌일 때도 철저하게 성경의 권위를 높였고 성경으로 원수들과 대응한 것을 볼 수 있다. 루터는 1519년 그의 강력한 경쟁자인 요한 에크(Johann Eck, 1486-1543)와 라이프치히 논쟁에서 공개적으로 논쟁을 벌였다. 루터를 이단자로 몰아가기 위해서 에크는 필사적인 방법으로 루터를 위클리프의 영향을 받는 후스와 같은 자라고 몰아붙였다. 루터가 보헤미아의 이단자 존 후스와 같고 '독일 작센주의 후스'가 바로 루터라고 공격해왔다. 그리고 루터의 주장이 존 위클리프의 주장과 같고 보헤미아의 존 후스의 주장과 동일하다고 공격했다. 그리고 존 위클리프와 존 후스가 1415년 콘스탄스 종교회의에서 이단자로 정죄를 받았기 때문에, 루터 역시 마땅히 정죄 받아야 할 이단자라고 했다. 이 공개 변론이 있고 난 후에, 루터는 대학교 도서관에서 콘스탄스 종교 회의에서 정죄 받은 후스의 저서들을 보다 철저하게 연구했다. 후스의 이단성 이슈가 다시 등장했을 때 플라이센부르그(Pleissenburg)로 되돌아온 루터는 후스의 사상에서 기독교적이고 복음적인 요소를 찾아볼 수 있기 때문에 그의 교리들이 잘

---

310) E. G. Schwiebert, *Luther and His Times: The Reformation from a New Perspective* (St. Louis: Concordia, 1950), 238.

못된 것이 아니라고 결론 내렸다.[311)]

루터가 모든 사람들의 예상을 깨고 콘스탄스 종교회의에서 이단자로 정죄를 받고 화형을 당한 존 후스를 적극 두둔하고 나왔다. 이때 루터의 치열한 대적자 요한 에크는 당황할 수밖에 없었다. 루터 자신이 종교회의에서 이단자로 정죄 받고 공개 화형을 당한 존 후스를 지지하고 두둔하는 것은 마치 자살골을 넣는 것과 같기 때문이다. 루터가 공개적인 자리에서 존 후스의 입장을 변호하고 콘스탄스 종교회의 결정이 잘못되었다고 주장을 했을 때, 많은 사람들이 자신들의 귀를 의심했다.[312)] 한 목격자가 이 경악스러운 순간을 이렇게 설명하고 있다.

> 이것 하나만큼은 말해야만 한다. 이것은 논쟁에서 내가 직접 들었던 것이고, 논쟁에 참석했고 주의 깊게 모든 상황을 지켜보았던 공작 조오지(George) 앞에서 발생했다. 마틴 루터는 존 후스를 심하게 비난하는 에크 박사에게 이런 말을 했다. "존경하는 박사님, 후스주의자들의 견해가 모두 틀린 것은 아닙니다." 그러자 공작 조오지는 큰 소리로 “하나님이시여 우리를 도우소서. 저 전염병 같은 자를 제거하도록” 그 공작은 머리를 흔들며 자기 손을 허리에 대고 팔꿈치를 양옆으로 펼쳤다. 나는 이 장면을 직접 보고 들었다.[313)]

그 후에 루터는 보헤미아에서 그에게 보내온 후스의 저서들을 읽고는 “우리는 모두 우리도 모르는 사이에 후스주의가 되었다” 고 고백하기까지 하였다.[314)] 그리고 1520년 후스의 교회에 관한 논문(Treatise on the Church)

311) William R. Estep, *Renaissance and Reformation* (Grand Rapids: Eerdmans, 1992), 126-127.

312) Estep, 126-127.

313) Thomas M. Lindsay, *A History of the Reformation*, vol. I (Edinburgh: T. & T. Clark, 1907), 238.

의 라틴어 판이 비텐베르크(Wittenberg)에서 나왔을 때, 루터는 독일 귀족들에게 보내는 편지에서 로마 교회가 후스를 화형한 것은 잘못된 결정이었음을 시인할 것을 거듭 요청하였다. 이때부터 루터는 그 시대의 견해를 뒤집고 보헤미아의 존 후스를 진정한 하나님의 사람으로 높이게 되었다.[315]

라이프치히의 논쟁에서 로마 교회의 가르침과 주장을 거절한 루터는 과거에는 볼 수 없었던 보다 확고한 자세를 가지게 되었다. 그가 그처럼 공적이고 중요한 논쟁에서 이단자로 몰려 화형으로 죽었던 후스를 지지한다는 것은, 루터의 고결성과 용기 있는 신앙의 양심을 발견케 하는 대목이었다.[316] 그 사건이 있은 후, 루터 주위로 젊은 인문주의자들이 결집되기 시작했다. 그들은 루터 안에서 자신들과 같은 정신이 흐르고 있음을 간파했다. 사실은 그 이상이었다. 그들은 그의 용기를 인정했고, 성원했으며, 성경을 문법적-역사적으로 해석하고 본문 비평의 도구를 사용하는 그의 입장을 지지했다. 그 가운데서도 루터를 추종했던 그들에게 가장 인상적이었고, 새로운 운동의 원동력을 제공했던 것은, 그가 가진 하나님에 대한 인식과 신약 성경에 기록된 구원의 복음에 전적으로 헌신하는 그의 자세였다.[317]

존 위클리프와 마틴 루터의 관계성을 더 확인하기 위해서 루터가 직접 쓴 작품을 살펴보기로 하자. 루터는 종교개혁이 심화되는 과정에 3편의 유

314) Roland H. Bainton, *Here I Stand: A Life of Martin Luther* (New York: Abingdon Press, 1950), 89.

315) David S. Schaff, *John Huss-His Life, Teachings and Death* (New York: Charles Scribner's Sons, 1915), 292.

316) William R. Estep, *Renaissance and Reformation* (Grand Rapids: Eerdmans, 1992), 127.

317) William R. Estep, *Renaissance and Reformation* (Grand Rapids: Eerdmans, 1992), 127.

명한 논문을 써서 교황과 교황청을 공격했다. 그가 심혈을 기우려 쓴 논문에서는 존 위클리프의 사상적 제자인 존 후스를 지지하고, 두둔하는 내용이 자주 등장하고 있다. 『독일 크리스천 귀족에게 보내는 글』에서 루터는 콘스탄스 공의회를 개최했던 보헤미아 황제 지기스문드(Sigismund)가 불법을 행했다고 고발하고 있다. 그리고 존 후스를 화형 시킨 죄악은 하나님의 계명을 반역하는 행위이며 명백한 불법 행위임을 고발했다.

> "지기스문드는 이 공의회에서 존 후스와 프라하의 제롬에게 부여한 안전 통행권을 유린하도록 악한들에게 허용했던 것이다." "그리고 보헤미아 사람들에게는 존 후스와 프라하의 제롬이 교황과 황제의 호송권과 서약에 반하여 콘스탄스에서 화형을 당한 것을 인정하지 않으면 안 된다.…교황과 그의 추종자들은 저 공의회 이후에 일어난 영혼들의 모든 고뇌와 오류와 타락에 대하여 한층 더 부끄럽게 여겨야 한다. 나는 여기서 존 후스의 신앙 조항들에 대하여 비판을 내리거나 그의 과오를 변호하려고 하지 않는다. 나는 아직도 그의 작품들 가운데서 어떤 잘못도 발견하지 못했다. …후스에게 부정이 가해지고, 또 그의 책들과 가르침이 부당하게 정죄를 당했다는 것을 고백하게 된다. …내가 말하려고 하는 것은 이러한 것뿐이다. 후스는 결코 사악한 이단자가 아니었다. 그런데도 그는 부당하게 하나님의 계명에 반하는 자들에 의해 억울하게 화형을 당했다."[318]

그리고 루터는 『교회의 바벨론 포로』 논문에서 중세 가톨릭 성례가 비성경적이고 불법적 악폐요, 거짓 교리와 전통에 무지한 백성들을 포로로 만들어버렸다고 고발하면서 자신을 존 위클리프파라고 고백하고 있다.[319]

---

318) Martin Luther, *Martin Luther's Three Treatises*, 『마틴 루터의 종교개혁 3대 논문』, 지원용 역, (서울: 컨콜디아사, 2012), 121-123.

루터가 더욱 적극적으로 자신의 입장과 견해가 존 위클리프적이며, 존 후스적이라고 고백하는 구절이 발견되고 있다.

> "첫째로 나는 이러한 성례에 대한 나의 가르침이 위클리프적이고 후스적이고 이단적이고 또 교회의 규정에 배치된다고 부르짖을 사람들에게 조금도 귀를 기울이거나 마음에 담아두지도 않으려 한다. 내가 면죄증(면죄부), 자유의지와 하나님의 은총, 선행 및 죄 등의 문제에 있어서 여러 가지 이단으로 정죄한 바로 그 자들 외에는 아무도 이와 같이 즉, '위클리프적이다. 후스적이다.' 하지 않을 것이다. 만일 위클리프가 한 번 이단자였다면, 그들은 열 배 이상이나 이단자들이다. … 그들이 그들의 의견을 입증하고 또 반대되는 의견을 반증할 수 있는 유일한 길은 "저것은 위클리프적이고 후스적이며 이단적이다!" 라고 말하는 것이다. 그들은 이러한 미약하기 짝이 없는 이론을 언제나 그들의 입에 달고 다니며, 그 외에는 아무 것도 없다."[320]

여기서 볼 때, 마틴 루터가 존 위클리프와 존 후스를 얼마나 우호적으로 생각하며 적극적으로 두둔했으며, 그들의 주장과 사상에 얼마나 동조적인가를 발견하게 된다. 1415년 콘스탄스 종교회의에서 이단으로 정죄를 당한 존 위클리프와 존 후스를 지지하고 동조한다는 것은 감히 상상할 수 없는 일이었다. 그러나 루터는 콘스탄스 종교회의의 결정이 잘못임을 고발했고, 존 위클리프와 존 후스는 이단이 아니라 정통 신앙의 노선을 따랐고, 그 시대 로마 교황과 로마 당국자들의 불의와 불법과 싸우며 하나님의 진리를 선포했던 의인임을 인정했던 것이다.

유명한 기독교 역사학자 필립 샤프(Philip Schaff)는 이런 의미심장한 지

---

319) Martin Luther, *Martin Luther's Three Treatises*, 183.

320) Martin Luther, *Martin Luther's Three Treatises*, 185-186.

적을 하고 있다. "왜 대륙의 종교 개혁자들이 존 후스에는 영예를 크게 돌리고 있으면서 위클리프에게는 소홀하단 말인가? 그러나 대륙의 종교 개혁자들이 위클리프에 관해서 더 깊이 알아간다면 후스보다 더한 영예를 위클리프에게 주었을 것이다"라고 말했다. 만약에 루터가 위클리프가 발행한 그 훌륭한 책들을 직접 보았다면, 루터는 그의 작품에서 영국의 종교개혁자 존 위클리프에 대해서 분명히 언급했을 것이다. 또한 필립 샤프는 위클리프가 종교개혁을 위한 그 많은 노력들이 공식적으로 인정된 개혁으로 자리매김하지 못함은 "때가 무르익지 않았기 때문이다"라고 감회어린 조언을 하고 있다.[321)]

321) Philip Schaff, 347.

V. 책을 마무리 하면서

역사학자 윌리엄 캐논(William R. Cannon)은 이렇게 언급하고 있다. "존 위클리프와 존 후스는 그들의 빛만으로 밝히기에는 너무도 짙었던 암흑의 한 가운데서도 교회와 사회를 위한 도덕과 교리의 개혁을 외치는 찬란한 광명이었다."[322] 위클리프로부터 일기 시작한 개혁의 바람은 보헤미아의 후스를 거쳐 루터에게로 이르게 되었다.

중세 교회의 근본 문제가 무엇이었는가? 바로 하나님의 말씀인 성경의 가르침을 왜곡하였고, 이 거룩한 말씀을 일반 백성들이 읽지 못하게 했다는 것이다. 중세교회는 백성들을 영적 무지 가운데 묶어 두었고, 로마 가톨릭의 거짓 가르침과 잘못된 성례의 전통을 따라 타성화된 악폐와 관습의 노예가 되어 살게 했다. 더 나아가 가톨릭 집단은 성경의 진리에 귀를 막고, 거짓된 가르침과 전통을 고집하며 바른 성경관을 갖고 신앙의 정통 노선을 걷고 있던 존 위클리프와 존 후스, 마틴 루터를 이단으로 고발하고 정죄하는 크나큰 역사적 과오를 범해왔다. 중세 가톨릭교회와 교황청은 마귀의 영에 지배를 받은 사악한 종교 집단이었다. 하나님의 진리를 수호하기 위해 거룩한 투쟁을 한 의인들의 무고한 생명들을 가차 없이 불태워 죽이는 가증한 집단이었다. 이 모든 것의 원인은 성경을 제대로 읽지 않고, 바르게 가르치지 않고, 공부하지 않은 영적 무지에서 비롯되었음을 발견하게 된다.

존 위클리프는 이러한 그 시대의 문제를 정확하게 진단하였다. 위클리프는 성경의 권위를 높이면서 교황의 권위와 비성경적인 교회 전통의 권

---

322) Cannon, 399.

위를 상대적으로 낮추었다. 그는 성경의 진리에서 빗나간 로마 가톨릭 체제를 부인했고, 신격화하는 교황제를 맹공했다. 성경의 진리의 관점에서 볼 때 로마가톨릭이 만들어 낸 신조는 이단적인 요소가 많았다. 위클리프는 그 거짓된 신조들을 신뢰하지 않았다. 면죄부를 판매하는 행위를 저주받은 강도행위라고 했다. 그는 성경의 진리 위에 교회를 세우고, 성경의 진리에 합치되는 신학의 토대를 구축하고자 목숨을 건 투쟁을 하였다. 그가 라틴어 성경을 영어로 번역함으로써 영적 기갈에 시달리던 많은 백성들이 성경 말씀을 접할 수 있게 되었고, 더 나아가 16세기 종교개혁가들이 자국어로 성경을 번역할 수 있는 기반을 제공했다.

위클리프는 그가 살던 시대에 모범적인 영적 지도자였다. 예수님의 가르침을 좇아 청빈한 삶을 살면서 백성들을 진리의 바른 가르침 가운데로 인도하고자 힘썼다. 성경을 열정적으로 사랑하며 성경의 진리대로 살고자 힘쓴 롤라드 단원을 양성하여 일반 백성들에게 성경을 보급하며 복음의 메시지를 듣게 하였다.

위클리프의 바른 신앙과 개혁사상은 보헤미아의 존 후스를 거쳐서 16세기 종교 개혁의 거장 마틴 루터에게 전달되었고, 루터의 개혁 사상을 보강하고 강화하는 데 긴요하게 쓰임 받았다. 하나님께서는 마틴 루터에 앞서서 종교개혁의 물길을 열었던 개혁의 새벽별들을 예비해주셨고, 그들의 희생과 헌신의 빛이 16세기 종교개혁의 위대한 영웅 마틴 루터와 존 칼빈에게 투영되게 하셨고, 종교개혁의 새 역사를 창조하는 데 귀하게 쓰임 받도록 역사하셨음을 확인하게 된다. 과연 위클리프와 존 후스는 종교개혁의 새벽별로 칭송받아 마땅한 위대한 종교개혁의 선구자들이었다. (*)

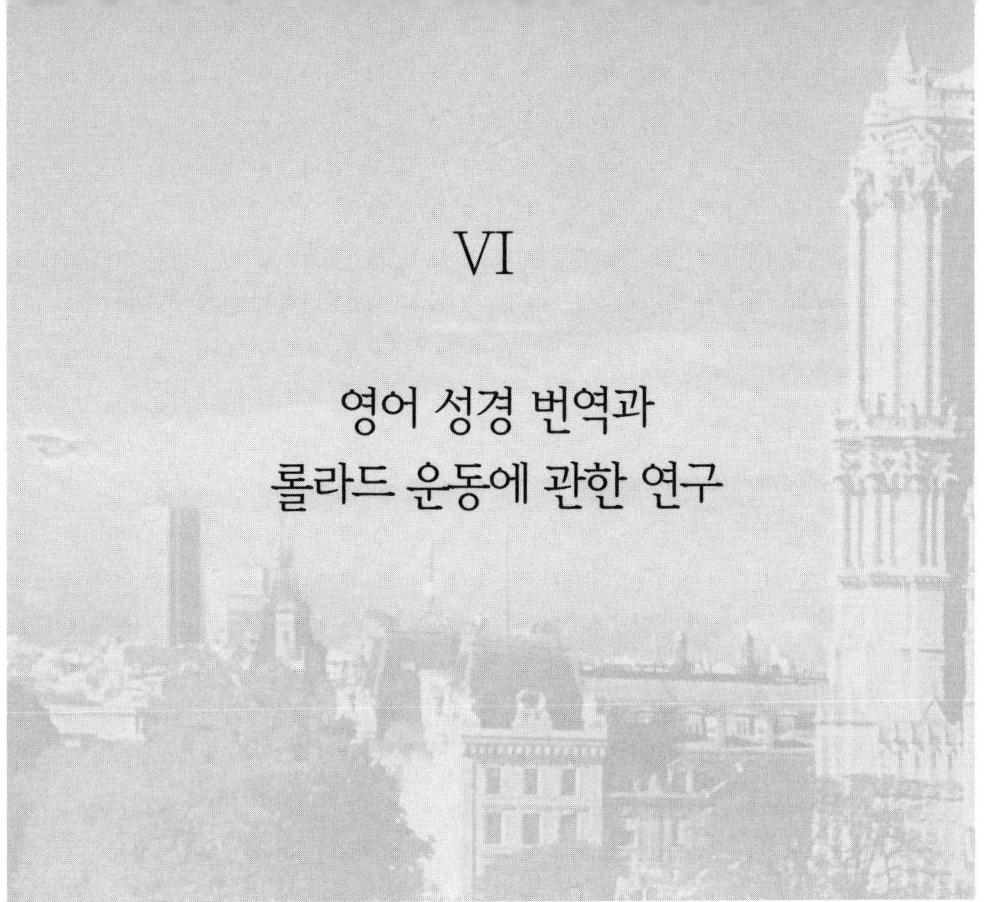

VI

영어 성경 번역과 롤라드 운동에 관한 연구

A Study of English Bible Translation
and Lollard's Movement

VI. 영어 성경 번역과 롤라드 운동에 관한 연구

I. 들어가는 말

우리는 종교개혁의 새벽별로 알려진 존 위클리프의 이름에는 익숙함이 있다. 그런데 위클리프의 제자들이었던 롤라드에 대해서는 생소한 감이 없지 않다. 롤라드 운동은 영국의 종교 개혁자 위클리프와 그의 제자들이 일으킨 성경보급과 성경읽기 운동이었다. '롤라드' 라는 말은 '중얼거리는 자' 란 뜻이다. 롤라드들에 의한 전도 운동은 대단한 성과를 거두었다. 그들은 청빈한 사제(poor priests)들로도 불렸다.[1] 그들은 신발도 신지 않고 둘씩 짝지어 다니면서 성경 말씀을 전파하며 복음을 전하는 삶을 살았다. 그들은 위클리프가 번역한 영어 성경 필사본을 전국에 보급하는 일을 도맡아서 했다.

위대한 교회사가 필립 샤프(Philip Schaff, 1819-1893)는 위클리프가 영국민들에게 물려준 최고의 공헌은 하나님의 말씀대로 살았던 그의 인격이었고, 그 다음은 성직자들과 평신도들에게 성경의 최고의 권위와 가치를 일깨워준 것이었고, 그 무엇보다 영국민들에게 영어로 된 성경을 소중한 선물로 남긴 것이라고 했다.[2] 위클리프 당시 영국인들 중에 대학공부를 하

1) Williston Walker, *A History of The Christian Church* (New York: Charles Scribner's Sons, 1918), 300.

2) Philip Schaff, *History of the Christian Church*, vol. 6 (Peabody: Hendrickson Publishers, 2011), 338.

지 않은 사람들은 라틴어를 거의 읽을 수 없었다. 그 당시는 라틴어 불게이트(Vulgate) 성경만 정경으로 인정되고 있었다. 라틴어를 모르는 일반 백성들에게 성경은 그림에 떡이었다. 위클리프는 성경의 메시지가 영국인의 마음을 감동시키고 교회에 영향을 끼치려면 성경이 자국민의 언어인 영어로 번역되어야 한다는 사실을 절실히 깨달았다.[3] 지난 수백 년 동안 평신도들이 하나님의 말씀을 배워야 함을 존 위클리프만큼 강조한 사람은 없었다. 위클리프 당시 성경은 오직 성직자들을 위한 책으로만 간주되고 있었다. 성경의 의미를 해석하는 권한이 교황과 교회법 학자들의 전유물로 생각되었다. 1229년 프랑스의 툴루즈 종교회의에서 평신도들은 성경을 읽지 못하도록 결의하였다.[4] 이것은 가장 잔인하고 악마적인 발상이었다.

이런 분위기에서 위클리프는 성경은 하나님의 감동으로 기록된 책이므로, 모든 백성들이 이해할 수 있는 언어로 하나님의 말씀을 읽게 해야 한다고 주장했다. 이리하여 1380년에 그와 절친한 동료였던 니콜라스(Nicholas de Hereford)와 존 퍼비(John Purvey, 1354-1421)의 도움을 받아 성경을 영어로 번역하는 작업을 곧바로 시작했다. 평신도들이 자국어로 된 성경 읽기를 열망했던 위클리프의 바람은 기존의 관습을 뒤엎는 아주 혁명적인 발상이었다.[5] 위클리프는 평신도들이 하나님의 말씀을 직접 읽고 은혜를 받고 하나님의 백성으로서 바른 믿음의 삶을 살아야 함을 강조했다. 이런 취지와 열망 가운데서 그는 영어 성경을 번역했고, 그 영어 성경을 그의 제자들인 롤라드들을 통해서 영국 전역에 보급했다. 이로 인해서 영국민들은 목마른 사슴이 시냇물을 들이키듯이 하나님의 말씀의 생수를 들이킬

---

3) Philip Schaff, 342.; William R. Estep, *Renaissance and Reformation* (Grand Rapids: Eerdmans, 1992), 65.

4) Philip Schaff, 341.

5) Estep, 65; Philip Schaff, 342.

수 있었다. 이런 점에서 영어 성경 번역과 롤라드 운동에 관해서 고찰하는 것은 참으로 의미 있는 일로 사료된다.

II. 위클리프의 생애

존 위클리프(John Wycliffe, 1324-1384)는 1324년 즈음에[6] 영국 요크셔(Yorkshire) 지방에서 태어났다. 중세 후기의 교회는 세속 권력과의 야합과 재물에 대한 탐욕으로 지나치게 세속화되어 있었고, 성직자들의 영적, 도덕적 부패는 가공할 만한 것이었다. 당시 교회는 슬프게도 '머리에서 발끝에 이르기까지' 개혁이 필요하다고 여겨졌다.[7]

또한 위클리프가 살던 시대는 엄청난 격변과 고난의 시대였다. 교황들은 영국에 무거운 세금을 부과했는데, 일반 평민으로부터 왕에 이르기까지 교황의 횡령에 시달렸다.[8] 방대한 양의 돈이 직접 과세를 통해서 교황청으로 직행했다. 영국 사람들에게 있어 더욱 불행한 사실은 영국에서 보내진 그 많은 돈들이 영국과 싸우고 있는 적들을 돕는데 사용되었던 것이다. 1339년에 에드워드 3세(Edward III, 1327-1377)는 프랑스 군대에 교황청 기금이 부분적으로 지불되고 있다는 사실을 발견하고는 노골적으로 불평을

6) 그의 자서전에는 그의 출생 연대를 1324년이라고 명시하고 있으나 위클리프에 대하여 두 권의 책을 썼던 허버트 웍맨(Herbert Workman)은 이 연대가 부정확하며 대신 그 연대를 1328년이라고 제안했다. 그러나 필립 샤프(Philip Schaff)를 위시하여, 마가렛 샌드(Margaret Shand)와 데이빗 클라우드(David W. Cloud) 같은 학자들은 1324년에 출생했다고 단정하고 있다.

7) Williston Walker, *A History of the Christian Church*, 송인설 역, 『기독교회사』 (고양: 크리스찬 다이제스트, 2002), 428.

8) David W. Cloud, https://fosterheologicalreflections.blogspot.krjohn-wycliffe-and- first-english-bible.html

쏟아냈다.[9)]

이 혼란한 시기에 위클리프는 옥스퍼드의 머턴 대학(Merton College)의 학생이 되었다. 위클리프가 공부할 당시는 사람들이 성경을 공부하기보다, 스콜라 신학자 토마스 아퀴나스(Thomas Aquinas, 1225-1274)나 둔스 스코투스(John Duns Scotus, 1265-1308) 같은 신학자들의 작품을 공부하는데 몰두했다.

1348년 위클리프가 24세 되는 해에 흑사병(Black Plague)이 창궐했다. 이 역병으로 인해 영국 인구의 절반이 죽게 되었다. 위클리프는 이 재앙을 하나님의 심판 경고로 생각했다. 이 절망적인 필요에 의해 위클리프는 하나님의 말씀을 온 마음을 다해 공부했고, 말씀 속에서 다가올 심판으로부터 도피성을 찾고자 했다.

위클리프는 하나님의 말씀이 가르치는 바가 무엇인가를 더 깊이 깨닫게 되면서 영적으로 더욱 성장해갔다. 그는 로마 교황청의 전체적인 조직이 성경과 불일치하고 있음을 알게 되었다.[10)] 그에게 있어서 성경은 무오(無誤)한 권위였고, 교회 및 교회의 전통보다 훨씬 우월한 권위로 간주했다.[11)]

1381년 위클리프는 더욱 담대하게 로마 가톨릭의 화체설(transubstantiation) 교리는 잘못된 것이라고 선언했다. 그는 주의 만찬에서 빵과 포도주는 그 본체가 변하지 않고, 단지 예수 그리스도의 몸과 피를 상징한다고 했다. 에드워드 3세(Edward III, 1312-1377)의 셋째 아들 곤트의 존(John of Gaunt, 1340-1399)은 위클리프의 보호자였는데, 로마 교회의 핵심 교리에

---

9) Philip Schaff, 309.

10) Philip Schaff, 302-314.

11) Tudur Jones, 『기독교 개혁사』, 김재영 역, (서울: 나침판사, 1990), 22.

급소를 강타하는 그의 주장을 받아들일 수 없었다. 그는 위클리프에게 이 화체설에 대해서 더 이상 언급하지 말고 잠잠히 있으라고 경고했다. 위클리프는 자신이 곤트의 존의 명령을 거절하게 되면 그로부터 실제적인 보호를 받지 못하며 홀로서기를 해야 된다는 사실을 알았음에도 잠잠하지 않았다. 곤트의 존은 이 일 때문에 위클리프와 갈라섰고, 더 이상 그의 후견인 노릇을 하지 않았다. 뒤이어 위클리프는 옥스퍼드에서 가르치는 자격을 박탈당하고 추방되었다. 결국 그는 루터워스(Lutterworth) 교구로 퇴각하여 그곳에서 죽을 때까지 거주했다.[12)]

화체설 부인으로 인해 극도로 강퍅해져 있었던 교회 당국이 마침내 위클리프를 몰아붙일 결정적인 구실을 잡게 되는 농민반란 사건이 1381년에 발생하였다.[13)] 캔터베리의 대감독인 서드버리의 시몬(Simon of Sudbury)이 농민폭동 때 살해되었다.[14)] 이 사태는 위클리프와 직접적인 관련은 없는 일이었지만 그의 반대 세력들은 이 사건을 위클리프를 탄핵할 절호의 기회로 삼으려 했다. 이제 위클리프 자신뿐만 아니라, 그의 추종자들이 벌이고 있던 롤라드 운동까지도 큰 타격을 받았다. 1382년 농민반란이 어느 정도 정리된 후, 캔터베리 대주교는 런던 회의를 열고 위클리프를 정죄했다. 대감독 시몬(Simon)이 죽고 난 후 그의 계승자가 된 윌리엄 코트니(William Courtenay, 1324,1381-1396)는 시몬보다 더욱 적극적인 자로서, 위클리프에 대해서 더욱 적대적이었다. 1382년 5월 런던의 블랙프라이어(Blackfriars)에서 열린 종교 회의에서 위클리프의 모든 작품들이 정죄를 받고 금서로

---

12) David W. Cloud, https://fosterheologicalreflections.blogspot.kr john- wycliffe- and- first- english-bible. html; Internet; accessed on 21 April, 2017.

13) 김익원, 『사상 속의 사상』 (서울: 성광문화사, 1987), 95.

14) *Encyclopedia Britannica Dictionary*, vol. XII, 1988, 787.

규정되었다. 그리고 옥스퍼드에서 위클리프를 추종했던 자들이 모두 항복했다. 그 해 위클리프는 과중한 스트레스로 루터워스에서 뇌출혈로 쓰러졌다.[15)]

위클리프가 비록 블랙프라이어즈 교회 회의에서 정죄를 받기는 하였으나 그의 대중적 인기와 궁정의 지지는 여전히 막강하여 그를 미워하는 자들이 함부로 그를 제거할 수 없었다. 그리하여 그는 1384년 운명할 때까지의 몇 년 간을 그의 교구 루터워스에서 목회를 하며 별 위험 없이 지낼 수 있었다. 바로 이 기간이 위클리프와 그의 추종자들이 라틴어 성경인 Vulgate역으로부터 영어 성경을 번역해 낸 가장 의미 있는 시기였다.[16)] 특히 그가 번역한 영어 신약성경은 읽기 쉬우면서도 생생하고 힘이 넘쳤다. 이 성경은 영국인들의 경건에는 말할 것도 없고, 특히 자국어 발전에도 중요한 공헌을 하였다. 번역 성경은 위클리프 사후 1388년에 위클리프의 제자였던 존 퍼비(John Purvey)에 의해 전반적으로 개정되었고, 또 이 영어 성경은 위클리프 제자들인 롤라드 단원들에 의해 광범위하게 유포되었다.[17)]

그가 성경을 번역하였을 때 가톨릭 당국자들의 적대감이 크게 고조되었다. 그의 영어 성경 번역을 보고 주교들은 경악과 분노로 가득 찼다. 노골적으로 주교들은 거룩한 성경을 영어로 말하는 것은 이단적이라고 했다. 그러나 위클리프는 그들이 하나님이 분정해 주신 모든 언어로 말하도록 사도들에게 역사하신 성령님을 대적하는 신성 모독의 죄를 범하고 있다고 대꾸했다. 이때 레이체스터(Leicester)의 대성당 참사회 의원 중에 한 사람

15) Ibid.

16) 그에게 있어서 이 시기는 마치 루터에게 있어서의 바르트부르크 체재기에 맞먹는 시기였다. 위클리프는 독일의 종교개혁자 루터보다 140년 앞서 토착어 성경 번역에 먼저 착수했던 것이다.

17) 임영천, "개혁의 선구자 존 위클리프", 『월간 목회』 (1984년 10월): 112-113.

인 킹톤(Knyghton)은 위클리프가 영어로 성경을 번역한 것을 보고 분개하면서 말했다. "세상에 평신도들과 여자들까지 성경을 읽도록 해 놓다니! 위클리프는 복음의 진주를 돼지 발 아래 내던지고 있다." 이것이 로마 당국자들이 하나님의 말씀과 평민들에 대해서 가지고 있었던 일반적인 견해였다.

여러 어려움 속에서도 위클리프가 생존할 수 있었던 것은 그의 후원자로서 리처드 2세(Richard II, 1367-1400)의 어머니 조안(Queen Joan, 1328-1385)이 있었기 때문이다. 또 한 여성 후원자가 더 있었는데 그녀는 리처드 2세의 아내 왕비 앤(Queen Anne, 1366-1394)이었다. 그녀는 신성 로마황제 찰스 4세(Charles Ⅳ, 1316-1378)의 딸이었고, 보헤미아(Bohemia)의 왕 벤체슬라스(Wenceslaus)의 누이였다. 왕비 앤이 영국의 리처드 2세와 결혼하기 위해서 영국에 처음 왔을 때는 열여섯 살이었다. 그녀는 하나님의 말씀을 매우 사랑했다. 그녀는 위클리프와 같은 하나님의 사람들을 적극적으로 보호해 주었다. 그녀는 오래지 않아 영어를 습득했다. 그녀는 몇 년 동안 위클리프가 번역한 영어성경을 부지런하게 숙독했다. 안타깝게도 그녀는 젊은 나이로 세상을 떠났다. 그 왕비는 위클리프 책의 복사본을 영국 내 여러 지역으로 보냄으로써 복음을 전파하고 진리를 보급하는 일에 많은 도움을 주었다. 그녀는 1394년 6월에 27세의 꽃다운 나이에 죽었다. 하나님은 위클리프의 생명을 보호하기 위해서 이런 든든한 후원자를 예비하여 놓으셨던 것이다.[18)]

위클리프는 많은 스트레스로 건강이 악화되었다. 그는 1382년 11월에 처음 쓰러진 이후 신체의 일부가 마비되었다. 1384년 12월 28일 예배 참

18) David W. Cloud, https://fosterheologicalreflections.blogspot.kr john- wycliffe- and- first-english-bible. html

석 중에 두 번째로 쓰러지고, 사흘 후인 12월 31일에 세상을 떠났다.[19)]

III. 영어 성경 번역을 하게 된 계기

중세 시대에는 성경이 일반 백성들에게 공개되지 않고 소수의 성직자들에게 독점되고 있었다.[20)] 위클리프 당시만 해도 로마 가톨릭 당국자들은 평신도들은 성경을 읽을 수 없다고 강하게 주장하고 있었다.[21)] 그래서 일반 백성들은 성경에 무엇이 쓰여 있는지, 무엇이 옳고 그른 지를 판단할 근거조차 없었다. 그 결과 백성들은 영적으로 무지한 가운데 성인들의 소지품이나 유골을 섬기기도 하고, 이교적인 우상숭배를 할 수밖에 없었다.[22)]

당시 영국에는 탁발수도사들이 주기도문을 라틴어에서 영어로 번역하여 사용하고 있었는데, 위클리프는 왜 이들이 성경에 나오는 주기도문만 영어로 번역하고 다른 복음서의 내용들은 영어로 바꾸지 않았는가에 대한 강한 의구심을 가지고 있었다. 이에 위클리프는 성경 번역에 대한 절실함

19) Williston Walker, *A History of the Christian Church,* 송인설 역, 『기독교회사』 (고양: 크리스챤 다이제스트, 2002), 432.

20) 1229년에 툴루즈 종교회의(Council of Toulouse)에서 평신도들이 성경 읽는 것을 공식적으로 금지하였다. Cf. Philip Schaff, *History of the Christian Church*, vol. 6 (Peabody: Hendrickson Publishers, 2011), 341.

21) 교황 그레고리 11세는 위클리프를 정죄한 18가지 죄목 중, 15번째가 평신도인 집사들도 성경을 공부하고 복음을 전파해야 한다는 위클리프의 주장이 이단적이라고 정죄했다.

22) William R. Estep, *Renaissance and Reformation* (Grand Rapids: Eerdmans, 1992), 6-8. 데이비드 클라우드(David W. Cloud)는 그의 소논문에서 중세 시대의 참혹함을 이렇게 묘사하고 있다. "로마 가톨릭 교회는 자국어로 된 성경을 번역하고 배포하는 일을 강력하게 방해함으로, 또 성경을 번역하고자 시도하는 크리스천들을 가차 없이 핍박함으로, 뿐만 아니라 자신들의 전통으로 성경책에 수의를 덮어 씌웠으며, 성경과 백성 사이에 사제들을 배치시킴으로서 유럽을 캄캄한 어둠 속에 붙들어 두었던 것이다." David W. Cloud, "John Wycliffe and The First English Bible,"

과 절박한 책임감을 느끼게 되었다. 그는 성경을 모국어로 번역함으로써 중세 가톨릭교회의 잘못된 관습과 악폐적 전통, 그리고 교황제의 폐단과 그 죄악상을 백일하에 드러내고자 했다.

당시 영국인들이 라틴어를 읽을 수 없었기 때문에, 위클리프는 성경의 메시지가 영국인의 마음을 감동시키고 교회에 영향을 끼치려면 성경이 영어로 바뀌어야만 한다는 사실을 절감했다.[23] 이리하여 1380년에 그와 몇몇 절친한 동료였던 니콜라스(Nicholas de Hereford)와 존 퍼비(John Purvey)의 도움을 받아 성경을 영어로 번역하는 작업을 시작했다.[24] 동료 학자들과 함께한 위클리프의 노력은 최초의 영어 성경을 편찬하는 쾌거를 이루었다.

영어 성경 덕분에 위클리프의 추종자들은 성경과 성경의 가르침에 대해 당시 대부분의 사제들과 주교들보다 더 많은 지식을 소유하게 되었다. 위클리프가 그의 백성들을 위해서 행한 최고의 봉사는 바로 성경을 자국어인 영어로 번역한 것이었다.[25] 위클리프와 그의 제자들이 번역했던 영어 성경은 광범위하게 유포되었다. 위클리프가 죽고 난 후에 극심한 핍박이 있었지만 적어도 150개의 사본이 지금까지 남아 있다. 위클리프와 그의 제자들이 영어로 번역한 신약성경은 활기찼고, 읽기가 쉬웠으며, 힘이 있고, 설득력이 있었다. 그리고 그 영어 성경은 영어 발전에 근본적으로 중요한 공헌을 했다. 더 나아가 영국민의 경건 생활에 큰 기여를 한 것은 두말할 필요가 없다.[26]

---

23) Estep, 65.

24) Estep, 65; Walker, 300; Philip Schaff, 342.

25) Philip Schaff, 338.

26) Walker, 300.

Ⅳ. 롤라드들의 활약

위클리프는 영국 백성들에게 복음을 전파하기 위해서 그의 제자들을 파송하기 시작했다. 그의 제자들인 롤라드들은 사도적 청빈을 생활화했다. 신을 신지 않고 맨발로 다녔으며, 긴 옷을 걸치고 손에는 지팡이를 들고 다녔다. 일찍이 발도파와 프랜시스칸 전도자들이 그랬던 것처럼 둘씩 둘씩 짝지어 다니면서 말씀을 전파했다. 그들은 수도원에 수도사들처럼 영구적인 서약을 하지 않았다. 그랬기 때문에 그들은 자유롭게 자신들이 가고자 하는 곳에 가서 복음을 전파할 수 있었다. 위클리프 제자들인 롤라드들을 통해서 이루어진 말씀전파와 영혼 구원의 역사는 대단한 결실을 거두었다.[27)]

1382년 캔터베리 대주교 윌리엄 코트니는 옥스퍼드의 롤라드파 사람들에게 그들의 견해를 포기하고 로마 가톨릭 교리에 순종하라고 강요했다. 그러나 이 파는 도시민, 상인, 젠트리 계층, 성직자 사이에서 점차 증가 일로에 있었다. 적잖은 하원의원들도 지지를 했고, 왕실의 기사들도 지지를 보냈다.[28)]

1395년까지 롤라드들은 영국 의회에서 막강한 세력을 형성하고 있었기 때문에 의회에 12조항을 제시했다. 이 12조항은 영국 내에 로마 가톨릭 교회의 개혁을 위해 롤라드들의 주요한 요구 사항을 요약한 것이었다. 이 12조항의 핵심적인 내용들을 딕킨스(A. G. Dickens)가 잘 요약하였다.[29)]

그것은 로마 교황청에 대한 영국 교회의 맹목적 복종, 성직자의 독신

27) Walker, 300.

28) http://100.daum.net/encyclopedia/view/b06r1915a; Internet; accessed on 23 February, 2017.

29) Estep, 67.

생활 그리고 부적합한 성직자들의 도덕성, 물질적 대상에 대한 신성화, 죽은 자들을 위한 기도, 성지순례, 예술과 공예에 대한 지나친 집착을 정죄했다. 그 외에도 고위성직자들이 세속적인 지배자가 되고 재판장으로서 활동하는 것을 비난했다. 어떤 유형의 전쟁이라도 신약 성경의 가르침과 배치됨을 선언하며 반대했다. 그리고 구원의 필수조건으로서 사제에게 자신의 죄를 고백하는 고백성사를 부인했다.30)

그리고 딕킨스는 롤라드들이 예수님의 인품과 성품의 확실한 감각을 성경을 통해서 발견하고자 부단히 노력했다고 했다. 롤라드들은 당시 교회에 팽배해 있던 물질주의, 교만, 교회가 정교하게 고안한 의식들, 강압적인 사법 재판권은 신약 성경에 기록되어 있는 그리스도와 제자들의 삶에 비추어 볼 때, 아무런 정당성을 발견할 수 없다고 강력하게 주장했다. 그들의 주장과 가르침은 신앙생활을 더욱 생기 있게 했다. 딕킨스는 롤라드 운동은 영국의 스튜어트 왕가가 통치하고 있을 동안 영국 교회의 분파운동으로 특징지을 수 있다며 우호적인 평가를 했다.31)

그런데 가톨릭 진영에서는 지금도 롤라드 운동을 이단자로 낙인찍힌 존 위클리프를 추종한 무리들의 운동이라는 이유로 무조건 이단의 무리로 간주했다. 가톨릭 진영은 롤라드들이 성서지상주의를 추구했다고 비난했다. 또 그들은 롤라드들이 성경 해석을 개인이 마음대로 해석할 수 있는 권리가 있다고 주장하며, 성직자들의 독신제를 반대하고 있고, 화체설을 반대하는 세력이고, 교황의 사죄권을 반대하고, 성지 순례의 유효성을 반대하는 세력이라고 고발하고 있다. 그리고 1401년에 통과된 이단자 처형법이 통과된 후 이 운동은 지하로 숨어들었으며, 이 운동이 자체로는 성공하지

30) A. G. Dickens, *The English Reformation* (New York: Schocken Books, 1964), 4.
31) Dickens, 25.

못했지만, 후에는 영국의 종교개혁을 도왔다고 주장하고 있다. 그리고 보헤미아 후스 이단을 촉진시켰다고 주장하고 있다.[32]

가톨릭 진영은 오늘날도 무지에 종노릇하고 있는 유대인들과 같이 그들의 영적인 눈이 가려져서 거짓과 왜곡과 편견에 맹종하고 있다. 하나님의 진리를 좇아 의인의 길을 갔던 보헤미아의 존 후스를 아직까지 이단자로 매도를 하고 있다. 그리고 위클리프의 가르침을 좇으며, 중세 가톨릭의 비성경적이고 왜곡된 사상과 전통에 반기를 들었던 롤라드들을 이단으로 정죄하고 있다. 하나님 보시기에 악인이 의인을 정죄하고, 이단자들이 정통을 이단으로 매도하는 어처구니없는 모순을 범하고 있다.

V. 롤라드들에 대한 핍박

위클리프는 당시 가톨릭교회에서 주장하는 내용들이 비성경적임을 확신했다. 특히 기존 교회의 화체설 교리가 잘못된 것임을 확신하고 1381년부터 이 교리를 공격하기 시작했다. 화체설 교리는 당시에 보편적으로 수용되며 가장 소중한 성례로 인식되고 있었다. 이 화체설 교리는 중세가톨릭 교회를 지탱하는 아킬레스 건(腱)과도 같았다.[33] 그동안 위클리프는 랭커스터 공작이었던 곤트의 존과 긴밀한 공조를 이루며 서로 도움을 주고받았다. 그런데 위클리프가 로마 교회의 핵심 교리인 화체설이 잘못이라고 공격을 하자 그의 급진적인 주장을 수용할 수 없었다. 곤트의 존은 이 일 때문에 위클리프와 갈라섰다. 그리고 더 이상 그의 후견인 노릇을 하지 않았다.34) 화체설 교리가 비논리적이고 비성경적이며 비신앙적이라고 강력

32) http://press.catholic.ac.kr/site/press/main.do. Internet; accessed on 17 January, 2017.

33) Walker, 300-301.

하게 비판을 했을 때, 위클리프는 많은 추종자들을 상실했다.[35] 설상가상으로 1381년 영국에서 대규모의 농민반란이 일어났다. 이 농민반란은 워낙 대규모로 일어나서 진압하기가 쉽지 않았다. 이 사건은 위클리프에게 상당히 불리하게 작용했다. 이 피비린내 나는 농민반란은 가톨릭 보수파 결집을 강화시켰다. 1382년 캔터베리의 대주교는 이 농민반란의 책임을 위클리프에게 전가시켰다. 그리고 위클리프에게 24가지의 이단 제목으로 고소하며 정죄했다. 이단자로 몰린 위클리프는 더 이상 옥스퍼드 대학에서 강의할 수 없었다. 위클리프를 열렬하게 추종했던 롤라드들은 다수가 체포되었다. 그러나 위클리프의 대중적인 인기와 영국 궁정의 전폭적인 지지 때문에 감히 위클리프를 체포할 수는 없었다.[36]

에드워드 3세의 손자인 리처드 2세(Richard II, 1377-1399)의 통치 기간 동안에는 롤라드 운동은 꾸준히 성장했다. 그러나 안타깝게도 롤라드들은 영국왕 리차드 2세(Richard II, 1367-1399)가 죽고 난 후, 지속적으로 핍박을 받아왔다.[37] 랭커스터 공작 곤트의 존의 아들 헨리 4세(Henry IV. 1399-1413)는 1399년 영국 왕 리처드 2세가 군대를 끌고 아일랜드에서 일어난 반란군을 진압하기 위해서 출전했을 때, 평소에 왕권에 반감을 가지고 있던 귀족들과 합세해서 왕위를 찬탈하게 된다. 그래서 그의 이름 앞에는 찬탈자라는 별명이 뒤따르고 있다. 그 찬탈자 헨리 4세는 정국 안정을 위해 가톨릭 보수파들의 마음을 얻고자 노력했다.[38] 1399년 헨리 4세가 즉위하

34) David W. Cloud, https://fosterheologicalreflections.blogspot.kr john- wycliffe-and- first- english-bible. html

35) Walker, 301.

36) Walker, 301.

37) Rudolph W. Heinze, *The Monarch History of The Church*, 원종천 역, 『개혁과 투쟁』 (서울: 도서출판 그리심, 2010), 73.

38) Walker, 301.

자 이단에 대한 탄압의 물결이 일기 시작했다.[39] 강경 보수파들은 위클리프의 추종자들을 제거하기 위해서 강압적으로 "반 이단 법령"(De haeretico comburendo)을 통과시켰다. 이 이단법이 통과되자 가톨릭 보수파들은 위클리프의 제자들인 롤라드들을 무차별 체포했고, 수많은 사람들을 화형 시키는 끔직한 범죄를 자행했다.[40]

롤라드 운동에 대한 핍박은 서서히 증가하기 시작하였다. 당국자들은 이런 경고문을 곳곳에 써 붙였다. "감히 영어 성경을 읽는 자는 그 목에 성경 복사본과 함께 불태워질 것이다."[41]

위클리프 추종자들인 이 롤라드들은 핍박 가운데서도 성경 말씀을 열정적으로 사랑했다. 1401년 영국 왕 헨리 4세에 의해 이단에 관한 법률이 제정된 이래 위클리프의 추종자들은 이단으로 내몰리게 되었다. 이때부터 주교들은 롤라드들에게 이단이라는 죄목을 덮어 씌워 마음대로 투옥하고, 벌금형을 선고할 수 있게 되었다. 주교가 이단으로 판명을 하면 즉시 보안관에게 넘겨지게 되었고 곧 바로 화형 시킬 수 있었다. 1401년에 윌리엄 소트리(William Sawtree)라는 사람이 롤라드란 이유로 화형을 당했다. 그리고 브라드베(Bradbe)라는 롤라드 출신 재단사가 있었는데, 로마 가톨릭 당국자들은 그를 기름 통 안에 집어넣고 구워서 죽였다. 런던의 감옥을 롤라드 탑(Lollard's Tower)으로 불렸는데, 왜냐하면 그곳에서 수많은 롤라드들이 고문당하였고, 죽어갔기 때문이다. 롤라드 탑은 아직도 존재하는데, 이

---

39) http://100.daum.net/encyclopedia/view/b06r1915a; Internet; accessed on 23 February, 2017.

40) Walker, 301.

41) Paris Marion Simms, *The Bible from the Beginning* (New York: Macmillam Co., 1929), 161, David W. Cloud, https://fosterheologicalreflections.blogspot.kr john- wycliffe-and- first- english-bible. html

것은 롤라드들의 불행했던 과거를 보여주는 기념탑이 되었다. 또 한편으로는 로마 가톨릭 집단의 잔학함을 생생하게 증명해 주는 기념탑이기도 했다.[42] 당시 롤라드들에게 있어서 영어 성경을 읽고 공부하는 것은 생명을 담보한 위험한 행위였다. 하지만 그들은 영어 성경을 읽다가 발각되면 죽을 위험이 있었지만 이것을 감수하고 영어 성경을 읽었다.

1408년에 옥스퍼드 종교 회의(the Synod of Oxford)에서 캔터베리의 대주교 토마스 아룬델(Thomas Arundel)은 캔터베리 지역 안에서 위클리프의 작품이나, 번역된 영어 성경을 읽는 것은 불법이라는 법령을 새롭게 만들었다. "성경 복사본이 발견되거나 영어 성경의 내용이 조금이라도 흔적이 보이면 즉시 파괴할 것임"[43] 또 토마스 아룬델은 이런 잔인한 법령을 만들었다. "우리는 어떤 사람도 성경의 어떤 부분도 영어나 다른 언어로 번역하는 것을 금지한다." 토마스 아룬델이 위클리프를 어떻게 평가했는가 하는 역사적 기록이 있다. "전염병과 같이 유해하며, 가장 비열한 위클리프는 늙은 마귀의 자식이며 적그리스도의 제자이다. 그가 살아있을 동안에는 마음에 헛된 사상으로 가득했으며, 무엇보다 나쁜 것은 성경을 모국어로 번역했다는 사실이다."[44]

위클리프의 제자요, 서기였던 존 퍼비(John Purvey)는 위클리프 성경 번역에 크게 공헌한 사람이었다. 그는 1421년에 영어 성경을 보급하고 로마

---

42) 이 기념탑을 바라볼 때마다 현대의 개신교도들은 오늘날 누리는 이 신앙의 자유가 순수 신앙의 절개를 지키고자 피 흘리며 순교한 믿음의 선진들의 희생의 터 위에 이루어진 것임을 회고하며 감사의 마음으로 그때를 회고하게 한다. Cloud, "John Wycliffe and The First English Bible".

43) H. W. Hoare, *Our English Bible: The Story of Its Origin and Growth* (New York: Dutton, 1925), 100, Cloud, "John Wycliffe and The First English Bible"에서 재인용.

44) Fountain, 45, Cloud, "John Wycliffe and The First English Bible"에서 재인용.

가톨릭의 잘못을 지속적으로 전파함으로 인해 붙잡혀서 감옥에 투옥되었다. 그는 하나님 말씀에 대한 그의 절대적인 확신 때문에, 비참할 정도로 궁핍함과 극단적 고통을 견디다가 감옥에서 순교하였다.[45] 이디(Eadie)는 이렇게 기록하고 있다. "이 불명예스러운 법령으로 인해서 30명의 영향력 있고 유력한 롤라드 지도자들이 무자비하게 죽음을 당했다." 수많은 롤라드들이 감옥에 갇혔고 그들의 신앙을 포기하도록 강요를 받았으며, 거절하면 무자비하고 잔인한 핍박을 받았다. 영어 성경을 굳게 신뢰하고 로마 가톨릭 당국자들의 권위를 부인하는 대가가 얼마나 무서운가를 다른 사람들에게 알려주기 위해서 악랄한 고문을 가해왔던 것이다.[46]

1414년에 헨리 5세는 이런 무시무시한 법에 조인을 했다. "자국 어로 된 성경을 읽는 모든 사람은 그들의 상속인들로부터 땅을 몰수하고 모든 물건을 영원히 몰수해야 한다."[47] 1416년에 옥스퍼드의 대주교 치첼리(Chichele)는 모든 주교들에게 자기들의 모든 교구에 일 년에 두 번씩 철저히 조사를 하여 롤라드 이단들과 영어로 번역된 의심되는 책들(영어 성경)을 색출하도록 명령을 내렸다.[48] 롤라드에 대한 핍박은 1500년대에도 계속되었다. 1519년에 여섯 명의 남자와 한명의 여자가 화형대에 묶여서 불에 타 죽게 되었는데, 그들의 죄목은 자기 자녀들에게 영어로 된 주기도문

45) John Eadie, *History of the English Bible*, I (London: Macmillan, 1876), 65, Cloud, "John Wycliffe and The First English Bible" 에서 재인용.

46) Thomas Crosby, *History of the English Baptists,* I (Lafayetle, TN: Church History Research and Archives, 1978), 22, Cloud, "John Wycliffe and The First English Bible" 에서 재인용.

47) Eadie, 89, Cloud, "John Wycliffe and The First English Bible" 에서 재인용.

48) Blackburn, *History of the Christian Church from Its origin to the Present Time* (Cincinnati: Craston & Stowe, 1880), 346, Cloud, "John Wycliffe and The First English Bible" 에서 재인용.

과 십계명을 가르쳤다는 것이었다.[49] 오늘의 관점에서 회고해 볼 때, 중세 가톨릭 당국자들이 자행한 범죄들이 얼마나 천인공노할 죄였는가를 볼 수 있다.

찬탈자 헨리 4세는 그래도 신분이 높은 롤라드들을 아꼈고 그들의 목숨을 보호해 주었다. 하지만 그의 아들 헨리 5세(Henry V, 1413-1422)가 왕권을 계승하자 그 자는 무자비하게 롤라드들에게 박해를 가했다. 헨리 5세의 통치 하에 경건한 삶을 살며 가장 영향력 있는 신하가 올드캐슬 경(Sir, John Oldcastle, 1378-1417)과 코브햄(Lord Cobham)이었다. 두 사람은 롤라드 파들의 정신적 지도자 역할을 맡고 있었다. 그런데 헨리 5세는 두 영향력 있는 지도자를 롤라드 이단자로 몰고 가서 마침내 1417년에 처형을 시켰다. 위클리프가 죽고, 롤라드의 핵심 인물들이 순교를 당했을 때, 영국에서 롤라드 파들은 정치적 영향력을 상실했다. 그 후 롤라드 파들은 동력을 상실했고 극히 미약한 상태로 종교개혁 때가지 가까스로 명맥만 유지해 갔다.[50]

VI. 롤라드 운동이 영국 사회에 미친 영향

교회의 대분열 이후에 위클리프는 기존 가톨릭교회에 소망을 두지 못했다. 그는 백성들에게 참된 복음을 전하고자 하는 열의로 불탔다. 또한 그는 순회 전도자들을 조직하여 그들에게 영어 성경을 공급하여 백성들을 가르치고자 하는 야심찬 계획을 세웠다.[51] 위클리프의 교훈을 몸소 실천

49) Eadie, 94, Cloud, "John Wycliffe and The First English Bible"에서 재인용.

50) Walker, 301.

51) Reginald Lane Poole, *Wycliffe and Movements for Reform* (New York: Anson D. Randolph & Company, 1978), 101. 위클리프와 롤라드의 관계는 예수님과 12사도

하고자 하는 그의 추종자들을 중심으로 '가난한 설교자들'(롤라드)이라는 선교단을 조직하여 그 단원을 외부로 파송하고 민중에게 복음을 전하였다.52) 뿐만 아니라 그들은 성경을 배포했으며 백성들에게 하나님의 말씀을 전파했다. 위클리프의 성경 번역과 가르침은 광범위한 영향력을 미쳤고 성경을 믿는 운동(Bible-believing movement)이 일어났다. 위클리프 성경의 단편들은 롤라드들에 의해 급속도로 퍼져나갔고 영국뿐만 아니라 주변 나라들에게까지 널리 보급되었다.[53] 이것이 그 유명한 롤라드 운동이다.

위클리프는 세상을 떠났지만 그의 영향과 가르침은 그를 따르던 사람들에게 여전히 살아 있었다. 처음에는 주로 귀족층에서 롤라드파에 가입하였으나 이는 곧 민중 운동의 모습으로 변했다.[54] 롤라드들은 위클리프 사후 그의 개혁적 노력을 계속했다. 니콜라스 헤리퍼드가 지도자 역할을 하였다.

롤라드들은 성경은 원래 일반 대중들에게 속한 것이므로 이들에게 돌려주어야 한다고 확신하였고, 성직자들은 세속 관직을 겸직할 수 없으며, 성상의 사용을 신성 모독적 행위라고 주장했다.[55] 롤라드들은 예수님의 확실한 인성과 영성을 성경에서 재발견하고자 열정적으로 노력했다.[56]

롤라드 전도 운동은 대단한 성과를 거두었다. 그들은 세속 사회 어디에

의 관계와 같다. 롤라드들은 위클리프의 사상과 가르침을 사회 저변으로 확장하고 전국적인 운동을 일으킨 장본인들이다. 그들은 위클리프의 손과 발이 되고 입이 되어 전국을 누비며 성경을 보급하고 위클리프의 사상을 전파했다. 무엇보다 그들은 진정으로 성경을 사랑했던 성경의 사람들(Bible men)이었다.

52) 임영천, 111.

53) David W. Cloud, https://fosterheologicalreflections.blogspot.kr john- wycliffe- and- first-english-bible. html

54) Thomas M. Lindsay, *A History of the Reformation,* 이형기 · 차종순 역, 『종교개혁사』 (서울: 한국장로교출판사, 1993), 207.

55) Lindsay, 206-207.

56) A. G. Dickens, *The English Reformation* (New York: Schocken Books, 1964), 25.

나 침투해 들어가 복음의 참뜻을 전파하는 일에 헌신하였으며, 그 활동 범위는 국내뿐만 아니라 국외까지도 뻗치고 있었다. 이들은 위클리프 제자답게 화체설, 면죄부 문제, 순례 행각 및 성직자 독신제 등을 비판하고 교황제도와 성직제 등을 비성경적이라고 공격하였다. 이 롤라드파에 있어서 성경은 유일무이한 권위이고 신앙생활의 기준이었다. 그러므로 모든 성도는 이 성경을 읽고 해석할 권리를 갖는다고 주장하였다.[57)]

당시는 인쇄기가 발명되지 않았다.[58)] 이때는 손으로 필사하여 성경을 옮겼는데, 한 권의 성경을 필사하는데 일 년 정도의 시간이 소요되었다. 그 때문에 성경의 값이 너무나 비싸서 성경을 소유한다는 것은 쉽지 않았다. 성경을 사랑했던 그들은 성경 중에서 자기가 좋아하는 몇 장을 얻기 위해서 많은 양(量)의 건초더미를 성경을 가진 사람에게 건네주고, 성경을 하루 동안 빌렸다. 그리하여 밤을 새워가며 자기가 좋아하는 부분의 성경을 필사하여 간직하곤 했다. 그렇게 비싼 대가를 지불하고 필사한 생명같이 소중한 영어 성경이 악랄한 가톨릭 당국자들에게 발각되어 손과 발이 화형 주에 묶여 순교당할 때, 순교자들과 함께 그 수많은 필사본 영어 성경도 같이 불태워지곤 했다. 롤라드들은 그 금지된 책인 영어 성경을 집 천장에 감추어 두고 비밀리에 읽었다. 그들은 목숨의 위험을 감수하면서 성경을 읽었다. 또 그들은 밤을 새워가면서 성경을 읽었다. 그들은 하나님의 말씀을 읽다가 불시에 들이닥치는 보안관들을 피하기 위해서 문을 꼭꼭 걸어 잠그고 읽었다. 또한 그들은 인적이 없는 깊은 숲속이나 광야로 나아가서 성경을 읽었고, 성경에 대해서 토론했다. 뿐만 아니라 그들은 성

57) 임영천, 111.

58) 인쇄기는 요한네스 구텐베르크(Johannes Gutenberg)가 1456년에 처음으로 라틴어 성경을 인쇄했다.

경을 읽기 위해서 양떼를 몰고 먼 들판으로 나가기도 했으며, 사람들의 방해를 받지 않는 그곳에서 큰 기쁨의 좋은 소식인 성경을 마음껏 읽곤 했다.[59)]

롤라드들에게 성경은 자신들의 생명보다 더 소중했다. 그들은 주로 밤에 모여서 성경을 읽었고, 글을 모르는 사람들은 다른 사람들이 성경 읽을 때 바로 옆에서 두 귀를 활짝 열고 경청했다. 신약 성경 번역본은 사람들의 손에서 손으로 전달되어 널리 널리 퍼져나갔다. 가난한 사람들은 성경을 구입하기 위해서 동전을 모았으며 여러 사람이 어울려 공동 출자하여 신약 성경 한권을 구입하였다.[60)] 당시 신약 성경 필사본 한 권이 일꾼 6개월 치 품삯에 해당하였다. 돈이 없는 가난한 사람들은 필사된 베드로 서신서나 바울의 서신서 몇 장을 얻기 위해서 많은 양의 건초더미를 기쁨으로 제공했다. 성경이 희귀하니까 주요한 구절을 암송하여 성경을 갖고 있지 못한 친척들과 친구들에게 들려주었다.[61)] 롤라드 운동은 영국 전역에 성경을 보급하여 영적 기갈에 시달렸던 영국민들이 말씀의 생수를 마시게 했다.

VII. 롤라드의 최후와 영향

롤라드파가 한때는 이단에 관한 법률을 의회에서 개정하고자 시도했다. 그러나 이 노력이 실패함으로써 이들의 상황은 더 나빠졌고, 위험에 처하게 되었다. 롤라드들 가운데 많은 귀족들은 핍박을 견디지 못하고 자기의 의견을 철회하고 기존 교회로 복귀하였다. 그러나 몇몇 귀족은 자신들의

---

59) Cloud, "John Wycliffe and The First English Bible".

60) Ibid.

61) Cloud, "John Wycliffe and The First English Bible".

소신을 굽히지 않았다. 1417년 크리스마스 때에 존 올드캐슬(Sir John Oldcastle, 1378-1417)경이 하나님 말씀에 대한 믿음과 로마 당국의 권위를 부정함으로써 잔인하게 순교를 당했다. 존 올드캐슬경은 수많은 위클리프 성경을 만들었고, 진리의 말씀을 듣기를 원하는 많은 사람들에게 보급을 하였다. 그는 롤라드들의 복음 전파를 사랑했고 핍박으로부터 그들을 보호해 주었다. 그는 헨리 4세(Henry Ⅳ)가 총애하던 인물이었다. 헨리 4세가 죽자 하나님 말씀을 대적했던 원수들은 기다렸다는 듯이 그를 체포하여 무참히 죽였다. 올드캐슬경은 죽으면서 외쳤다. "성경에 기록되어 있는 하나님의 명령에 순종하라. 그리고 그리스도의 삶과 모범에 반대될 때는 그러한 가르침은 단호하게 거절하라."[62] 이외에도 성경을 사랑했던 수많은 롤라드들이 로마 가톨릭 당국자들에게 붙들려서 악질적인 방법으로 처형을 당했다. 악마의 종 된 가톨릭 당국자들은 롤라드들의 뺨에 불도장을 찍기도 했고 통닭처럼 불에 구워 죽이기도 했다.[63]

많은 롤라드들이 이 극한 핍박을 견디다 못해서 독일로, 프랑스로, 스페인으로, 포르투갈로 그리고 스코틀랜드로 도망을 갔다. 물론 그들은 도망갈 때 영어 성경을 가지고 갔으며 진리를 사랑하는 마음도 함께 가지고 갔다. 그리고 그들은 하나님 구원의 기쁜 소식을 많은 나라에 널리 퍼뜨렸다.[64] 헨리 5세(Henry V, 1413-1422) 치하에서는 롤라드에 대한 법률이 더 강화되었다. 영국 보안관들에게 롤라드들을 붙잡으면 구금한지 10일 이내에 불태워 죽이라는 명령이 하달되었다. 그 당시 롤라드들에게 어떤 자비

62) Henry C. Sheldon, *History of Christian Church,* Ⅱ (New York: Harper & Brothers, 1886), 426, Cloud, "John Wycliffe and The First English Bible"에서 재인용.

63) Cloud, "John Wycliffe and The First English Bible".

64) Hassell, *History of the Church of God* (New York: G. Beebe, 1886), 466, Cloud, "John Wycliffe and The First English Bible"에서 재인용.

도 허용되지 않았었다.[65]

그 때부터 이 운동은 지하 운동으로 전향되었고, 기존 가톨릭 성직자들에게 많은 번민을 안겨다 주었고, 종교개혁 시기에 신앙을 위해 수많은 순교자들을 배출했다.[66] 그러나 하류 계급 속에서는 계속 전파되었으며, 잔류 롤라드들은 영국의 프로테스탄트 운동에 큰 영향력을 미치게 되었다.[67] 웍맨(Workman)은 그의 책 『종교 개혁의 여명』(*The Dawn of the Reformation*)에서 위클리프를 정의함에 있어서 '성경을 사랑하는 사람들의 창시자' (Founder of the Biblemen)라고 했다.[68] 위클리프는 자신이 성경을 진정으로 사랑했을 뿐만 아니라, 성경을 애독하고 그 말씀에 기쁨으로 순종하고자 힘썼던 사람들의 스승이었다. 성경을 자신들의 목숨보다 더 사랑했던 그들의 이름은 바로 롤라들이었다. 그들은 영어 성경을 사랑한 죄로 말할 수 없는 핍박을 받고 순교를 당했다. 그러나 그들의 거룩한 열정과 헌신은 종교개혁의 서광을 밝히는 등대 역할을 했다.[69]

VI. 결론

우리는 마틴 루터와 존 칼빈이 출현하기 전에 영적으로 암울했던 시대에 중세 교회의 어둠을 밝히고자 고분 분투했던 선각자들의 노고를 기억할 필요가 있다. 그 중에 빼 놓을 수 없는 분이 바로 종교개혁의 새벽별로

65) Thomas Armitage, *A History of the Baptists* (New York: Bryan, Taylor, & co., 1887), 323, 325, Cloud, "John Wycliffe and The First English Bible".

66) Estep, 67-68.

67) Lindsay, 207.

68) Herbert B. Workman, *The Dawn of the Reformation*, vol. I (London: AMS Press, 1978), 110.

69) Lindsay, 207.

이름을 남긴 존 위클리프이다. 위클리프의 탁월한 업적 중에 하나가 바로 영어 성경번역이었다. 위클리프 당시 영어는 야만적인 언어라서 문법적인 구조도 제대로 갖춰있지 않아 성경의 심오하고 미묘한 진리를 표현하기는 부적합하다는 생각이 깔려 있었다. 그러나 위클리프는 영적으로 갈급한 백성들에게 하나님의 말씀의 생수를 공급해야 한다는 불타는 사명감을 갖고 영어 성경 번역에 착수했고, 동료 학자들과 함께 노력함으로 최초의 영어 성경을 편찬하는 쾌거를 이루었다. 위클리프의 성경은 영어 발전에 크게 공헌을 했으며, 영국민의 경건생활에 크나큰 기여를 했다. 영어 성경 덕분에 위클리프의 추종자들은 성경과 성경의 가르침에 대해 당시 대부분의 사제들과 주교들보다 더 많은 지식을 소유하게 되었다.

역사학자 필립 샤프의 주장처럼 위클리프는 영어 성경을 번역하여 읽게 함으로 영국민들에게 최고의 봉사를 했다.[70] 그리고 그의 제자들인 롤라들은 위클리프가 번역한 영어 성경을 애독했으며, 더 나아가 이 영어 성경을 영국 전역에 보급하여 영국민들이 하나님의 말씀의 꼴을 섭취하도록 도왔다. 이들은 참으로 하나님께 칭찬받아 마땅하다. 그런데 영적인 무지와 폐습에 종 된 가톨릭 당국자들이 영국 백성들이 자국어로 된 영어 성경을 읽지 못하게 방해를 했고, 영어 성경을 소유한 자나 영어 성경을 읽는 자들을 헤아릴 수 없을 정도로 죽였다. 가톨릭 당국자들의 악마적 소행 중에 용서받을 수 없는 죄악 중에 하나가 영어 성경 번역을 정죄하며, 영어 성경을 소유한 자와 읽는 자들을 화형 시켜 죽인 죄일 것이다.

위클리프는 그 시대 영국민들의 선한 목자 역할을 감당했다. 핍박과 위협 가운데서도 비 진리와 거짓의 세력에 굴복하지 않았다. 성경의 진리를

---

70) Philip Schaff, 338.

확신했고, 성경의 가르침대로 살고자 몸부림치는 노력과 헌신을 아끼지 않았다. 영어 성경을 번역하여 그의 제자들을 통해서 전 영국에 보급함으로 영국민들을 섬겼다. 그의 헌신과 수고가 많은 탄압을 받았지만, 그가 뿌린 영적인 씨앗들이 발아하여 체코의 종교개혁자 존 후스에게 영향을 크게 미쳤다. 더 나아가 존 후스를 거쳐서 그의 성경적 개혁 사상이 독일의 종교개혁자 마틴 루터에게 상당한 영향을 끼치게 되었다. 종교개혁 500주년을 기념하는 이 시점에서 종교개혁의 새벽별로 기억되는 존 위클리프의 영어 성경 번역과 그의 제자들인 롤라드들의 활약상이 우리에게 새로운 도전과 감동으로 다가온다.

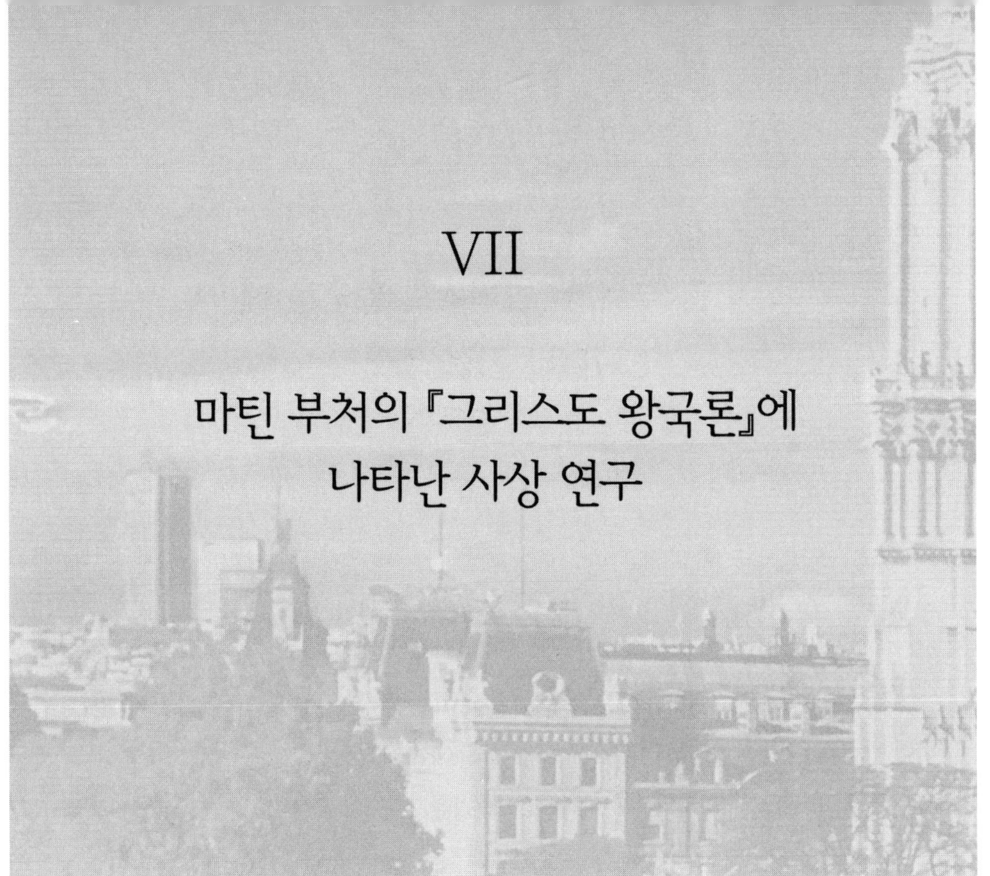

VII

마틴 부처의 『그리스도 왕국론』에 나타난 사상 연구

A Study of Martin Bucer's Thought manifested in The Kingdom of Christ

마틴 부처의 『그리스도 왕국론』에 나타난 사상 연구

I. 들어가는 말

마틴 부처는 종교개혁에서 중요한 역할을 했다. 그런데 다른 종교개혁자들에 비해서 역사적으로 오랫동안 잊혀진 인물이었다. 그는 칼빈의 영적인 아버지로 일컬어지고 있지만, 한국에서는 별로 주목을 받지 못했다. 마틴 부처는 개혁 교회의 직제론의 뼈대인 교회의 4중직 즉, 목사, 교사, 장로, 집사제도를 창안했고, 치리와 권징을 도입했으며, 개혁 교회의 예배의식을 고안한 원조로 불리고 있다. 그는 인격적으로나 신학적으로 칼빈에게 큰 영향을 미쳤다.[1)] 칼빈이 종교개혁자로 성공하는 데 있어 마틴 부처의 영향력은 지대한 것이었다.[2)] 마틴 부처는 칼빈이 가장 힘든 상황에 처했을 때, 그의 선한 목자 역할을 했고 칼빈의 결혼까지 주선해 주었다.[3)] 김재성 교수는 마틴 부처를 유럽의 종교개혁자 중에서 가장 마음이 넓고 관대한 사람이요 화해의 지도자로 평가했다. 그리고 칼빈이 3년간 그와 같이 생활하면서 인격적인 성숙, 목회적인 인품과 학문적 발전을 이루게

---

1) 최윤배, 『잊혀진 종교개혁자 마르틴 부처』 (서울: 대한기독교서회, 2015), 8.

2) Steven Ozment, The Age of Reform 1250-1550, 손두환 · 강정진 역, (서울: 칼빈서적, 1998), 334.

3) Williston Walker, *A History of The Christian Church* (New York: Charles Scribner's Sons, 1918), 373.

되었다고 평가했다. 영국 벨파스트 대학 교회사 교수였던 제임스 헤론은 마틴 부처가 스트라스부르크의 개혁자였으며, 종교개혁의 탁월한 지도자 중의 한 사람이었다고 했다.[4)]

마틴 부처는 종교개혁자들에게 크고 작은 도움을 주었다. 무엇보다도 마틴 부처가 종교개혁 역사에 결정적으로 귀하게 쓰임 받은 점은 1531년 2월 27일 개신교 연합 진영을 형성하게 된 슈말칼텐 동맹을 결성하는데 주도적인 역할을 했다는 것이다. 아마도 슈말칼텐 동맹이 결성되지 않았다면, 교묘하고 악마적인 방법으로 개신교를 박멸하고자 했던 가톨릭 연합군에 의해서 개신교가 괴멸되었을지 모른다.[5)] 마틴 부처는 영국의 대주교였던 토마스 그랜머의 초청으로 영국에 건너가게 된다. 그는 영국 왕 에드워드 6세를 도와 영국을 그리스도의 왕국으로 건설하고자 하는 야무진 구상을 했었다. 그런 소신과 신념 가운데 그는 심혈을 기우려『그리스도의 왕국론』을 집필했다. 그 책에는 성경적 가치와 이상이 영국에 실현되도록 구체적인 대안을 제시하고 있다. 필자는『그리스도의 왕국론』을 연구하며, 마틴 부처가 추구하고자 했던 이 지상에서 그리스도 왕국 건설의 구상과 제안이 오늘날 우리에게 던져주는 의미와 교훈을 찾고자 한다.

II. 마틴 부처의 생애

마틴 부처는 1491년 프랑스의 쉴레트슈타트에서 태어났다. 그의 아버지는 가난했으며, 나무통을 만들어 팔기도 했고, 구두수선공으로 생업을

---

4) James Heron, *A Short History of Puritanism*,『청교도 역사』, 박영호 옮김, (서울: CLC, 1996), 66; 김재성,『나의 심장을 드리나이다』(용인시: 킹덤북스, 2012), 305-315.

5) Williston Walker, *A History of The Christian Church,* 373-396.

꾸려나갔다. 어머니는 조산원이었다고 한다. 쉴레트슈타트에는 유명한 라틴어 학교가 있었는데, 방대한 양의 책들을 소장하고 있는 도서관이 있었다. 그의 부모는 스트라스부르크에서 일하고 있었기 때문에, 마틴 부처는 어린 나이에 쉴레트슈타트에 있는 조부에게 맡겨졌다. 그곳에서 그는 라틴어 학교에 다녔으며 라틴어를 훌륭하게 배웠다.[6] 1506년에 도미니크 수도원에 들어갔다.[7] 그곳에서 토마스 아퀴나스의 신학을 철저히 공부했다. 그는 토마스 아퀴나스의 신학에 정통했을 뿐만 아니라, 열렬한 에라스무스의 추종자이기도 했다.[8] 그로부터 10년 뒤인 1516년에 도미니크파 수도회의 파송을 받고 하이델베르크에 있는 검은 수도단의 수도원으로 이적하여 계속적인 교육을 받았는데, 에라스무스의 책들을 흠모하면서 읽었다. 그곳에서 마틴 부처는 하이델베르크 대학에 다니면서 석사학위를 취득했다. 후에 루터파의 종교개혁자가 된 Johannes Brenz에게서 헬라어를 배웠다.[9]

그곳에서 마틴 부처는 생애 잊을 수 없는 놀라운 경험을 하게 된다. 1518년 4월 26일에 마틴 부처는 하이델베르크 어거스틴 수도원에서 마틴 루터가 가톨릭측 논객들과 신학토론회를 벌이는 광경을 직접 목격하게 된다. 마틴 부처는 그 대토론회에 가톨릭 측의 일원으로 참가했다.[10] 그곳에서 마틴 부처는 루터가 영광의 신학(Theologia gloriae)에 반대하여 십자가 신학(Theologia crucis)을 옹호하면서 율법과 복음을 대조하며 복음을 생동

6) Martin Bucer, *Concerning the True Care of Souls*, 신현복 역, 『영혼을 돌보는 참된 목회자』 (서울: 아침영성지도연구원, 2013), 9.; 김재성, 『나의 심장을 드리나이다』, 306.

7) Steven *Ozment, The Age of Reform* 1250-1550, 334.

8) Martin Bucer, *Concerning the True Care of Souls*, 11.

9) Steven Ozment, *The Age of Reform* 1250-1550, 334.; 김재성, 『나의 심장을 드리나이다』, 306.

10) Steven Ozment, *The Age of Reform 1250-1550*, 334.

감 있게 변증하는 모습을 목격했다.[11] 루터의 성경에 대한 전적인 신뢰, 질문에 대한 정중한 태도, 그리고 용기를 겸비한 루터의 당당한 모습에 마틴 부처는 매료되었다.[12] 기록에 의하면 그는 하이델베르크 토론회가 끝난 후, 프로테스탄트 측의 루터와 루터의 영적 스승인 슈타우핏츠(Johann von Staupitz)와 함께 식사를 했다고 한다.[13] 그 후 그는 자신을 '마틴 루터주의자' 라고 부르게 되었다. 그리고 루터의 갈라디아서 주석이 '순수 신학의 교리로 가득한 보물' 이라는 사실을 깨달았다. 그가 루터 개혁 사상에 매료되면서 새로운 개혁 운동에 자신의 일생을 헌신하고자 결단하게 된다.[14] 그 후 그는 도미니칸 수도회를 탈퇴하게 되고, 개신교 진영의 종교개혁자로 활약하게 된다. 1521년 프란츠 폰 시킹겐(Franz von Sickingen)에 속한 교구 란드스툴(Landstuhl)의 담임목사가 되었다. 1522년 여름, 그는 로벤펠트의 수녀원 출신 '엘리자베스 질베라이젠' 이라는 젊은 수녀와 결혼하게 된다.[15]

그녀는 남편처럼 학자도 아니었고, 지적인 인물도 아니었다. 하지만 어머니와 주부로서 루비 한 주전자보다 더 귀한 존재였다. 그녀는 전혀 돋보이지도 않았고, 뛰어난 이야기꾼도 아니었다. 하지만 남편이 덕망 있는 주인의 역할을 다할 수 있도록 규모 있는 삶을 살며, 경제를 뒷받침해 줄 수 있는 능력을 갖고 있었다. 마틴 부처가 지루한 논문들을 쓸 수 있었던 것

---

11) Philip Schaff, *History of the Christian Church*, 7 vol. (Peabody: Hendrickson Publishers, 2011), 170.

12) William R. Estep, *Renaissance and Reformation* (Grand Rapids: Eerdmans, 1992), 121-122.

13) Steven Ozment, *The Age of Reform 1250-1550*, 334.

14) Martin Bucer, *Concerning the True Care of Souls*, 11.

15) Martin Bucer, *Concerning the True Care of Souls*, 10.; 김재성,『나의 심장을 드리나이다』, 307.

은 자녀들이 잠들 때 이야기해 주는 임무에서 아내가 그를 해방시켜 주었기 때문이다. 마틴 부처가 지치지 않고 종교개혁 작업에 힘을 쏟아 부을 수 있었던 것 역시 엘리자베스가 생계유지에 관한 피곤한 근심거리들을 혼자서 모두 떠안았기 때문이다. 그녀는 가정을 꾸려나갔고, 남편을 늘 존경하였다. 경건하고 부지런한 생활로 남편을 순종하며 섬겼던 그녀야말로 진정한 사모의 모델이었다.[16)]

1541년 전염병으로 몇 달 사이에 다섯 자녀를 잃었으며, 오래지 않아 세 명의 자녀를 또 잃었다. 그녀도 그 전염병으로 목숨을 잃었다. 그녀는 죽어가는 순간까지도 남편 마틴 부처의 필요한 것을 챙겼다. 이듬 해 봄, 마틴 부처는 아내의 유언적 간청에 따라, 비브란디스와 재혼했다. 비브란디스는 엘리자베스보다 2주 일찍 사망한 마틴 부처의 절친한 종교개혁 동료였던 볼프강 카피토(Wolfgang Capito, 1478-1541)의 미망인이었다. 볼프강 카피토는 마틴 부처의 절친한 종교개혁의 동역자였다. 비브란디스는 그때까지 뛰어난 종교개혁 지도자들과 결혼하는 데 일가견이 있는 여인이었다. 마틴 부처는 그녀의 네 번째 남편이었고, 마틴 부처보다 10년 이상을 더 오래 살았다.[17)]

그러나 시킹겐 지역의 정치적 상황은 부처나 그의 후원자들의 생각대로 되지 않았다. 당시 독일 남부 지방은 로마 가톨릭과 루터의 종교개혁 사이에서 어느 쪽을 선택하느냐의 기로에 서 있는 지역이 많았다. 마침내 마틴 부처와 그의 동료들은 1523년 5월 10일 시의회의 권고에 의해서 억지로 그 지방을 떠나야만 했다.[18)]

---

16) Hastings Eells, *Martin Bucer* (New Haven: Yale University Press, 1931), 415-416.
17) Martin Bucer, *Concerning the True Care of Souls*, 11.
18) 김재성, 『나의 심장을 드리나이다』, 307.

그 후 아버지가 시민권을 갖고 있던 스트라스부르크에 정착하게 된다. 그는 도미니칸으로서 스콜라철학을 많이 공부한 신부였다. 뿐만 아니라, 에라스무스의 책을 통해서 인문주의 지식의 폭을 넓혔으며, 구약의 율법을 철학으로 대체시키는 방식을 에라스무스를 통해서 배웠다.[19]

마틴 부처는 종교개혁자들 중에서도 경건주의자라는 이미지를 가지고 있었다. 그는 로마가톨릭과 개신교의 화해를 시도하였다. 그래서 그를 화해와 타협의 신학자로 불리기도 한다.[20] 마틴 부처는 인간이 죄를 용서받으며 그리스도의 의를 전가 받게 된다고 주장한 루터의 견해를 수용했다. 더 나아가 구원받은 사람은 적극적으로 선행을 행하며 성화의 단계로 나아가야 함을 강조했다. 이것은 에라스무스의 영향을 받았다고 볼 수 있다. 마틴 부처는 인문주의자들이 주장한 도덕적인 강조를 끝까지 견지하였다. 기독교 신자는 육체를 위해서 살도록 유혹하는 세상과 맞서서 싸우면서 제자로서의 삶을 살도록 부름을 받았으며, 자기 십자가를 지고 갈 수 있는 힘은 성령이 공급하여주시는 것이므로 그리스도의 권능으로 인간의 연약함을 극복할 수 있다고 보았다. 어려움과 고통을 당할지라도 이런 것들을 통해 성화를 발전시켜 나가야 하며, 금식이나 기타 여러 가지 방법들이 기독교인의 생활에서 바르게 사용되기만 한다면 유익하다고 보았다.[21]

이런 견해를 갖게 됨은 에라스무스의 영향을 많이 받았기 때문이다. 마틴 부처는 에라스무스와 루터 두 사람에게서 깊은 영향을 받았고, 이 두 거장의 사상을 종합하여 자신의 것으로 만들었다. 그리고 그는 토마스 아

19) K. Koch, *Studium Pietatis: Martin Bucer als Ethiker* (Neukirchen: Neukirhener Verlag, 1962), 10-15.

20) Hasting Eells, *Martin Bucer* (New Haven: Yale University Press, 1931), 296.

21) W. P. Stephens, *The Holy Spirit in the Theology of Martin Bucer* (Cambridge: Cambridge University Press, 1970), 48-100.

퀴나스 같은 스콜라철학자들의 신학에 일부 동조했다. 즉, 살아 있는 믿음이란 사랑으로 역사하는 믿음임을 강조했다. 그러나 그는 그런 선행이나 구제가 인간으로 하여금 의롭게 여김을 받도록 공로를 쌓는 것은 아니라며 스콜라주의자들의 교리에는 반대 입장을 분명히 했다.[22)]

마틴 부처는 신자의 영적 생활은 허공에서 이루어지는 것이 아니므로 철저한 조직과 규칙을 필요로 한다고 주장하였다. 마틴 부처는 스트라스부르크에 있는 성 아우렐리아 교회에서 1524년부터 1531년까지 설교자로 봉사하면서 영향력을 발휘하였고, 그 후 성 토마스 교회로 옮겨서 1531년부터 1540년까지 복음을 선포했다. 이로써 그는 스트라스부르크 종교개혁 운동의 실질적인 지도자로 부상하게 된다. 1529년 시의회를 설득시켜서 미사를 완전히 폐지하였다. 그리고 1538년에 초등학교, 1544년에 개신교 신학교를 개교하는 데 중요한 역할을 했다. 1534년에는 평신도 장로의 직분을 교회 치리 기관에 상설하도록 소개하였다. 또 마틴 부처는 스트라스부르크에서 복음주의적인 예배 예식서를 새롭게 펴냈고, 1539년에는 세 개의 요리문답을 작성하였다. 그리하여 스트라스부르크 도시 전체가 이를 토대로 신앙 교육을 받도록 했다.[23)]

마틴 부처는 스트라스부르크 종교 개혁을 추진하면서 교회의 제도적인 개선과 함께 성도들 개개인의 영적인 생활뿐만 아니라 사회생활까지 개혁하고자 했다. 이러한 마틴 부처의 관심은 교회의 권징과 치리를 강조하게 만들었다. 루터는 '내가 어떻게 구원받느냐' 하는 문제를 추구하는 과정에서 은혜로우신 하나님을 발견하는 데 크게 관심을 기울였으나, 성도들의

---

22) 김재성, 『나의 심장을 드리나이다』, 307-308.

23) 김재성, 『나의 심장을 드리나이다』, 309-310.; Martin Bucer, *Concerning the True Care of Souls,* 12.

치리에는 큰 관심을 기울이지 않았다. 그러나 마틴 부처는 권징과 치리에 큰 관심을 기울였다. 마틴 부처는 자신의 신학에서 성도들의 개인적인 생활뿐만 아니라, 도시나 국가적인 차원에서 치리를 통한 개혁을 강조했다.[24)]

마틴 부처의 명성은 스트라스부르크 밖으로도 널리 알려졌다.프랑스, 이탈리아, 스위스, 심지어 벨기에와 독일 여러 도시와 스위스 독립 도시에까지 그 영향력을 발휘했다. 1529년 부처는 헤센의 필립을 도와서, 스위스의 쯔빙글리 진영과 독일의 루터파 사이에 성찬론을 조화시키려고 노력하였다. 마틴 부처는 쯔빙글리의 영향으로 '기념설' 쪽으로 기울어졌다.[25)]

신성로마 제국의 황제였던 카를 5세는 개신교 진영을 분열시키며 약화시키고 가톨릭 진영으로 흡수하고자 호시탐탐 기회를 엿보고 있었다.[26)] 카를 5세는 1547년부터 1548년까지 일어났던 뮐베르크(Mühlberg) 전투에서 독일 프로테스탄트들을 대패시켰다. 황제는 군대를 몰고 스트라스부르크를 정복했고, 개신교를 핍박했다. 카를 5세는 개신교 목회자들에게 가톨릭 예배 방식을 따르도록 강요했다. 황제의 강요에 반발하여 400명의 개신교 목회자들이 추방을 당하게 되었다. 그 중에 한 사람이 마틴 부처였다.[27)]

마틴 부처가 큰 위기 상황에 봉착했다는 소식을 들은 영국의 캔터베리 대주교였던 토마스 그랜머(Thomas Granmer, 1489-1556)가 1549년 4월에 그를 간곡하게 영국으로 초청했다.[28)] 그 당시 영국은 에드워드 6세와 토마

24) 이은선, 『멜란히톤과 부처』 (서울: 두란노아카데미, 2011), 28.

25) 김재성, 『나의 심장을 드리나이다』, 310.

26) Williston Walker, *A History of The Christian Church,* 376.

27) William R. Estep, *Renaissance and Reformation* (Grand Rapids: Eerdmans, 1992), 261.

스 그랜머의 지도로 종교개혁이 한창이었다. 마틴 부처는 한동안 토마스 그랜머 집에서 머물고 있었다.[29] 그 후에 영국 에드워드 6세를 도우면서 영국 종교개혁에도 큰 영향을 끼치게 된다.[30] 마틴 부처는 람베스(Lambeth)에 있는 대주교의 궁전에서 대주교로 지낸 후에 캠브리지에서 신학교수로 임명되었다.[31] 그는 캠브리지에서 에베소서에 대해서 강의하였으며, 영국 교회의 미래 지도자들에게 적지 않은 영향을 미쳤다. 그는 캠브리지 대학교에서 신학박사 학위를 취득했다. 또 그는 칭의와 그 밖의 열띤 주제들에 관하여 논쟁하였고, 목회를 개혁하고 소생시키기 위해 끊임없이 여론을 환기시켰으며, 그 도시의 가난한 사람들을 돌보는 데에도 시간을 할애하였다.[32]

에드워드 6세는 아주 지성적인 인물이었다. 영국에서 마틴 부처는 힘을 다해서『그리스도의 왕국론』논문을 집필했다. 그 방대한 논문을 에드워드 6세에게 증정했다. 왕은 마틴 부처에게 그 논문 책을 증정 받고 아주 기뻐했다. 왕은 그 책에서 마틴 부처가 제시한 대로 영국을 개혁하고자 계획을 했었다. 그런데 안타깝게도 부처는 그 책을 왕에게 증정한 지 몇 달 후에, 1551년 2월 28일 세상을 떠나게 되었고, 캠브리지에 있는 성 마리아 교회에 안장되었다.[33] 그러나 그의 몸은 가톨릭 신앙을 위해서 개신교도들을

---

28) James Heron, *A Short History of Puritanism*, 67.

29) Martin Bucer, *Concerning the True Care of Souls*, 12.

30) Gerhard Brendler, *Martin Luther: Theology & Revolution* (Oxford University Press, 1991), 124.

31) James Heron, *A Short History of Puritanism*, 67.

32) Martin Bucer, *Concerning the True Care of Souls*, 12.; 김재성,『나의 심장을 드리나이다』, 311.

33) James Heron, *A Short History of Puritanism,* 67.; 김재성,『나의 심장을 드리나이다』, 311.

무참히 죽인 피의 여왕 메리(1516-1558)에 의해 1556년 공개적으로 화형을 당하는 수난을 겪었다. 그녀가 죽고 난 후 엘리자베스 여왕이 등극하자 국가적인 장례로 격상시켜서 튜터 왕가에서 저지른 박해로부터 명예를 회복시켜주었다.[34)]

III. 마틴 부처와 칼빈의 관계

마틴 부처가 칼빈에게 준 영향력은 지대하다. 칼빈은 타고난 천재성과 기독교 교리를 조직화하고 명료화시키는 탁월한 은사가 있었다. 하지만, 칼빈도 선임자들의 영향을 받지 않고 자력으로 만인이 칭송하는 신학자의 경지에 오를 수는 없었을 것이다. 칼빈은 에라스무스와 루터의 영향을 많이 받았다.[35)] 젊은 날 칼빈이 닮고자 했던 선망의 대상은 당대 최고의 문필가요, 헬라어의 대가였던 에라스무스였다.[36)] 그 외에 칼빈에게 심대하게 영향을 끼친 인물이 바로 마틴 부처였다. 마틴 부처는 칼빈에게 모든 만물이 하나님의 영광을 위하여 창조되었다는 사실과 하나님의 절대 예정과 선택 교리에 영향을 미쳤다. 그리고 선택 받은 하나님의 백성들은 하나님의 뜻에 따라 활기찬 노력을 기울이며, 최선을 다해 하나님의 영광을 위해서 살아야 됨을 일깨워 주었다.[37)]

칼빈이 제네바에서 기욤 파렐과 함께 급진적인 개혁 역사를 이루어가다가 역풍을 맞게 된다. 칼빈과 파렐은 제네바 시 의회에 세 가지 의견을 제출했다. 첫째는 매월 성만찬을 실시할 것과 교회에 부적합한 자는 훈련

34) 김재성,『나의 심장을 드리나이다』, 311.

35) Williston Walker, *A History of The Christian Church*, 391-392.

36) 김재성,『개혁신학의 광맥』(용인시: 킹덤북스, 2016), 152.

37) Williston Walker, *A History of The Christian Church*, 392.

차원에서 출교할 것을 제안했다. 둘째는 칼빈에 의해서 작성된 교리 문답서를 채택할 것을 주장했고, 셋째는 파렐이 쓴 신조를 모든 시민들이 의무적으로 따르도록 했다.[38]

오래지 않아 칼빈의 개혁 작업은 큰 위기에 봉착하게 되었다. 칼빈과 파렐은 아르미니안 신학을 추구하는 Pierre Caroli라는 사람에 의해서 부당하게 고소를 당하게 된다. 제네바 의회에서 1538년 1월에 이 문제를 놓고 투표를 했을 때, 반대파가 시의회 선거에서 압승을 하게 된다. 성만찬은 어느 누구도 참여하는 것을 막아서는 아니 된다고 결의했다. 이 결의에 칼빈과 파렐은 반대를 했으나 대세를 막을 수는 없었다.[39] 시의회는 1538년 4월 23일 칼빈과 파렐의 성직자 직위를 박탈하고 삼일 내에 제네바를 떠나라는 명령을 내렸다. 제네바에서 강제 추방을 당한 것이다.[40] 일부 과격파들은 파렐과 칼빈을 극형으로 다스려야 한다고 제안하기도 했다. 이 과격파들의 제안을 무마시키고 추방형이 결정되면서 목숨을 부지한 것 만해도 천만다행이었다.[41] 제네바에서 그들의 사역은 철저한 실패로 끝난 것처럼 보였다.

이후 기욤 파렐은 뇌샤텔(Neuchâtel)에서 목회지를 구했다. 그러나 칼빈은 갈 곳이 없었다. 이때 마틴 부처는 딱한 처지에 있는 칼빈을 스트라스부르크로 초청했다. 칼빈은 마틴 부처의 인격과 개신교 진영의 공동 신앙고백서를 만들어 내려는 집념과 열성, 그의 넘치는 에너지와 신실한 헌신에 대해서 감동을 받고 있었기에 스트라스부르크로 발걸음을 옮길 수 있

38) Williston Walker, *A History of The Christian Church*, 395.

39) Williston Walker, *A History of The Christian Church*, 395-396.

40) François Wendel, 『칼빈 그의 신학사상의 근원과 발전』, 김재성 역, (고양시: 크리스찬다이제스트, 2002), 64-65.

41) 김재성, 『나의 심장을 드리나이다』, 300.

었다. 스트라스부르크는 독일 남서부지방의 개신교 진영의 요새와 같은 곳이었다. 그곳에서 칼빈은 마틴 부처와 함께 3년을 보냈다. 스트라스부르크에서 3년은 칼빈의 생애에 있어서 가장 행복했던 시절이었다. 스트라스부르크에서 칼빈은 프랑스에서 개신교 신앙을 고수하다가 핍박을 당해 망명을 온 프랑스 난민을 돕는 목회자로 쓰임 받았다. 그리고 신학을 가르치는 교수로 쓰임 받았다. 칼빈은 그곳에서 스트라스부르크 시민들에게 존경을 받았고, 신성로마제국 황제 카를 5세가 개신교와 가톨릭간의 재 연합을 위해 주선한 신학 토론회에 그 시의 대표로 선출되어 참석했다. 그 신학토론회에서 칼빈은 독일종교개혁의 주역 중에 한명이었던 멜랑히톤과 다른 독일 종교개혁자들을 만나게 된다.[42] 그 후칼빈은 멜랑히톤과 지속적인 교제를 하면서 두터운 친분을 유지하게 된다.[43]

그리고 마틴 부처는 칼빈이 결혼하도록 도와주었다. 마틴 부처는 칼빈의 건강을 돌보아 줄 사람을 찾아서 결혼하도록 강력히 설득하였다.[44] 칼빈은 1540년 8월 초에 마틴 부처의 주선으로 이들레트 드 뷔르(Idelette de Bure)라는 여성과 결혼하게 된다.[45] 그녀는 재세례파 출신이 장 스토르더(Jean stordeur)의 미망인이었다. 칼빈은 재세례파에 빠져있던 장 스토르더를 정통신앙으로 회심시켰다. 그런데 그가 회심한지 오래지 않아 흑사병으로 죽게 된다. 이미 장 스토르더와 이들레트 사이에는 7명의 자녀가 있었다. 이들레트는 조용하고 겸손하며 온화한 성격의 소유자였다. 칼빈은 그녀의

42) Williston Walker, *A History of The Christian Church,* 396.; 김재성, 『나의 심장을 드리나이다』, 316.

43) Philip Schaff, *History of the Christian Church,* 8 vol. (Peabody: Hendrickson Publishers, 2011), 385-398.

44) 김재성, 『나의 심장을 드리나이다』, 338.

45) François Wendel, 『칼빈 그의 신학사상의 근원과 발전』, 77.

성격에 매료되었다. 이렇게 하여 칼빈과 이들레트는 결혼을 하게 된다. 두 사람 사이에서 아들 하나 딸 하나가 태어나지만 어려서 죽게 된다. 1549년 4월 초에 오랜 동안 투병 생활을 했던 이들레트가 죽게 된다. 그 후 칼빈은 이들레트가 남긴 7명의 자녀를 자기 친자식처럼 마음을 다해 양육하게 된다. 15년 동안 독신으로 살다가 생을 마감하게 된다.[46] 칼빈이 스트라스부르크에서 프랑스 난민 목회를 성공적으로 할 수 있었던 이면에는 마틴 부처의 배려와 섬김이 있었던 것이다.

에릭슨은 제네바에서 시행된 이후로 여러 나라에서 시행된 칼빈주의자들의 예배 모범이 마틴 부처의 스트라스부르크에서 영향을 입은 바 크다고 하였다. 슈라이베는 부처와 칼빈의 예정론이 거의 같다는 사실을 증명하였다.[47]

최윤배 교수는 개혁교회의 직제론의 뼈대인 교회의 4중직, 즉 목사, 교사, 장로, 집사를 확실하게 구분하고, 치리(권징) 제도를 도입한 사람이 마틴 부처였다고 주장하고 있다. 마틴 부처가 개혁교회 예배예식을 고안한 원조이며, 인격적으로나 신학적으로 칼빈에게 절대적으로 영향을 끼쳤다고 주장하고 있다.[48] 마틴 부처와 칼빈의 만남은 칼빈에게만 일방적으로 유익한 것은 아니었고, 마틴 부처 역시 이 젊은 수재로부터 많은 영향을 받게 되어서 쌍방이 서로에게 도움을 주고받았다. 젊은 혈기와 열정으로 목표만을 향해 달려가던 칼빈에게는 마틴 부처와의 만남은 일생에 잊을 수 없는 평안과 위로의 시기이기도 했다.

3년 후에 제네바 당국자들은 다시금 칼빈을 제네바로 초청하고자 심혈

46) Philip Schaff, *History of the Christian Church,* 8 vol., 413-424.

47) 김재성, 『나의 심장을 드리나이다』, 305.

48) 최윤배, 『잊혀진 종교개혁자 마르틴 부처』, 8.

을 기울이게 된다. 칼빈은 영적으로 목회적으로 인격적으로 성숙한 후에, 제네바를 개혁주의 신학의 토대위에 견고히 세우고자 하는 거룩한 열정을 품고 돌아오게 된다. 1541년 9월 13일 화요일에 칼빈은 제네바에서 보내준 짐마차를 타고 그 가족들과 함께 시민들의 환영 속에 다시금 제네바로 돌아왔다. 그가 제네바로 돌아오면서 자신의 심장을 주님께 내어 드리고자 하는 열정과 순교자의 각오로 돌아왔다.[49)]

칼빈은 제네바로 다시 돌아와서는 제네바를 완전한 기독교 공동체의 모범적 도시로 만들고자 했다. 칼빈의 엄격한 기강에 대해서 반대하는 세력들도 만만치 않았다. 1554년과 1555년의 선거에서 친 칼빈파의 승리는 칼빈에게 상당한 격려가 되었다. 1555년 1월 칼빈은 '교회 법원' 이 정부의 간섭 없이 출교시킬 수 있는 권한을 영구적으로 승인받았다. 칼빈의 지지파는 상당한 수의 피난민들에게 참정권을 부여하였다. 그리하여 칼빈을 지지하는 세력은 공고해졌다. 1559년에 Geneva Academy를 설립하였다. 이로써 칼빈의 제네바 개혁 사역은 절정에 이르렀다. 이 제네바 아카데미는 루터파와 구별되는 개혁파 신학교육의 중심지가 되었다. 이 훌륭한 신학교는 많은 목사들을 배출하여 프랑스, 네덜란드, 잉글랜드, 스코틀랜드, 독일, 이탈리아 등지에 선교사들을 파송했다. 칼빈의 영향력은 이제 제네바를 넘어 유럽 전체에 미치게 되었다.[50)] 존 낙스는 제네바 아카데미를 수학하고 나서 영국의 한 친구에게 자신이 목격한 칼빈의 제네바 아카데미를 이렇게 소개했다. "아무런 두려움이나 부끄러움이 없이 말할 수 있는 것은, 이곳이야말로 사도 시대 이후로 지상에 존재했던 그리스도의 학교들 가운데

---

49) Philip Schaff, *History of the Christian Church*, 8 vol., 429.; 김재성, 『나의 심장을 드리나이다』, 368-371; William R. Estep, *Renaissance and Reformation*, 240.

50) Williston Walker, *A History of The Christian Church*, 397-401.

가장 완벽한 곳입니다."[51]

칼빈이 이토록 힘 있게 제네바 개혁 역사를 성공적으로 섬김 수 있었던 저력은 스트라스부르크에서 마틴 부처로부터 받은바 위로와 격려와 영적 감화가 있었기 때문이었음을 추정하게 된다.

IV. 그리스도 왕국론의 집필 배경

『그리스도 왕국론』은 마틴 부처가 영국의 대주교 토마스 그랜머의 초청을 받고 영국에 건너가서 영국 왕 에드워드 6세를 위하여 집필하였고 그 왕에게 헌정한 책이다. 마틴 부처는 이 책을 집필하면서 영국 교회를 성경의 가르침대로 개혁하고자 하는 원대한 꿈과 비전을 갖고 개혁의 청사진으로 이 책을 저술했다. 마틴 부처는 성도들의 개개인의 영적인 생활뿐만 아니라, 국가적인 차원에서 치리를 통해서 사회생활까지도 개혁하고자 하는 열망이 있었다. 마틴 부처의 이러한 국가적인 차원에서의 개혁 비전이 저술로 구체화된 것이 바로 이 책이다. 영국에 건너 온 마틴 부처는 영국 왕 에드워드 6세로부터 많은 환대를 받게 된다. 그의 영국 친구들이 영국 왕에게 받았던 환대에 보답하여 스트라스부르크에서 종교 개혁을 진행했던 경험을 살려 영국에서의 종교 개혁의 추진 방향에 대해 조언하는 글을 써서 왕에게 신년 선물로 줄 것을 제안했다. 그는 이러한 제안을 흔쾌히 받아들여 이 책을 심혈을 기우려 1550년 10월에 완성했다. 그러므로 『그리스도 왕국론』은 마틴 부처의 평생 동안의 종교개혁의 경험과 함께 그의 성경신학적 지식이 폭넓게 수록되어 있다. 그는 영국 왕 에드워드 6세 치하에서 진행되던 영국의 종교개혁이 목회자들의 협조 아래 잘 진행

---

51) 김재성, 『나의 심장을 드리나이다』, 493.

되어 영국이 그리스도의 왕국이 될 것을 간절히 기대하면서 이 책을 집필하였던 것이다.52)

V. 그리스도 왕국론의 내용 전개

『그리스도 왕국론』 제1권

마틴 부처의 『그리스도 왕국론』은 두 권으로 구성되어 있다. 먼저 서문에서 마틴 부처는 이렇게 시작하고 있다. "가장 영예롭고 신실한 왕인 폐하께 우리 구주 예수 그리스도를 통하여 하늘에 계신 우리 하나님 아버지의 자비와 호의가 더욱더 풍성하기를 기원하옵나이다." 그리고 이렇게 왕을 칭송하는 글로 장식하고 있다.

> "하나님은 폐하께 그의 이름에 대한 폭넓은 지식으로 조명하시었고, 열정으로 영감을 부어주셨으며, …그의 백성들의 커다란 위로와 회복을 위하여 이 비참한 시대의 어두움과 혼란 속에서 빛나는 어떤 구원하는 별과 같이 다양한 덕들로 폐하를 장식하였습니다."

마틴 부처는 에드워드 6세가 자신의 건강이 악화되어 있을 때 여러모로 배려해 주었고, 매우 관대한 급료를 제공해 주신 사실과 캠브리지 대학에서 성경을 가르칠 수 있는 특혜를 베풀어 주신 것에 감사를 표하고 있다. 특별이 자신을 위해서 20파운드를 지불해야 살 수 있는 고급 난로를 선물로 주셨다는 사실을 언급하며 왕께 진심을 담아 개인적인 감사를 표했다. 그리고 영국에서 그리스도 왕국 건설을 위한 적절한 방법과 수단들을 제시하고자 한다고 했다. 무엇보다 성경을 기초로 해서 그리스도 왕국의 본

52) 이은선, 『멜란히톤과 부처』 (서울: 두란노아카데미, 2011), 28-29.

성과 특성을 보여주기 위해서 최선을 다할 것이라고 했다. 그리고 그리스도 왕국의 특징과 본성과 목적이 무엇인지를 실제적으로 제시할 것이라고 했다. 마지막으로 자신이 제시한 계획과 제안들을 왕이 읽고 유익을 얻기를 바란다면서 서문을 마무리 했다.[53]

『그리스도 왕국론』 1권에서 마틴 부처는 그리스도 왕국에 대한 본질과 특성에 대해서 소개하고 있다. 그리고 그리스도 왕국의 회복을 위해서 무엇이 필요한가를 성경을 기초로 추적하고 있다. 마틴 부처는 로마 가톨릭 교회가 적그리스도를 따르고 있으며, 거짓된 교리와 부패한 가르침을 따르고 있다고 고발하고 있다.

> "그들의 머리인 최고 높은 로마 가톨릭 교회의 적그리스도를 따르고 있는 적그리스도들과 거짓 감독들과 성직자들은 먼저 성자들의 공로들과 자신들의 공로들에 대한 수없이 많은 해로운 설명들과 그들의 예배 의식들의 구원하는 능력에 관한 설명들을 포함하는 복음의 가르침에 무서울 정도로 부패하였다. 이 모든 내용들은 너무나도 분명하게 불경건한 것이며, 또한 불경한 행위들을 조장하는 것들이다. 한 걸음 더 나아가서 그들은 알아듣지 못하는 외국어로 이 모든 것들을 그리스도의 백성들에게 현재케 하고, 성경을 읽는 것을 금지시킨다. 그 결과 마침내 그들은 성례전과 그리스도의 치리를 완전히 전도시키고, 그들이 회복되는 것과는 너무나도 거리가 먼 곳으로 가도록 하기 위해 그들에게 주어진 모든 힘을 사용한다."[54]

이에 마틴 부처는 "주님께서 정의로운 심판을 통하여 로마 적그리스도

---

53) Martin Bucer, *De Regno Christi,* 이은선 · 최윤배 옮김, 『그리스도 왕국론』 (서울: 두란노아카데미, 2011), 241-243.

54) Martin Bucer, 282.

와 거짓 감독들의 독재를 제거하시고, 그들이 많은 재난과 시험들을 직면하게 하실 것이다." 며 그들에게 하나님의 심판을 경고했다.[55]

마틴 부처는『그리스도 왕국론』에서 하나님의 주권적인 선택에 대해서 강조하고 있다. 그리스도의 왕국은 하나님의 선택하신 사람들의 구원의 사역이라고 했다. "우리 왕은, 아버지에 의해 그에게 주어진 자들을 죄로부터 깨끗하게 하시고, 한걸음 더 나아가 사탄의 힘으로부터 그들을 더욱 구원해 내시며, …모든 악으로부터 그들을 지키신다." "이 통치 안에서 하나님의 선택받은 자들은 죄와 악마들로부터 구원받을 것이다. …그리스도는 그의 주권과 능력을 통하여 그의 선택받은 자들은 모든 악으로부터 구원하시고, 그들을 하나님의 생명으로 인도하였고, 아버지와 함께 영원히 그들 안에서 사실 것이며, 그들에 의해서 영화롭게 되실 것이다."[56]

그리고 마틴 부처는 제5장에서 '그리스도 왕국은 무엇이며, 그리스도 왕국의 회복을 위하여 무엇이 필요한가?'라는 질문을 던진 후에, 그리스도 왕국을 이렇게 정의하고 있다. "우리 구주 그리스도 왕국은 하나님의 선택된 사람들의 영생을 관리하고 돌보는 곳이다." 그리고 마틴 부처는 "그리스도 왕국을 위하여 헌신하지 않는 사람들은 영생의 참여자들이 아니다." 고 했다.[57] 마틴 부처는 당시 가톨릭의 성례전에 대해서 노골적인 불만을 토로하고 있다. "성스러운 의식들은 백성들을 위하여 각 나라의 언어로 수행되어야 한다." 고 했다.[58] 당시 가톨릭교회의 미사는 이탈리아 사람들과 대학 교육을 받은 사람들 외에는 알아듣지 못하는 라틴어로만 거행되었다. 그리고 그리스도의 성례전에 대해서 타락하고 사악한 오용이 있다고 지적

---

55) Martin Bucer, 286.
56) Martin Bucer, 298.
57) Martin Bucer, 300-301.
58) Martin Bucer, 301.

했다.[59] 그리고 그리스도 왕국의 참된 시민들은 삶 전체를 통하여 그리스도를 통해서 지배를 받아야 되며, 그리스도의 통치를 받아야 하며, 죄로부터 모든 경건과 의를 추구하며 깨끗하게 되며, 영생을 위해서 교육받고 훈련받고, 완전하게 되기 위하여 자신들을 그리스도께 바쳐야 됨을 강조하고 있다. 그리고 사역자들은 자신들의 삶의 거룩한 모범을 통해서 사람들에게 본을 보이며, 흥미를 불러일으켜야 한다고 했다.[60]

제7장에서 성례의 집행을 강조하고 있다. 성례전에는 그리스도께서 제정하신 두 가지 성례, 즉 세례와 성만찬이 있음을 언급했다. 그리고 성례전은 다음과 같은 과정을 따르게 했다. 첫째, 거룩하고 흠이 없는 사역자들이 각 성례전을 집례하며, 주님의 말씀에 따라서 흠이 없고 거룩하다고 인정된 사람들에게만 성례전을 베풀게 했다. 세례에 의해 사람들의 죄가 씻기고, 영생을 위해 중생하고, 다시 새로워지며, 주님이신 그리스도의 교회에 가입되고, 그리스도로 옷 입게 되어야 한다고 했다. 그리고 이 모든 것들이 영생으로 선택된 사람들에게만 보전된다고 했다. 세례 받기 전에 철저하게 교리문답 교육을 받아야 하며, 자신들의 입술로 고백한 것을 자신의 마음으로 믿는지에 대해서 부지런히 테스트를 받아야 한다고 했다. 둘째로, 이 성례전을 통해 죄에 대한 사면과 그리스도와의 거룩한 교제가 제공되고, 영원한 구원의 약속이 보증되고, 확증된다고 했다. 고대 교회에서는 세례를 받은 자들이 세례에 대한 신비들을 축하하기 위해 완전히 8일간 축제일을 보냈다고 했다.[61]

제9장에서 회개의 치리에 관해서 교훈하고 있다. 사악한 범죄를 행한

59) Ibid.
60) Martin Bucer, 306.
61) Martin Bucer, 314.

자들을 제명하여 그리스도의 성례전에 받아들이지 않게 했다. 범죄한 자들이 진심으로 자신들의 불경건함에 대한 두려움을 심각하게 인식하고, 그것을 개탄하며, 불경건한 삶을 후회하는 회개가 일어나서 진실되게 회개하지 않는 자는 용서하지 못하게 했다.[62] 마틴 부처는 범죄한 자가 죄를 심각하게 인식하고 참된 회개를 하여 진실한 성도로 거듭나야 함을 강조하고 있다.[63] 그리고 마틴 부처는 가톨릭교회가 예수님의 말씀과 교훈들을 그대로 수용하고 실천하지 않고, 자신들의 생각과 사상을 앞세우며, 그리스도의 말씀과 교훈을 임의로 가감하여 예수님께서 우리에게 전달해 준 것과는 다른 종교적인 사역들을 만들어 내는 일은 사악한 것이라고 지적했다. "그러므로 우리는 이 말씀을 유념해야 한다. 만약 모세를 통해 주어진 율법의 말씀들에 신실하지 못한 자들에게 저주가 선언되었다면, 하나님의 아들의 말씀들에 충실하지 못하는 자들에게 얼마나 더 큰 저주가 있겠는가?"[64]

마틴 부처는 하나님의 나라가 완전히 회복되도록 열정적으로 최선을 다해서 행동할 것을 강조하고 있다. 각자가 주님으로부터 받은 각각의 소명과 은사를 따라 열심히 행동하지 않는다면, 현재와 미래의 축복을 빼앗기게 되고, 지옥에 떨어질 것이라며 강력하게 경고하고 있다.[65] 마틴 부처는 성경을 읽고 성경이 신적인 것임을 믿는 모든 사람들은 우리의 왕이시며, 구세주이신 그리스도의 모든 규정들과 가르침들을 열렬하게 받아들여서 최고의 존경심으로 준수할 것을 강조하면서『그리스도 왕국론』1권을 끝내고 있다.

---

62) Martin Bucer, 321.
63) Martin Bucer, 322-327.
64) Martin Bucer, 345.

하나님의 주권 신앙과 선택 사상을 강조하는 이런 면면을 볼 때, 마틴 부처는 개혁주의 신학 사상으로 철저하게 무장되어 있음을 확인하게 된다. 그리고 그는 성경의 권위를 존중하며, 그리스도의 왕국을 확립하고 세우기 위해서 각자의 소명과 은사를 십분 발휘해서 열정적으로 최선을 다해서 일하도록 권면하고 있다. 그리스도의 왕국 건설은 바른 신학의 정립과 함께 왕국을 사모하는 백성들의 헌신이 절실히 요구됨을 강조했다.

『그리스도 왕국론』 제2권

제1장에서 마틴 부처는 그리스도의 왕국은 헌신된 왕에 의한 모든 방법들과 수단들로 그리스도 왕국이 개혁될 수 있고 개혁되어야만 한다고 했다. 마틴 부처는 주교들에게 왕국의 개혁을 맡겨서는 아니 됨을 강조했다. 가장 높으신 왕중의 왕이신 전능하신 하나님에 의해 위임된 왕이 주도적이 되어 교회를 개혁해야 하며, 주교들과 모든 성직자들은 왕권에 굴복해야 함을 주장했다.[66] 마틴 부처는 성경에 등장하는 다윗과 솔로몬, 아사, 히스기야, 요시야, 느헤미야 같은 인물을 예로 들면서 왕권신수설을 지지했다. 당대에 참 종교가 심각하게 타락하고 모든 제사장들이 치명적으로 타락했을 때, 이러한 사람들은 왕적인 권리와 의무로써 종교를 갱신하는 일에 착수했음을 회고케 했다. 다만 경건한 사람들을 왕의 충고자요 보좌관으로 둘 수 있다고 제안했다.[67]

그리고 마틴 부처는 복음 전도자들이 왕국의 모든 영역, 모든 곳으로 파송되어야 한다고 했다. 그리하여 부지런히 열정적으로, 적절한 방식으로 모든 사람들에게 그리스도의 복음을 전해야 한다고 했다. 그리고 그리스도

65) Martin Bucer, 346.
66) Martin Bucer, 349.
67) Martin Bucer, 350.

의 왕국은 법령에 의해서라기보다 경건한 설득과 복음의 정확한 설교에 의해서 개혁돼야 한다고 했다.[68] 한편 마틴 부처는 가톨릭교회의 미사의 문제점을 지적하면서 하나님의 진리와 가르침을 왜곡시켜 가르치는 자들에게 하나님의 진노가 아주 준엄하게 일어나게 될 것이라고 했다.[69]

마틴 부처는 우수한 복음의 전도자를 양성하기 위해서 Oxford와 Cambridge 대학을 개혁할 것을 건의하고 있다. 두 대학은 유럽의 어느 대학보다 좋은 법을 가지고 기부되고 설립된 대학임을 인정하면서, 이 대학을 통해서 복음의 열정을 가진 우수한 젊은 전도자들을 배출할 것을 제안하고 있다. 그리하여 교회를 파괴하고 양들을 늑탈하는 늑대들로부터 교회를 보호하고 본래 목적에 맞게 교회를 회복시켜가야 함을 강조하고 있다.[70]

마틴 부처는 어린이들을 하나님에 대해 교리 문답 교육을 받아야 함을 강조했다.[71] 그리고 거룩한 날, 즉 주일에 오락을 금하고 성화시켜 가야함을 강조했다.[72] 마틴 부처는 에드워드 왕에게도 상당한 어조로 경고성 발언을 하면서 왕이 그리스도 왕국 건설에 박차를 가하도록 권면했다.

> "만약 폐하께서 주님으로부터 받은 모든 강함과 능력을 가지고 하나님과 교회에 대한 자신의 의무를 다하려고 노력하지 않는다면, 폐하께서는 하나님에 의해서 심판을 받으실 것입니다."[73]

그리고 마틴 부처는 교회의 빼 놓을 수 없는 중요한 임무요 과업 중에 하나가 구제임을 강조하고 있다. 구제를 할 때, 가난한 자들의 상태를 정

68) Martin Bucer, 353-356.
69) Martin Bucer, 357.
70) Martin Bucer, 358-362.
71) Martin Bucer, 365.
72) Martin Bucer, 366-368.
73) Martin Bucer, 388.

확하게 파악하고 치우치지 않는 공정한 분배를 할 것을 권면하고 있다. 마틴 부처는 교회 수입의 사분의 일의 한도 내에서 구제 활동을 하도록 제안하고 있다.[74)]

마틴 부처는 그리스도 왕국 건설을 위해서 공공 교육의 중요성을 강조하고 있다. "누구든지 일하기 싫어하거든 먹지도 말게 하라."(살후 3:10) 말씀을 인용하면서 교회에서나 사회에서나 공동 이익에 공헌하는 정직한 노동에 기여하지 않는 게으른 자들은 배제하도록 했다. 교육을 통해서 자녀들을 훈련하며 공동의 이익에 부합한 인물로 양육해 가야함을 강조하고 있다. 자녀들을 훈련하는데 성경 읽기가 중요함을 역설하고 있다. 근면한 성경 읽기는 '하나님의 형상'의 회복에 가장 큰 공헌을 하고 있다고 했다. 성경을 부지런히 읽을 때, 불경건함을 종식시킬 수 있다고 했다. 모든 그리스도인들이 가능한 성실하게 읽고 쓰기를 배우도록 법으로 제정되어야 함을 강조했다. 그래야만이 그리스도께 헌신된 어린이들에게 기독교 교리 문답을 할 수 있기 때문이다. 그리스도의 완전한 통치를 받기 위해서 이러한 학교들이 많이 세워져야 함을 강조했다.[75)]

마틴 부처는 쾌락과 사치는 건전한 노동을 방해하는 가장 큰 함정이라고 했다. 그러므로 왕이 이러한 해악들에 대항하는 방탕한 윤리를 규제하는 법률을 확립할 것을 권고하고 있다.[76)] 그리고 그리스도 왕국 건설을 위해서 시민법을 개정하고 완성할 것을 권면하고 있다. 시민법을 개정할 때, 그 법의 근본정신은 하나님 사랑과 이웃 사랑에 기초해야 함을 강조하고 있다. 십계명을 경외함으로 지켜야 함을 강조하고 있고, 안식일을 거룩하

---

74) Martin Bucer, 396-405.
75) Martin Bucer, 427-430.
76) Martin Bucer, 451.

게 지키도록 권면하고 있다.[77]

그리고 마틴 부처는 모든 면에서 성실한 삶을 강조하며, 게으른 자들은 어떠한 시민 계급에서도 용납되어서는 아니 됨을 주장했다. 특히 학자들과 종교인들에게는 다른 시민들보다 탁월한 근면성을 보일 것을 강조했다.[78] 또한 마틴 부처는 그리스도 왕국의 경제적 발전을 위해서 시장을 개혁하고, 시장 경제를 활성화해야 함을 강조하고 있다. 경제 활동을 할 때, 그리스도인들은 허례와 사치의 호화로움을 피하고, 그리스도인으로서의 바른 상업 윤리와 절제하고 절주하며 근면한 바른 행위를 결여하지 말아야 함을 역설했다.[79]

더 나아가 마틴 부처는 하나님을 경외하는 좋은 행정관을 임명하여 그리스도의 왕국을 효율적으로 통치할 것을 권고하고 있다. 행정관은 기독교에 대한 지식이 다른 사람들보다 뛰어나야 하며, 칭찬받을만한 가치가 있는 인물이어야 한다. 그리할 때, 시민들을 기독교의 바른 가르침으로 잘 계도할 수 있다고 했다.[80] 마지막으로 마틴 부처는 형벌을 강화해서 법질서를 회복하도록 권면하고 있다. 악덕한 범죄와 사악한 행동을 혐오하고 정직과 진실한 자선과 자비로움과 선한 행위가 보존될 수 있게 해야 함을 역설했다. 하나님 없이 범죄하고 사악한 인간들에 대한 정당한 처벌이 인류의 치명적인 질병에 대한 치료책임을 강조했다.[81]

마틴 부처는 영국이 그리스도의 왕국이 되길 소원하면서 왕국의 건설을 위해서 필요한 방법과 수단들에 대해서 적절하게 제안했고 조언했다. 그의

77) Martin Bucer, 454-458.
78) Martin Bucer, 441.
79) Martin Bucer, 437-439.
80) Martin Bucer, 459-460.
81) Martin Bucer, 478-484.

제안은 플라톤의 이상적 공화국을 지향하기보다 영원불변의 진리인 하나님의 말씀에 기초해서 제안했다. 특이한 점은 마틴 부처가 이런 사람들을 염두에 두고 이 글을 썼다는 점이다. "내가 그리스도 왕국의 완전한 회복과 갱신에 관하여 쓰기 시작했을 때, 나는 오직 다음과 같은 사람들만을 필연적으로 마음에 두었다. 즉 하나님께서 '자신을 위하여 세상으로부터 선택되고' (요 15:19), '세상 창조 전에 선택되고, 예지되고, 예정되고' (엡 1:4), 또한 그의 때에 '부름 받고, 칭의 받고, 영화된' (롬 8:29-30) 사람들이다."[82] 마틴 부처는 철저하게 하나님 주권 신앙을 강조했고, 하나님께서 주권적으로 선택된 자들을 위한 그리스도의 왕국이 건설되길 염원하며 이 글을 썼음을 확인하게 된다.

그리고 마지막으로 마틴 부처는 영국 왕 에드워드 6세에게 이런 제안을 하고 있다. "나는 폐하가 호의적으로 이러한 문제에 대한 나의 제안과 충고의 작은 일을 받아들이기를 기도한다." 그리고 "우리의 하늘의 하나님, 우리의 주 예수 그리스도는 여러분의 통치자를 지켜 주시길 기도한다. 그리고 그가 모든 것에서 성공하게 해주기를, 그의 자신의 영광이 커가고, 그의 나라의 모든 백성에게 놀랄만한 위로와 구원을 주시기를, 이 나라와 다른 나라 안에서, 항상 간구합니다. 아멘. 아멘." 하면서 이 위대한 작품을 끝내고 있다.[83]

마틴 부처의 주장에 대한 반론

마틴 부처의 그리스도 왕국 건설을 위한 건설적인 제안에 많은 부분 공감을 하는 것이 사실이다. 그러나 조금 지나치고, 수용하기 어려운 부분들

82) Martin Bucer, 489.
83) Martin Bucer, 495-496.

이 있는 것도 사실이다. 특히 금식에 대한 그의 주장에 대해서는 공감하기 어려운 부분이 있다. "주님 자신과 그의 제자들이 아주 강력하게 교회에게 금식을 권고하셨기 때문에, 확실히 금식하지 않는 사람들은 그리스도의 영과 주권 속에서 영광을 결코 돌릴 수가 없다. 따라서 그리스도 왕국을 보기 원하는 사람들에게 최소한 일 년 중 며칠이라도 금식의 치리를 회복하는 것이 필수적이다."[84]

마틴 부처의 이런 주장은 너무 자의적이며, 치우친 면이 있음을 보게 된다. 주님께서는 금식의 준수는 그리스도인들의 자유에 맡기셨다(마 6:16-17; 마 9:15, 고전 7:7). 우리가 금식 무용론을 주장하는 것은 비성경적이고, 잘못된 가르침임에 틀림없다. 그러나 금식을 하지 않는다고, "그리스도의 영과 주권 속에서 영광을 결코 돌릴 수 없다." 이런 극단적인 표현은 매우 부적절하다고 생각된다.

그리고 진실한 교사들에 의해서 교리문답에 의해서 가르침을 받게 될 때, 교리문답의 유익과 중요성을 강조하는 것은 합당하다고 생각된다. 하지만, 예수님이 교리문답에 참여했다는 것을 기정사실화하며 일방적으로 주장하는 것은 수용하기가 어렵다. "우리 주 예수 그리스도가 그의 부모가 알지 못한 채 예루살렘에 남겨진 열두 살 때 이런 종류의 교리문답에 참여했다. 그러므로 사도 누가는 그에 대해 다음과 같이 기록한다. '그들은 예수가 그들의 말을 듣기도 하고 그들에게 질문도 하면서 그 선생들 가운데서 성전에 앉아 있는 것을 발견했다. 그리고 그의 말을 들은 모든 이들은 그가 이해하고 대답하는 것에 놀랐다' (눅 2:46-47). 그러므로 예수는 그때 들었다. 누구에게서 말인가? 의심할 여지없이 그와 다른 소년들에게 교리

---

84) Martin Bucer, 334.

문답을 가르치는 교사들로부터 들었다. 왜냐하면 예수님은 모든 것에서 항상 가장 온건함을 보이셨기 때문이다. 참으로 교리 교육의 특징으로서 교사들이 질문했을 때, 예수님은 교사들에게 질문도 하고 답변도 하셨다."[85]

예수님께서 성전에서 만난 선생들에게 듣기도 하시며 묻기도 했다는 것을 무리하게 교리문답 이란 용어로 꿰어 맞추기보다, 자연스럽게 성령의 인도하심 가운데 선생들에게 필요한 질문을 하면서 그들에게 도움도 주고, 필요한 배움을 얻었다고 하면 좋을 것이다.

또 요한복음 4장에 등장하는 사마리아 여인과 예수님과의 만남을 언급하면서도 예수님이 그녀에게 교리문답을 가르치셨다고 했다.[86] 이것도 적절하지 않게 느껴진다. 그냥 자연스럽게 예수님께서 영적으로 육적으로 목마른 그 여인을 인격적으로 만나주셨고, 대화해 주셨고, 그녀의 영적인 갈급함을 해결해 주셨으며, 그 영혼을 구원해주셨다고 하면 좋을 것이다.

나가는 말

마틴 부처는 16세기 종교개혁 역사에 있어서 매우 중요한 인물이며 큰 역할을 했다. 그런데도 다른 종교개혁자들에 비해서 평가절하 되고 역사적으로 오랫동안 잊혀진 인물로 남아 있었다. 실제로 마틴 부처는 칼빈에게 지대한 영향을 미치게 되었고, 칼빈의 영적인 아버지로까지 일컬어지고 있다. 그는 개혁 교회의 직제론의 뼈대인 교회의 4중직 즉, 목사, 교사, 장로, 집사제도를 창안했고, 치리와 권징을 도입했으며, 개혁 교회의 예배 의식을 고안한 원조로 불리고 있다. 그는 인격적으로나 신학적으로 칼빈에게 큰 영향을 미친 인물이다. 마틴 부처는 칼빈뿐만 아니라, 멜랑히톤, 쯔빙글

85) Martin Bucer, 310-311.
86) Martin Bucer, 312.

리, 루터에 이르기까지 종교개혁자들에게 크고 작은 도움을 주었다. 마틴 부처는 영국의 대주교였던 토마스 그랜머의 초청으로 영국에 건너가게 된다. 그는 영국 왕 에드워드 6세를 도와 영국을 그리스도의 왕국으로 건설하고자 하는 야심찬 구상을 했었다. 그의 원대한 비전과 신념 가운데 그는 심혈을 기우려 『그리스도의 왕국론』을 집필하여 에드워드 6세에게 헌정했다.

마틴 부처의 이 작품은 그가 평생을 두고 마음속에 간직했던 이상적인 그리스도 왕국 건설을 염원하며 집필한 것이다. 그 책에서 마틴 부처는 첫째, 로마 가톨릭이 거짓된 교리와 부패한 가르침을 따르고 있으며, 하나님의 진리를 왜곡시켜 가르치고 있다고 비판했다. 특히 성례전에 대해 타락하고 사악한 오용이 있다고 지적했다. 둘째, 그리스도의 왕국은 전능하신 하나님에 의해서 위임된 왕이 주도적으로 교회를 개혁해야 됨을 주장했다. 셋째, 치리와 권징과 교육을 통해서 교회의 기강을 세워가야 함을 강조했다. 넷째, 믿음으로 의롭게 된 성도들의 성화를 강조했고, 하나님 나라 완전한 회복을 위해서 최선을 다해 행동할 것과 성경 말씀을 준수 할 것을 강조했다. 다섯째, 그리스도 왕국 건설을 위해서 공공 교육의 중요성을 역설했고, 대학을 개혁할 것을 주장했다. 대학을 통해 인재를 양성하고 유능한 전도자를 배출할 것을 제안했다. 여섯째, 국가적인 차원에서 법질서 강화와 확립을 통해서 사회의 해악들이 제거되고, 정의와 공의가 실현되고 선한 행위가 보존되는 나라가 되어야 함을 강조했다. 마틴 부처는 성경적 가르침과 교훈을 적절하게 인용하며 설득력 있게 그리스도 왕국 건설에 필요한 제안을 했다.

오늘날 한국과 세계 교회에 너무나 강력한 세속화 물결이 밀어닥쳐 비틀거리는 교회가 적지 않다. 신앙의 짠맛을 상실하고 맛 잃은 소금처럼 되어 세상에서 아무런 영향력을 발휘하지 못하는 무력한 신자들이 많다. 이들로 인해 교회의 영광과 거룩성이 훼손되어 가고 있다. 마틴 부처가 제안했던 치리와 권징을 통해서 교인들을 교육하고 훈련하는 일을 소홀히 하지 않았다면, 교회는 건강성과 거룩성을 보존하고 세상의 죄악의 파도와 맞서서 넉넉히 싸워 이겨갔을 것이다. 오늘날 교회의 치리와 권징이 회복되고 교리문답교육과 필요한 신앙교육이 강화되어야 함을 절실하게 느끼게 된다. 깨어 있는 성도, 성경 말씀으로 무장된 성도, 필요한 교육과 훈련을 통해 죄와 싸워 이기는 성도들로 인해서 세속화의 거대한 물결을 거슬리며, 교회의 영광과 거룩성을 회복하는 교회들이 새롭게 출현하길 기대해 본다.

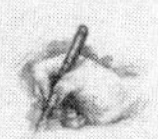

참고 문헌

1. 국내 서적

김재성. 『나의 심장을 드리나이다』. 용인시: 킹덤북스, 2012.

김재성. 『개혁 신학의 광맥』. 용인시: 킹덤북스, 2016.

김익원. 『사상 속의 사상』 서울: 성광문화사, 1987.

김의환. 『기독교회사』 서울: 성광문화사, 1983.

이동섭. 『영국의 종교개혁』 서울: 수서원, 1990.

이상규. 『교회개혁사』 서울: 성광문화사, 1997.

최윤배. 『잊혀진 종교개혁자 마르틴 부처』. 서울: 대한기독교서회, 2015.

2. 외국서적(번역서)

Bucer, Martin. *Concerning the True Care of Souls*. 신현복 역. 『영혼을 돌보는 참된 목회자』. 서울: 아침영성지도연구원, 2013.

Bucer, Martin. *De Regno Christi*. 이은선 · 최윤배 옮김. 『그리스도 왕국론』. 서울: 두란노아카데미, 2011.

Brown, Harold O. J. *Heresy and Orthodoxy in the History of the Church*. 라은성 역. 『교회사 안에 나타난 이단과 정통』. 서울: 도서출판 그리심, 2002.

Cannon, William R. *History of Christianity in the Middle Ages*. 서영일 역. 『중세 교회사』. 서울: 기독교문서 선교회, 2002.

Estep, William R. *Renaissance and Reformation*. 라은성 역. 『르네상스와 종교개혁』 서울: 그리심, 2002.

Heer, Friedrich. *The Medieval World*. 김기찬 역. 『중세의 세계』. 고양: 크리스챤 다이제스트, 2002.

Heinze, Rudolph W. *The Monarch History of The Church*. 원종천 역. 『개혁

과 투쟁』. 서울: 도서출판 그리심, 2010.

Heron, James. *A Short History of Puritanism*. 『청교도 역사』. 박영호 옮김. 서울: CLC, 1996.

Jones, Tutur. 김재영 역. 『기독교 개혁사』. 서울: 나침판사, 1990.

Lindsay, Thomas M. *A History of the Reformation*. 이형기 · 차종순 역. 『종교개혁사 Ⅰ』. 서울: 한국 장로교출판사, 1993.

Lloyd-Jones, David Matyn. *The Puritans: Their Origins and Successors: Addresses Delivered at the Puritan and Westminster Conferences*. 서문강 역. 「청교도 신앙-그 기원과 계승자들」. 서울: 생명의 말씀사, 1995.

Luther, Martin. *Martin Luther's Three Treatises*. 『마틴 루터의 종교개혁 3대 논문』. 지원용 역. 서울: 컨콜디아사, 2012.

McGrath, Alister E. *Reformation Thought An Introduction*. 박종숙 역. 『종교개혁 사상 입문』. 서울: 성광문화사, 1992.

Michael Bauman & Martin l. Klauber. *Historians and Christian Tradition*. 라은성 역. 『전통을 지켜온 기독교 역사가들』. 서울: 이레서원, 2002.

Norman L. Geisler and Ralph E. Mackenzie, *Roman Catholics and Evangelicals*. 라은성 역. 『로마 가톨릭주의와 복음주의』. 서울: 도서출판 그리심, 2003.

Ozment, Steven. *The Age of Reform 1250-1550*, 손두환 · 강정진 역. 서울: 칼빈서적, 1998.

Walker, Williston. *A History of the Christian Church*. Edinburgh: T. & T. Clark Ltd., 1986. 송인설 역. 『기독교회사』. 고양: 크리스챤 다이제스트, 2002.

Wendel, François. 『칼빈 그의 신학사상의 근원과 발전』. 김재성 역. 고양시: 크리스찬다이제스트, 2002.

Weigle, Luther A. *The English New Testament from Tyndale to the Revised Standard Version*. 유성덕 · 유영용 역. 『영어 성경사』. 서울: 총신대출판부, 1994.

3. 외국 서적

Armitage, Thomas. *A History of the Baptists*. New York: Bryan, Taylor, & co., 1887.

Bainton, Roland H. *Here I Stand: A life of Martin Luther*. New York: Abingdon Press, 1950.

Bruce, F. F. *History of the Bible in English*. New York: Oxford Press, 1978.

Calvin, John. *Institutes of the Christian Religion*. Ed. John T. McNeil, Tr. Ford Lewis Battles. Philadelphia: The Westminster Press, 1960.

Cammack, Melvin Macye. *John Wyclif and the English Bible*. New York: American Tract Society, 1938.

Crosby, Thomas. *History of the English Baptists*, I. Lafayetle, TN: Church History Research and Archives, 1978.

David G. John Wycliffe, *The Dawn of the Reformation*. Southampton: Mayflower Christian, 1984.

Dickens. *The English Reformation*. New York: Schoken Books, 1964.

Eadie, John. *History of the English Bible*. I. London: Macmillan, 1876.

Eells, Hastings. *Martin Bucer*. New Haven: Yale University Press, 1931.

Eisenstein, Elizabeth. *The Printing Press as an Agent of Change*. Vol. II. New York: Cambridge University Press, 1979.

Estep, William R. *Renaissance and Reformation*. Grand Rapids: Eerdmans, 1992.

Farr, William. *John Wyclif As Legal Reformer*. Leiden: E. J. Brill, 1974.

Fountain, David G. *John Wycliffe, The Dawn of the Reformation*. Southampton: Mayflower Christian, 1984.

Hoare, H. W. *Our English Bible: The Story of Its Origin and Growth*. New York: Dutton, 1925.

Kenny, Anthony. *Wyclif in his Times*. Oxford: Clarendon Press, 1986.

Koch, K. Studium *Pietatis: Martin Bucer als Ethiker*. Neukirchen: Neukirhener Verlag, 1962.

Lindsay, Thomas. *A History of the Reformation*. Vol. II. Edinburgh: T. & T. Clark, 1907.

Luther, Martin. *Three Treatises*. Philadelphia: Muhlenberg Press, 1975.

Luther, Martin. *Small Catechism, in The book of Concord*. Translated and Edited by Theodore G. Tappert. Philadelphia: Muhlenberg Press, 1959.

McDonell, Killian. *John Calvin, the Church, and the Eucharist*. Princeton: Princeton University Press, 1967.

Poole, Reginald Lane. *Wycliffe and Movements for Reform*. New York: Anson D. Randolph & Company, 1978.

Sheldon, Henry C. *History of Christian Church*. Ⅱ. New York: Harper & Brothers, 1886.

Schaff, Philip. *History of the Christian Church,* vol. Ⅵ. Peabody: Hendrickson Publishers, 2011.

Schaff, Philip. *History of the Christian Church*. vol. VII. Peabody: Hendrickson Publishers, 2011.

Schaff, Philip. *History of the Christian Church*. vol. VIII. Peabody: Hendrickson Publishers, 2011.

Schaff, David S. *John Huss- His Life, Teachings and Death*. New York: Charles Scribner's Sons, 1915.

Sheldon, Henry C. *History of Christian Church*. Vol. Ⅱ. New York: Harper & Brothers, 1886.

Simms, Paris Marion. *The Bible from the Beginning*. New York: Macmillam Co., 1929.

Smith, Preserved. *The Age of the Reformation*. New York: Henry Holt and Company, 1995.

Spinka, Matthew, Ed. *Advocates of Reform: From Wycliffe to Erasmus,* Library of Christian Classics. Vol. 14. Philadelphia: Westminster Press, 1953.

Spinka, Matthew, Ed. *John Hus' Concept of the Church*. Princeton: Princeton University Press, 1966.

Stephens, W. P. *The Holy Spirit in the Theology of Martin Bucer*. Cambridge:

Cambridge University Press, 1970.

Walker, Williston. *A History of The Christian Church*. New York: Charles Scribner's Sons, 1918.

Walt, B. J. Van Der. *Anatomy of Reformation*. South Africa: Potchefstroom University for CHE, 1991.

Workman, Herbert B. *The Dawn of the Reformation*. Vol. I. London: AMS Press, 1978.

Workman, Herbert B. *John Wycliff: A Study of the English Medieval Church*. Vol. Ⅱ. Oxford: Clarendon Press, 1926.

4. 정기간행물 및 논문

문상철. "요한 위클리프의 개혁 사상". 신학석사 학위논문, 아세아연합신학대학교, 1994.

박영배. "성서 번역의 역사와 위클리프 성서". 『어문학』18. (국민대 어문학 연구소, 1999): 129-62.

임영천. "개혁의 선구자 존 위클리프". 『월간 목회』 (1984년 10월): 112-113.

5. 사전류

『교회사 대사전』 Vol. Ⅱ. 서울: 기독지혜사, 1994.

Encyclopedia Britannica Dictionary. Vol. XII, 1988.

The Columbia Encyclopedia, 2001.

6. 인터넷 자료

The Cambridge History of English and American Literature. Vol. Ⅱ. Available from http://www. bartleby.com/212/0207.html: Internet; accessed on 12 November, 2003.

Cloud. David W. "John Wycliffe and The First English Bible". Available from http://www.wayoflife.org/articles/johnwycliffe.html: Internet; accessed on 31 August, 2003.

Mrs Margaret Shand. "John Wycliffe". Available from http://wholesome words.org/biography/biorpwycliffe.html: Internet; accessed on 19 September, 2003.

에라스무스와 루터의 생애와 사상

김 명 수 지음

248면 반양장

에라스무스는 마틴 루터보다 앞서 중세 교회의 타락과 성경에서 빗나간 가르침과 실종된 기독교 윤리에 대해서 깊은 문제의식을 갖고, 교회 개혁을 위한 지성적 나팔을 불어 온 유럽을 일깨웠던 인물이다. 당시 에라스무스는 '그 시대의 최고 등불이자 만대의 가장 위대한 학자' 로 일컬어졌다.

그의 저서들은 르네상스와 종교개혁의 원동력이 되었다해도 과언이 아니다. 에라스무스는 루터가 종교개혁을 일으킬 수 있는 영적 환경을 앞서 조성한 자였다. 그래서 많은 사람들이 에라스무스가 종교개혁의 알을 낳았고, 루터가 그 알을 부화시켰다고 했다.

어떤 학자는 존 위클리프와 존 후스가 종교개혁을 위한 화약통에 화약을 채웠고, 에라스무스가 도화선을 깔았으며 루터가 마침내 터뜨렸다고 했다.

김 명 수 지음　　240면 반양장

기독교 르네상스와 루터의 종교개혁

이 책은 기독교 르네상스라는 큰 역사의 족적을 보여준다. 하나님께서 진실되게 회개하고 새 삶을 살고자 결단한 '제럴드 그루터'란 한 인물을 주목하셨고, 그 삶 가운데 어떻게 개입하셨고, 그 한 사람의 믿음의 결단과 헌신을 얼마나 귀하게 쓰셨는가를 생생하게 보여준다. 그리고 기존의 중세 교회 역사에서 치우친 역사관을 새롭게 조망할 수 있는 안목을 넓혀준다. 남부 이탈리아에서 시작된 세속적이고, 인본적인 르네상스를 넘어서서, 북부 네덜란드에서 시작된 기독교 르네상스가 마틴 루터의 종교개혁에 결정적인 영향을 미치게 되었다는 놀라운 사실을 발견하게 된다.